段小手◎著

# 巧用 AI 大模型轻松学会 Python 金融数据分析

北京大学出版社
PEKING UNIVERSITY PRESS

## 内容简介

本书旨在帮助读者运用现代 AI 技术深入探索金融数据分析领域。

本书以 Python 为主要编程语言，通过丰富的实例与 ChatGPT 的智能辅助，详尽讲解了从获取金融数据、数据处理、数据可视化、探索性数据分析、建模，到机器学习和深度学习的应用。本书不仅包含全面的理论知识和技术指导，还附赠大量高质量的金融数据，方便读者在无法调用接口时进行实操演练。同时，本书还探讨了生成式 AI 在选股和资产配置中的前沿应用，为读者提供了洞察金融领域未来发展的新视角。

无论您是金融行业的专业人士、正在学习数据分析的学生，还是对金融科技感兴趣的业余爱好者，本书都将为您提供丰富的知识和实践经验，助您轻松掌握 Python 金融数据分析的核心技能。

### 图书在版编目(CIP)数据

巧用AI大模型轻松学会Python金融数据分析 / 段小手著.
北京：北京大学出版社, 2025.4. -- ISBN 978-7-301-35305-9
  Ⅰ. F830.41-39
中国国家版本馆CIP数据核字第2024GZ2863号

| | |
|---|---|
| 书　　名 | 巧用AI大模型轻松学会Python金融数据分析<br>QIAOYONG AI DAMOXING QINGSONG XUEHUI Python JINRONG SHUJU FENXI |
| 著作责任者 | 段小手　著 |
| 责任编辑 | 刘　云　吴秀川 |
| 标准书号 | ISBN 978-7-301-35305-9 |
| 出版发行 | 北京大学出版社 |
| 地　　址 | 北京市海淀区成府路205号　100871 |
| 网　　址 | http://www.pup.cn　　新浪微博：@北京大学出版社 |
| 电子邮箱 | 编辑部 pup7@pup.cn　　总编室 zpup@pup.cn |
| 电　　话 | 邮购部 010-62752015　发行部 010-62750672　编辑部 010-62570390 |
| 印 刷 者 | 北京圣夫亚美印刷有限公司 |
| 经 销 者 | 新华书店 |
| | 787毫米×1092毫米　16开本　21.5印张　488千字<br>2025年4月第1版　2025年4月第1次印刷 |
| 印　　数 | 1-4000册 |
| 定　　价 | 89.00 元 |

未经许可，不得以任何方式复制或抄袭本书之部分或全部内容。
**版权所有，侵权必究**
举报电话: 010-62752024　电子邮箱: fd@pup.cn
图书如有印装质量问题，请与出版部联系，电话: 010-62756370

# 前言

亲爱的读者朋友，非常感谢您选择本书！在这里，我想和大家聊一聊这本书的写作背景、写作过程以及价值。

有那么一段时间，一些从事金融工作的朋友时不时向我抱怨，他们需要在繁忙的工作之余学习编程语言，以便更好地处理和分析金融数据。我深知这种挑战非常困难，因此，写这本书的初衷是帮助金融从业者快速掌握 Python 在金融数据分析中的应用技能，减轻他们的工作负担。而随着 AI 技术的飞速发展，AI 大模型的出现为这一目标的实现提供了前所未有的可能性。

AI 大模型，如 ChatGPT，以及以文心一言、讯飞星火认知大模型等为代表的国产大模型等，都具有强大的自然语言处理能力，可以根据用户的自然语言提示生成相应的代码。这一特性使得金融从业人员只需有一点编程基础，就可以通过简单的自然语言描述，快速生成用于数据分析的 Python 代码。这无疑极大地降低了数据分析的门槛，让更多的人能够轻松地掌握这一技能。

当然，要使用 AI 大模型生成 Python 代码，高质量的提示词至关重要。在写作本书的过程中，我也不断尝试调整提示词，以便让 AI 大模型生成的代码能够顺利运行并实现我所期待的结果。通过持续实验，我总结出一些经验和大家进行分享。

首先，我们要明确想要 AI 大模型生成的代码实现什么功能，是进行数据清洗、特征工程、模型训练，还是进行预测？我们要确保提示词清晰地描述了这一目标。

其次，对于重要的步骤和逻辑，提供足够的细节。例如，如果我们想生成一段用于数据分区的代码，可以这样写："请将数据集分为训练集和测试集，比例为 70% 和 30%。"

再次，我们要确保提示词没有歧义，以免导致生成的代码不符合预期。例如，不要简单地写"生成一个循环"，而要明确循环的次数、条件等细节。

最后，我们要确保使用正确的专业词汇，从而让 AI 大模型更准确地理解我们的需求，并提高代码的质量。

需要强调的是，在每次生成代码之后，都要进行测试，确保其满足我们的需求。根据测试结果，对提示词进行微调，逐步优化生成的代码。

举个例子，假设我们想生成一段用于计算股票收益率的 Python 代码，可以这样写提示词："请编写一个 Python 脚本，从 CSV 文件中的'收盘价'列读取股票的价格数据，计算每日收益率，并将结果保存为新的 CSV 文件。"这样的提示词既明确了目标（计算收益率并保存结果），也提供了足够的细节（从 CSV 文件中的特定列读取价格数据、计算每日收益率等）。

写出高质量的提示词需要一定的经验积累。通过不断测试和反馈，相信大家很快就能够熟练地运用这一技能，快速获得满足需求的 Python 代码。

本书将手把手教读者利用精确详细的提示词，让大语言模型生成可用性极高的金融数据分析与建模代码。此外，本书不仅仅涉及经典的金融数据分析理论与模型，还引入了目前大语言模型在投资组合选股方面的最新研究，旨在帮助读者拓宽视野，为适应 AI 时代的工作方法打下基础。

在编写本书的过程中，我深感责任重大，所以试图竭尽所能地为读者呈现最全面实用的知识，但由于计算机技术发展迅速，书中难免有疏漏和不妥之处，敬请广大读者不吝指正。如果大家在学习过程中遇到问题，欢迎添加我的个人微信"dynhyper"，我将尽力为大家进行解答。

本书赠送全书案例源代码及相关数据资源，读者可扫描下方二维码关注"博雅读书社"微信公众号，输入本书 77 页的资源下载码，即可获得本书的下载学习资源。

最后，衷心祝愿读者朋友在金融数据分析领域取得更大的成就，实现自己的职业发展目标。同时，也让我们一起迎接 AI 大模型带来的新挑战与新机遇，共同迈向数据驱动的新未来！

段小手

# 目录

## 第1章 用 Python 获取金融数据 / 1

1.1 获取股票数据 ...................................... 2
1.1.1 获取股票实时行情数据 ..................... 2
1.1.2 获取股票历史行情数据 ..................... 4
1.1.3 获取上市公司财务指标数据 ............... 5
1.2 获取期货数据 ...................................... 8
1.2.1 获取期货手续费与保证金数据 ............ 8
1.2.2 获取期货实时行情数据 ................... 10
1.2.3 获取期货历史行情数据 ................... 11
1.3 获取宏观数据 .................................... 12
1.3.1 获取国内生产总值数据 ................... 12
1.3.2 获取社会融资规模增量统计数据 ........ 14
1.3.3 获取 M2 货币供应年率数据 ............. 15
1.4 小结与习题 ....................................... 15

## 第2章 让 ChatGPT 协助处理金融数据 / 17

2.1 将价格数据转化为收益 ....................... 18
2.1.1 让 ChatGPT 协助计算简单收益 ........ 18
2.1.2 让 ChatGPT 协助计算对数收益 ........ 20
2.2 根据通货膨胀调整收益 ....................... 21
2.2.1 通货膨胀调整的一般步骤 ................ 22
2.2.2 获取 CPI 月率数据并进行处理 .......... 23
2.2.3 让 ChatGPT 协助进行通货膨胀
      调整 ............................................. 24
2.3 实现波动率的计算 .............................. 26
2.3.1 实现波动率的原理与公式 ................ 26
2.3.2 计算股价的月度实现波动率 ............. 27
2.3.3 让 ChatGPT 协助计算年化实现
      波动率 .......................................... 28
2.4 缺失数据填补 .................................... 31
2.4.1 用 reindex 填补缺失的日期 ............. 31
2.4.2 让 ChatGPT 协助填充缺失数据 ........ 32
2.4.3 让 ChatGPT 协助用插值法填充缺失
      数据 ............................................. 33
2.5 小结与习题 ....................................... 35

# 第 3 章

## 让 ChatGPT 协助可视化金融时间序列数据 / 36

- 3.1 时间序列数据的基本可视化 ..... 37
  - 3.1.1 基本折线图的绘制 ..... 37
  - 3.1.2 让 ChatGPT 协助绘制子图 ..... 39
  - 3.1.3 让 ChatGPT 协助美化子图 ..... 40
- 3.2 季节性模式可视化 ..... 42
- 3.3 交互式可视化 ..... 45
  - 3.3.1 让 ChatGPT 用 Cufflink 绘制交互式图像 ..... 45
  - 3.3.2 让 ChatGPT 用 Plotly 绘制交互式图像 ..... 47
  - 3.3.3 让 ChatGPT 协助美化交互式图像 ..... 49
- 3.4 K 线图的绘制 ..... 50
  - 3.4.1 让 ChatGPT 协助绘制基本 K 线图 ..... 50
  - 3.4.2 让 ChatGPT 协助添加均线 ..... 53
  - 3.4.3 让 ChatGPT 协助添加成交量 ..... 54
- 3.5 小结与习题 ..... 56

# 第 4 章

## 让 ChatGPT 协助探索金融时间序列数据 / 57

- 4.1 让 ChatGPT 协助处理异常值 ..... 58
  - 4.1.1 使用滚动统计检测异常值 ..... 58
  - 4.1.2 使用温索化处理异常值 ..... 61
- 4.2 让 ChatGPT 协助检测趋势变化 ..... 62
  - 4.2.1 使用 Pelt 算法检测趋势变化 ..... 63
  - 4.2.2 使用二元分段法检测变点 ..... 64
  - 4.2.3 时间序列中的趋势检测 ..... 66
- 4.3 让 ChatGPT 协助研究资产回报的典型特征 ..... 67
  - 4.3.1 资产回报的统计分布 ..... 68
  - 4.3.2 资产回报的自相关性分析 ..... 71
  - 4.3.3 资产回报的杠杆效应 ..... 74
  - 4.3.4 用 Hurst 指数识别时间序列中的趋势 ..... 75
- 4.4 小结与习题 ..... 78

# 第 5 章

## 让 ChatGPT 协助进行技术分析 / 79

- 5.1 让 ChatGPT 协助使用 TA-Lib 计算技术指标 ..... 80
  - 5.1.1 使用 TA-Lib 计算均线指标 ..... 81
  - 5.1.2 使用 TA-Lib 计算布林带指标 ..... 82
  - 5.1.3 使用 TA-Lib 计算 RSI 指标 ..... 84
- 5.2 让 ChatGPT 协助识别 K 线形态 ..... 86
  - 5.2.1 使用 TA-Lib 识别"早晨之星"形态 ..... 88
  - 5.2.2 使用 TA-Lib 识别"锤头"形态 ..... 89
  - 5.2.3 调用 TA-Lib 全部模式识别函数识别 K 线形态 ..... 91
- 5.3 让 ChatGPT 协助开发技术分析面板 ..... 93

5.3.1 使用下拉菜单选择期货品种 ............... 95
5.3.2 让用户选择起止日期 ....................... 97
5.3.3 添加技术分析指标 ........................... 99
5.3.4 添加 K 线图与技术指标的可视化展示 ............................................. 100
5.4 小结与习题 ............................................. 103

## 第 6 章

# 让 ChatGPT 协助进行时间序列分析与建模 / 104

6.1 让 ChatGPT 协助进行时间序列分解 ............................................. 105
6.1.1 直观地观察时间序列数据的季节性模式 ............................................. 105
6.1.2 对数据进行滚动统计 ....................... 107
6.1.3 使用"加法模型"进行季节性分解 ............................................. 109
6.1.4 使用 STL 分解法进行时间序列分解 ............................................. 111
6.2 让 ChatGPT 协助对时间序列进行平稳性检验 ............................................. 113
6.2.1 对时间序列进行 ADF 检验 ............... 113
6.2.2 对时间序列进行 KPSS 检验 ............ 114
6.2.3 修正时间序列的不平稳性 ................ 116
6.3 让 ChatGPT 协助进行时间序列建模 ............................................. 118
6.3.1 使用 ARIMA 进行建模 ..................... 119
6.3.2 使用指数平滑方法进行建模 ............ 122
6.4 小结与习题 ............................................. 125

## 第 7 章

# 让 ChatGPT 协助用机器学习建模 / 126

7.1 让 ChatGPT 协助建立线性回归模型 ............................................. 127
7.1.1 创建最简单的模型并做出预测 ......... 128
7.1.2 使用滚动时间序列交叉验证法评估模型 ............................................. 130
7.2 让 ChatGPT 协助进行特征工程 ...... 134
7.2.1 添加均线特征并训练模型 ................ 134
7.2.2 添加滞后特征并训练模型 ................ 136
7.2.3 添加时间特征并训练模型 ................ 139
7.3 让 ChatGPT 协助使用更多机器学习算法建模 ............................................. 143
7.4 小结与习题 ............................................. 146

## 第 8 章

# 让 ChatGPT 协助使用多因子模型 / 147

8.1 让 ChatGPT 协助使用 CAPM 模型 ... 148
8.1.1 CAPM 的基本原理 .......................... 148

8.1.2 资产和指数数据的准备 .................... 149
8.1.3 使用 CAPM 计算股票的贝塔系数 .... 150
8.2　让 ChatGPT 协助使用三因子模型 .... 152
8.2.1 三因子模型的基本原理 .................... 152
8.2.2 三因子数据的准备 ............................ 153
8.2.3 三因子模型的创建 ............................ 155
8.2.4 用三因子模型对投资组合进行滚动估计 ........................................................ 157
8.3　让 ChatGPT 协助使用其他多因子模型 ................................................................ 161
8.3.1 Carhart 四因子模型 ............................ 161
8.3.2 Fama-French 五因子模型 ................. 163
8.3.3 基于多因子模型调整投资组合 ........ 167
8.4　小结与习题 ................................................ 168

# 第 9 章 让 ChatGPT 协助使用 GARCH 建模 / 170

9.1　让 ChatGPT 协助探索 ARCH 模型 ... 171
9.1.1 ARCH 模型的基本原理 .................... 171
9.1.2 ARCH 模型的具体实现 .................... 173
9.2　让 ChatGPT 协助探索 GARCH 模型 ................................................................ 177
9.2.1 GARCH 模型的基本原理 ................. 177
9.2.2 GARCH 模型的具体实现 ................. 178
9.2.3 用 GARCH 模型预测未来波动率 .... 180
9.3　让 ChatGPT 协助探索 CCC-GARCH 模型 ................................................................ 183
9.3.1 CCC-GARCH 模型的原理 ............... 183
9.3.2 CCC-GARCH 模型的实现 ............... 185
9.3.3 用 CCC-GARCH 模型预测条件协方差矩阵 ........................................................ 188
9.4　小结与习题 ................................................ 190

# 第 10 章 让 ChatGPT 协助进行蒙特卡罗模拟 / 191

10.1　让 ChatGPT 协助掌握几何布朗运动 .................................................................. 192
10.1.1 几何布朗运动的基本原理 .............. 192
10.1.2 定义几何布朗运动模拟函数 .......... 194
10.1.3 使用定义好的函数模拟股价变动 .... 197
10.2　让 ChatGPT 协助进行期权定价 ...... 199
10.2.1 期权基础知识 .................................... 199
10.2.2 使用蒙特卡罗模拟对欧洲期权定价 .................................................................. 201
10.2.3 使用 LSMC 方法对美国期权定价 .................................................................. 203
10.3　让 ChatGPT 协助估计 VaR ............. 207
10.3.1 VaR 的基本概念 ............................... 207
10.3.2 创建虚拟的投资组合 ...................... 208
10.3.3 估计投资组合的 VaR ...................... 209
10.4　小结与习题 .............................................. 212

## 第 11 章
## 让 ChatGPT 协助进行资产配置 / 213

- 11.1 让 ChatGPT 协助评估等权重投资组合 .................. 214
  - 11.1.1 创建虚拟的投资组合 .................. 214
  - 11.1.2 使用 QuantStats 绘制业绩快照图 .................. 217
  - 11.1.3 使用 QuantStats 生成业绩评估报告 .................. 219
- 11.2 让 ChatGPT 协助构建有效前沿 ...... 222
  - 11.2.1 使用蒙特卡罗模拟寻找有效前沿 .... 222
  - 11.2.2 使用优化算法寻找有效前沿 .......... 226
- 11.3 让 ChatGPT 协助最大化风险平衡 .................. 231
  - 11.3.1 层次风险平价的基本原理 .............. 231
  - 11.3.2 层次风险平价的实现 ...................... 232
- 11.4 小结与习题 .................. 236

## 第 12 章
## 让 ChatGPT 协助回测交易策略 / 237

- 12.1 让 ChatGPT 协助进行向量化回测 .................. 238
  - 12.1.1 交易信号的生成 .................. 238
  - 12.1.2 交易策略的收益计算 .................. 241
  - 12.1.3 在交易策略中添加交易成本 .................. 245
- 12.2 让 ChatGPT 协助使用 backtrader 回测 .................. 246
  - 12.2.1 小试 backtrader .................. 247
  - 12.2.2 backtrader 中的 Strategy 类 ........ 249
  - 12.2.3 用 backtrader 回测均线策略 ......... 250
- 12.3 让 ChatGPT 协助回测多空策略 ..... 254
  - 12.3.1 基于 RSI 设计多空策略 ................ 254
  - 12.3.2 执行多空策略的回测 ...................... 256
- 12.4 小结与习题 .................. 258

## 第 13 章
## 深度学习的基础知识 / 259

- 13.1 深度学习的一些基本概念 .................. 260
  - 13.1.1 神经网络与神经元 .................. 260
  - 13.1.2 神经元的激活函数 .................. 262
- 13.2 神经网络的训练 .................. 268
  - 13.2.1 神经网络的损失函数 ...................... 269
  - 13.2.2 反向传播与梯度下降 ...................... 271
  - 13.2.3 用 TensorFlow 训练最简单的神经网络 .................. 273

13.3 一些特殊的神经网络 ................ 276
13.3.1 循环神经网络 ........................ 276
13.3.2 长短期记忆网络 .................... 280
13.3.3 卷积神经网络 ........................ 283
13.4 小结与习题 ................................ 286

# 第 14 章

## 深度学习在金融领域的应用探索 / 287

14.1 用神经网络预测金融市场 ........ 288
14.1.1 使用 LSTM 预测期货价格 ..... 288
14.1.2 使用归一化处理数据并训练模型 .... 292
14.1.3 使用 LSTM 预测收益 ............ 295
14.2 用神经网络预测市场方向 ........ 299
14.2.1 将任务转化为二分类问题 ........ 299
14.2.2 创建 CNN 模型并训练 ............ 301
14.2.3 添加一些技术指标作为特征 .... 304
14.3 设计交易策略并回测 ................ 308
14.4 小结与习题 ................................ 310

# 第 15 章

## 利用生成式 AI 进行选股和分配权重 / 311

15.1 生成式 AI 用于投资组合选择的研究 ........................................ 312
15.1.1 生成式 AI 与其"幻觉" ........ 312
15.1.2 生成式 AI 与大语言模型 ........ 314
15.2 使用大语言模型荐股 ................ 315
15.2.1 领先基金的投资原则 ............... 315
15.2.2 宏观经济形势分析 .................. 317
15.2.3 根据经济形势研判进行股票选择 .... 319
15.3 为投资组合分配权重 ................ 323
15.3.1 ChatGPT 提供的权重分配 ..... 323
15.3.2 使用传统优化方法计算权重分配 .... 326
15.3.3 文心一言提供的权重分配 ....... 328
15.4 小结与习题 ................................ 332

## 结束语 / 333

第 1 章

用 Python 获取金融数据

当涉及金融数据分析时，首要的任务便是获得高质量的金融数据。金融数据是分析、建模和决策的基石，无论您是一名投资专业人士、风险经理、数据科学家，还是对金融市场感兴趣的学生，了解如何获取和处理金融数据都是至关重要的。

本章将介绍如何获取不同类型的金融数据，包括市场数据、财务数据、宏观经济数据等。无论您是希望从股票市场中获取实时价格数据，还是对公司的财务报表感兴趣，本章都将为您提供所需的工具和方法。

本章的主要内容：
- 使用 Python 获取股票数据；
- 使用 Python 获取期货数据；
- 使用 Python 获取宏观经济数据。

## 1.1 获取股票数据

获取股票数据是许多金融从业者、投资者和研究人员的首要任务之一。A 股是中国的主要股票市场，拥有大量上市公司和庞大的投资机会。了解如何获取 A 股数据，对于分析市场趋势、制定投资策略以及进行风险管理至关重要。这一节将介绍如何获取股票市场的各种数据。

### 1.1.1 获取股票实时行情数据

要使用 Python 获取股票的实时行情数据，我们需要用到一个名叫"AKShare"的第三方库。AKShare 是基于 Python 的财经数据接口库，实现了对股票、期货、期权、基金、外汇、债券、指数、加密货币等金融产品的基本面数据、实时和历史行情数据、衍生数据，从数据采集、数据清洗到数据落地的诸多功能，主要用于学术研究目的。AKShare 的安装非常简单，只要在终端中使用命令"pip install akshare --upgrade"即可。

> **注意**
>
> 截至本书写作之时，AKShare 是完全开源免费的，且不需要注册账号或兑换积分。但本书无法保证读者在阅读本书时仍然可以无限制使用 AKShare。但本书附赠了用于实验的数据，供大家直接下载使用。

安装好 AKShare 之后，我们就可以使用下面的代码来获取 A 股的实时行情数据了。

```python
#Python 代码
# 导入 AKShare
import akshare as ak
# 使用 stock_zh_a_spot_em 获取数据
df = ak.stock_zh_a_spot_em()
```

```
# 检查数据信息
df.info()
```

运行上面的代码，会得到如下所示的结果。

【代码运行结果】

```
<class 'pandas.core.frame.DataFrame'>
RangeIndex: 5528 entries, 0 to 5527
Data columns (total 23 columns):
 #   Column         Non-Null Count   Dtype
---  ------         --------------   -----
 0   序号             5528 non-null    int64
 1   代码             5528 non-null    object
 2   名称             5528 non-null    object
 3   最新价            5283 non-null    float64
 4   涨跌幅            5283 non-null    float64
 5   涨跌额            5283 non-null    float64
 6   成交量            5283 non-null    float64
 7   成交额            5283 non-null    float64
 8   振幅             5283 non-null    float64
 9   最高             5283 non-null    float64
 10  最低             5283 non-null    float64
 11  今开             5283 non-null    float64
 12  昨收             5525 non-null    float64
 13  量比             5282 non-null    float64
 14  换手率            5528 non-null    float64
 15  市盈率-动态         5293 non-null    float64
 16  市净率            5293 non-null    float64
 17  总市值            5293 non-null    float64
 18  流通市值           5291 non-null    float64
 19  涨速             5283 non-null    float64
 20  5分钟涨跌          5283 non-null    float64
 21  60日涨跌幅         5525 non-null    float64
 22  年初至今涨跌幅        5525 non-null    float64
dtypes: float64(20), int64(1), object(2)
memory usage: 993.4+ KB
```

【结果说明】从上面的代码运行结果可以看到，接口返回了5528条数据（即5528只股票的实时行情）。数据包含每只股票的代码、名称、最新价等，甚至还包含了该股票的量比、换手率、市盈率-动态等指标。

当然，将全部字段展示会让我们观察起来比较吃力，我们可以选择部分字段进行检查，使用的代码如下。

```
#Python代码
```

```python
# 这里我们选择股票的代码、名称、最新价和量比
sub_df = df[['代码','名称','最新价','量比']]
# 检查前 5 条数据
sub_df.head()
```

运行这段代码,我们会得到如表 1-1 所示的结果。

表 1-1 股票实时行情数据的部分字段

| | 代码 | 名称 | 最新价 | 量比 |
|---|---|---|---|---|
| 0 | 301281 | 科源制药 | 45.78 | 1.21 |
| 1 | 300045 | 华力创通 | 35.52 | 1.31 |
| 2 | 688668 | 鼎通科技 | 61.77 | 4.42 |
| 3 | 300341 | 麦克奥迪 | 12.98 | 6.81 |
| 4 | 300654 | 世纪天鸿 | 13.02 | 2.94 |

【结果说明】从表 1-1 中可以看到,经过我们的筛选,数据中保留了 4 个字段,分别是股票的代码、名称、最新价和量比。有趣的是,在当日代码为 300341 的股票量比达到了 6.81,是一个非常高的水平。

### 1.1.2 获取股票历史行情数据

股票的历史行情数据是指在股票交易过程中产生的各种数据,包括但不限于股票价格、交易量、涨跌幅等。这些数据记录了股票在各个时间段的动态变化,对于投资者来说具有重要的参考意义。

例如,投资者可以通过查看股票的历史行情数据,了解股票的长期表现和波动性,进而更好地评估其投资价值和风险。此外,股票历史行情数据还可以用于技术分析和基本面分析,帮助投资者更好地掌握股票的未来发展趋势。

下面是获取某只股票的历史行情数据的示例代码。

```python
#python 代码
# 设置股票代码和起止日期
stock_code = "sh600000"  # 以中国平安股票为例
start_date = "2022-01-01"
end_date = "2022-12-31"

# 获取股票历史行情数据
stock_data = ak.stock_zh_a_daily(symbol=stock_code,
                                  start_date=start_date,
                                  end_date=end_date)
# 检查前 5 条数据
stock_data.head()
```

运行这段代码，会得到如表 1-2 所示的结果。

表 1-2 某只股票的历史行情数据

|   | 日期 | 开盘价 | 最高价 | 最低价 | 收盘价 | 成交量 | outstanding_share | 换手率 |
|---|---|---|---|---|---|---|---|---|
| 0 | 2022-01-04 | 8.54 | 8.58 | 8.52 | 8.57 | 37707647.0 | 2.935217e+10 | 0.001285 |
| 1 | 2022-01-05 | 8.57 | 8.68 | 8.56 | 8.64 | 55459135.0 | 2.935217e+10 | 0.001889 |
| 2 | 2022-01-06 | 8.66 | 8.66 | 8.56 | 8.57 | 41031062.0 | 2.935217e+10 | 0.001398 |
| 3 | 2022-01-07 | 8.57 | 8.73 | 8.57 | 8.71 | 63018297.0 | 2.935217e+10 | 0.002147 |
| 4 | 2022-01-10 | 8.72 | 8.78 | 8.66 | 8.72 | 34055312.0 | 2.935217e+10 | 0.001160 |

【结果说明】在上述示例中，我们先指定了股票代码（这里以中国平安股票为例）以及需要获取的历史数据的起止日期。接下来，我们使用了 ak.stock_zh_a_daily() 函数来获取指定股票的历史行情数据，数据以 Pandas 数据框的形式返回。

大家可以根据需要更改股票代码和日期范围以获取不同股票的历史行情数据。从表 1-2 中可以看到，获取的数据包括日期、开盘价、最高价、最低价、收盘价、成交量等信息。

需要特别说明的是，在表 1-2 中有一个字段叫作"outstanding_share"，指一家公司发行的股票中尚未回购或注销的股票总数。这是一家公司的股本结构中的一个关键指标，用于衡量公司的市值和股票流通情况。

这个指标对于投资者和分析师来说非常重要，因为它影响着每股股票的价值和市值计算。总股本的减少可能导致每股股票的价值上升，因为公司的价值分摊在较少的股票上。了解公司的 outstanding_share 还有助于评估流通性，因为较小的 outstanding_share 可能导致更大的市场波动性。

需要注意的是，outstanding_share 是一个变化的指标，因为公司可以回购股票或发行新股票。因此，在进行金融分析和估值时，需要确保使用最新的 outstanding_share 数据。

### 1.1.3 获取上市公司财务指标数据

上市公司的财务指标是用于评估公司财务状况和绩效的关键数据。这些指标提供了对公司经济健康状况的观察方向，可以帮助投资者、分析师和管理层做出决策。以下是一些常见的上市公司财务指标。

**营业收入（Revenue）**：公司在特定时间段内的总收入，通常来自产品销售或服务提供。

**净利润（Net Income）**：公司在特定时间段内的总利润，计算方式为总收入减去总成本和费用。

**毛利润率（Gross Profit Margin）**：毛利润与总收入的比率，反映了公司在销售产品或提供服务方面的盈利能力。

**净利润率（Net Profit Margin）**：净利润与总收入的比率，表示每一元收入中的盈利情况。

**每股收益**（Earnings per Share, EPS）：计算方式为公司净利润除以流通在市场上的股票数量，表示每股股票的盈利情况。

**负债总额**（Total Liabilities）：公司的总债务和负债总和，包括短期和长期债务。

**资产总额**（Total Assets）：公司所有资产的总和，包括现金、设备、库存和投资等。

**股东权益**（Shareholders' Equity）：计算方式为公司总资产减去总负债，表示股东对公司的所有权权益。

**流动比率**（Current Ratio）：流动资产与流动负债的比率，是评估公司短期债务偿还能力的重要指标。

**速动比率**（Quick Ratio）：除库存以外的流动资产与流动负债的比率，可以更严格地评估公司的流动性。

**财务杠杆**（Financial Leverage）：公司债务与股东权益的比率，可以反映公司的债务水平。

**市盈率**（Price-to-Earnings Ratio, P/E Ratio）：公司股票价格与每股收益的比率，用于衡量股票的估值。

**市净率**（Price-to-Book Ratio, P/B Ratio）：公司股票价格与每股股东权益的比率，用于衡量股票的估值。

**每股现金流量**（Earnings per Share, EPS）：公司每股股票的自由现金流量，表示公司的现金生成能力。

**资本回报率**（Return on Capital, ROC）：公司投资回报率，表示公司在资本上获得的收益。

这些财务指标不仅可以用于公司内部的财务分析和决策，还可以帮助投资者评估投资机会和风险。不同行业和不同类型的公司关注的财务指标可能有所不同，因此需要根据具体情况选择适当的指标。

要用 Python 获取上市公司的财务数据，可以使用下面的代码。

```
#Python 代码
# 设置股票代码
stock_code = "600000"    # 以中国平安股票为例

# 获取财务指标数据
financial_data = ak.stock_financial_analysis_indicator(symbol=stock_code)

# 检查数据信息
financial_data.info()
```

运行上述代码，会得到如下的结果。

【代码运行结果】
```
<class 'pandas.core.frame.DataFrame'>
RangeIndex: 96 entries, 0 to 95
Data columns (total 86 columns):
```

```
 #   Column                              Non-Null Count    Dtype
---  ------                              --------------    -----
 0   日期                                  96 non-null       object
 1   摊薄每股收益（元）                        96 non-null       object
 2   加权每股收益（元）                        96 non-null       object
 3   每股收益_调整后（元）                      96 non-null       object
 4   扣除非经常性损益后的每股收益（元）            96 non-null       object
 5   每股净资产_调整前（元）                    96 non-null       object
 6   每股净资产_调整后（元）                    96 non-null       object
 7   每股经营性现金流（元）                     96 non-null       object
 ......
 80  2-3年以内预付货款（元）                   96 non-null       object
 81  3年以内预付货款（元）                     96 non-null       object
 82  1年以内其他应收款（元）                    96 non-null       object
 83  1-2年以内其他应收款（元）                  96 non-null       object
 84  2-3年以内其他应收款（元）                  96 non-null       object
 85  3年以内其他应收款（元）                    96 non-null       object
dtypes: object(86)
memory usage: 64.6+ KB
```

【结果说明】从上面的结果可以看到，接口返回的数据包含了80多个字段，为了便于展示，这里我们进行了省略。读者可以在自己的计算机上运行代码并观察完整的结果。在这个示例中，我们指定了要查询的股票代码（这里以中国平安股票为例）。接下来，我们使用了 ak.stock_financial_analysis_indicator() 函数来获取指定股票的财务指标数据。

财务指标数据通常包括营业收入、净利润、负债总额、现金流量、股本结构、ROE（股东权益回报率）、ROA（总资产回报率）等。

当然我们可以筛选部分字段进行检查，使用的代码如下。

```
# 例如，我们更关注总资产利润率和扣除非经常性损益后的每股收益
df = financial_data[['日期','总资产利润率(%)','扣除非经常性损益后的每股收益（元）']]
# 检查前5条数据
df.head()
```

运行这段代码，我们会得到如表1-3所示的结果。

表1-3 部分财务指标数据

|   | 日期 | 总资产利润率(%) | 扣除非经常性损益后的每股收益（元） |
|---|---|---|---|
| 0 | 2023-06-30 | 0.2644 | 0.67 |
| 1 | 2023-03-31 | 0.1822 | 0.42 |
| 2 | 2022-12-31 | 0.5973 | 1.55 |
| 3 | 2022-09-30 | 0.4881 | 1.29 |
| 4 | 2022-06-30 | 0.3597 | 0.99 |

【结果说明】从表 1-3 中可以看到，数据中包含了每个季度该上市公司所公布的财务指标数据。这里我们筛选了 2 个指标，分别是总资产利润率和扣除非经常性损益后的每股收益。我们可以根据需要进一步处理和分析这些数据。不同的股票可能会有不同的财务指标，所以我们还可以根据自己的需求选择特定的指标进行分析。

> **注意**
>
> 除了这一节给出的示例之外，AKShare 还可以用来获取更多不同种类的股票数据，如公司基本信息、分红派息数据、股东人数数据等。有需要的读者朋友可以查阅其官方文档，了解获取不同数据的方法。

## 1.2 获取期货数据

期货数据是与期货市场相关的数据，记录了期货合约的交易情况、价格、成交量和其他相关信息。期货是一种金融衍生品，允许投资者买入或卖出未来某个日期交割的资产，如大宗商品、金融工具、外汇、股票指数等。期货数据对于投资者和交易者来说非常重要，因为它们提供了市场的实时和历史信息，有助于投资者分析市场趋势、进行风险管理和制定交易策略。在这一节中，我们来探讨如何使用 Python 获取期货相关的数据。

### 1.2.1 获取期货手续费与保证金数据

期货手续费（Futures Commission）和期货保证金（Futures Margin）是与期货交易紧密相关的两个重要概念。

**1. 期货手续费**

期货手续费是指在进行期货交易时，投资者需要支付给经纪公司或期货交易所的交易费用。手续费的具体数额和计费方式会因经纪公司和期货合同而异，通常会在交易执行后从投资者的交易账户中扣除。投资者需要了解并考虑手续费对交易的影响，因为它们会对交易的盈利性产生影响。

**2. 期货保证金**

期货保证金是指投资者必须在期货交易中存入的资金，以确保满足合约的保证金要求。它是按比例计算的，通常表示为合约价值的一定百分比，而不是合约的全额价值。

期货保证金的目的是确保交易市场的安全性和稳定性，同时限制了投资者的潜在损失。如果投资者无法满足保证金要求，他们可能会被强制平仓，以避免进一步的亏损。

需要注意的是，期货手续费和保证金要求可能因期货品种、交易所规则和经纪公司而异。投资者在进行期货交易之前应详细了解相关费用和要求。

用 Python 获取期货手续费与保证金数据，可以使用下面的代码。

```python
#Python 代码
# 获取全部品种的手续费和保证金数据
futures_comm_info_df = ak.futures_comm_info(symbol="所有")

# 检查数据信息
futures_comm_info_df.info()
```

运行这段代码，会得到如下所示的结果。

【代码运行结果】

```
<class 'pandas.core.frame.DataFrame'>
RangeIndex: 682 entries, 0 to 681
Data columns (total 21 columns):
 #   Column              Non-Null Count  Dtype
---  ------              --------------  -----
 0   交易所名称              682 non-null    object
 1   合约名称               682 non-null    object
 2   合约代码               682 non-null    object
 3   现价                 682 non-null    float64
 4   涨停板                682 non-null    float64
 5   跌停板                682 non-null    float64
 6   保证金-买开             682 non-null    float64
 7   保证金-卖开             682 non-null    float64
 8   保证金-每手             682 non-null    float64
 9   手续费标准-开仓-万分之      312 non-null    float64
 10  手续费标准-开仓-元        682 non-null    object
 11  手续费标准-平昨-万分之      312 non-null    float64
 12  手续费标准-平昨-元        682 non-null    object
 13  手续费标准-平今-万分之      312 non-null    float64
 14  手续费标准-平今-元        682 non-null    object
 15  每跳毛利               682 non-null    int64
 16  手续费                682 non-null    float64
 17  每跳净利               682 non-null    float64
 18  备注                 72 non-null     object
 19  手续费更新时间            682 non-null    object
 20  价格更新时间            682 non-null    object
dtypes: float64(11), int64(1), object(9)
memory usage: 112.0+ KB
```

【结果说明】可以看到接口返回的数据包含 21 个字段，包括期货的名称、代码、保证金、手续费等。为了更直观地了解这些数据的类型，我们可以使用下面的代码筛选部分字段进行展示。

#Python 代码

```
# 例如，我们筛选合约名称、代码、每手保证金和开仓的手续费
df = futures_comm_info_df[['合约名称','合约代码',
                           '保证金-每手','手续费标准-开仓-万分之']]
# 检查数据前5条
df.head()
```

运行这段代码，会得到如表1-4所示的结果。

表1-4 部分期货的保证金与手续费数据

|   | 合约名称 | 合约代码 | 保证金-每手 | 手续费标准-开仓-万分之 |
|---|---|---|---|---|
| 0 | 沪银2310 | ag2310 | 16875.00 | 0.00005 |
| 1 | 沪银2311 | ag2311 | 8434.50 | 0.00005 |
| 2 | 沪银2312 | ag2312 | 7599.15 | 0.00005 |
| 3 | 沪银2401 | ag2401 | 7609.95 | 0.00001 |
| 4 | 沪银2402 | ag2402 | 7620.75 | 0.00001 |

【结果说明】从表1-4可以看到，我们获取的数据包括了不同期货合约的手续费和保证金信息。大家可以根据特定期货品种和合约代码进行适当的更改，以获取所需的手续费和保证金数据。这些信息对于期货交易者和投资者来说非常重要，因为它们会影响交易成本和资金管理。

### 1.2.2 获取期货实时行情数据

期货实时行情数据是指某一期货合约在特定时间点的最新市场数据。期货实时行情数据提供了市场上特定期货合约的即时市场状况，有助于投资者和交易者进行实时决策。这些数据对于日内交易、短期交易和市场监控有重要作用。通常，期货交易所和金融数据提供商提供实时行情数据，以便投资者和交易者可以及时获取市场信息。

投资者可以使用实时行情数据来执行交易策略、监视市场动态、进行风险管理，以及做出买卖决策。这些数据还可以用于技术分析、图表分析和算法交易等金融活动。

要用Python获取期货的实时行情数据，可以使用下面的代码。

```
#Python代码
# 这里选择沪银2310为例，获取其实时行情数据
futures_zh_spot_df = ak.futures_zh_spot(symbol='AG2310',
                                        market="CF", #CF表示商品期货，FF表示金融期货
                                        adjust='0')

# 查看数据
futures_zh_spot_df
```

运行代码，可以得到如表1-5所示的结果。

表 1-5　某期货实时行情数据

| | 合约名称 | 时间 | 开盘价 | 最高价 | 最低价 | 当前价格 | 买入价 | 卖出价 | …… |
|---|---|---|---|---|---|---|---|---|---|
| 0 | 沪银2310 | 142307 | 5624.0 | 5690.0 | 5624.0 | 5684.0 | 5685.0 | 5689.0 | …… |

【结果说明】在这个示例中，我们指定了要查询的期货合约代码（这里以沪银 2310 为例）。接下来，我们使用 ak.futures_zh_spot() 函数来获取特定期货合约的实时行情数据。

这些数据包括最高价、最低价、开盘价等信息。请注意，为了便于展示，我们省略了部分数据。读者在自己的计算机上运行代码时，会看到完整的数据。同时，实时行情数据通常是动态更新的，大家可以根据需要定期获取这些数据，以进行实时的市场分析和交易决策。不同期货品种和合约会有不同的代码，所以需要根据特定的合约代码进行适当的更改。

### 1.2.3 获取期货历史行情数据

期货的历史行情数据是特定期货合约在过去一段时间内的交易和价格数据的记录。历史行情数据对于分析市场走势、制定交易策略、进行技术分析和回测交易策略非常有用。投资者和交易者可以使用这些数据来识别价格趋势、支撑和阻力水平、交易信号和市场波动性等重要信息。

用 Python 获取期货的历史行情数据，可以使用下面的代码。

```python
#Python 代码
# 设置期货合约代码和时间范围
futures_symbol = "AG2310"  # 以沪银2310为例

# 获取期货历史行情数据
historical_data = ak.futures_zh_daily_sina(symbol=futures_symbol)

# 检查最新的5条数据
historical_data.tail()
```

运行这段代码，会得到如表 1-6 所示的结果。

表 1-6　某期货历史行情数据

| | 日期 | 开盘价 | 最高价 | 最低价 | 收盘价 | 成交量 | 持仓量 | 结算价 |
|---|---|---|---|---|---|---|---|---|
| 235 | 2023-09-28 | 5809.0 | 5817.0 | 5755.0 | 5770.0 | 17114 | 28439 | 5787.0 |
| 236 | 2023-10-09 | 5679.0 | 5751.0 | 5628.0 | 5652.0 | 6429 | 26196 | 5663.0 |
| 237 | 2023-10-10 | 5628.0 | 5696.0 | 5618.0 | 5627.0 | 7942 | 22740 | 5653.0 |
| 238 | 2023-10-11 | 5627.0 | 5649.0 | 5591.0 | 5640.0 | 9816 | 15924 | 5625.0 |
| 239 | 2023-10-12 | 5640.0 | 5760.0 | 5566.0 | 5687.0 | 760 | 15466 | 5650.0 |

【结果说明】在这个示例中，我们指定了要查询的期货合约代码（这里以沪银 2310 为例）。接下来，我们使用 ak.futures_zh_daily_sina() 函数来获取该期货合约的历史行情数据。

这些历史数据包括每日的开盘价、最高价、最低价、收盘价、成交量和持仓量等信息。大家可以根据自己的需求、感兴趣的期货品种及时间范围进行相应的更改。

同时我们也可以看到，在表1-6中包含了"持仓价"和"结算价"两个字段，它们代表以下含义。

**持仓量：** 这个字段通常表示特定期货合约在一天结束时的未平仓合约数量。未平仓合约数量表示尚未交割的合约数量，它反映了市场上多头（买方）和空头（卖方）之间的合约数量差异。持仓量可以用来分析市场情绪和投资者的预期。

持仓量可以在期货市场中波动，因为投资者可以在合同到期之前进行买入和卖出。

较高的持仓量可能表明市场交易活跃，而较低的持仓量可能反映了市场冷清或交易者持观望态度。

**结算价：** 结算价是指期货合约在交易日结束时的官方结算价。这是当天的最后一笔交易价格，它与前一交易日的结算价相比可能有所变化。结算价通常是期货合约交易日结束时的官方价格，用于计算盈亏、结算账户和交割合约等。

结算价在期货市场上具有重要作用，因为它能用于计算投资者的盈亏，并确定是否需要交割实际资产。它还能用于清结算和计算未实现盈亏。

这两个字段对于期货交易和市场监控非常重要。持仓量可以提供关于市场参与者的信息，而结算价是期货合约的官方收盘价，影响着投资者的盈亏计算。

> **注意**
>
> 除了这一节给出的示例之外，AKShare还可以用来获取更多不同种类的期货数据。有需要的读者朋友可以查阅其官方文档，了解获取不同数据的方法。

## 1.3 获取宏观数据

宏观数据是指用来描述整个国家或地区经济状况和趋势的经济统计数据。这些数据通常涵盖宏观经济领域的各个方面，包括国内生产总值（GDP）、通货膨胀率、失业率、贸易平衡、货币供应量、政府支出等。宏观数据提供了对经济体系整体健康状况和发展趋势的洞察，对政府、企业和投资者做出决策具有重要意义。下面我们来了解如何获取宏观数据。

### 1.3.1 获取国内生产总值数据

国内生产总值是一个国家或地区在一定时间内生产的所有最终商品和服务的总价值。GDP通常用来衡量一个国家或地区的经济活动和总体经济规模。它是国家或地区经济的核心宏观经济指标之一，具有重要的经济和政策意义。

以下是关于 GDP 的一些关键特点和概念。

（1）**总价值**：GDP 表示一定时间内的总经济产出，包括生产的所有商品和提供的所有服务。这些商品和服务的价值被用来计算 GDP。

（2）**最终商品和服务**：GDP 仅包括最终的商品和服务，不包括生产这些商品和服务所需的中间投入。中间投入指的是用于生产其他商品和服务的原材料、零部件和劳动力等。

（3）**国内**：GDP 通常限定为一个国家或地区内生产的商品和服务的价值。它排除了该国家或地区以外的经济活动。

（4）**特定时间段**：GDP 通常按季度或年度计算。季度 GDP 表示一个季度内的总产值，年度 GDP 表示一整年的总产值。

（5）**名义 GDP 和实际 GDP**：名义 GDP 是用当前价格计算的 GDP，而实际 GDP 是根据通货膨胀率调整后的 GDP，用来消除价格变动的影响，以便更好地比较不同时间段的经济活动。

GDP 被广泛用于测量一个国家或地区的经济增长、繁荣度和贫富分配。政府、中央银行、企业和投资者使用 GDP 数据来制定政策、评估经济状况、预测未来趋势和做出投资决策。它还用于国际比较，以了解不同国家或地区的经济规模和发展水平。

要用 Python 获取国内生产总值数据，可以使用下面的代码。

```
#Python 代码
# 获取我国国内生产总值数据
macro_china_gdp_df = ak.macro_china_gdp()

# 检查前面 5 条数据
macro_china_gdp_df.head()
```

运行这段代码，会得到如表 1-7 所示的结果。

表 1-7　国内生产总值数据

|   | 季度 | 国内生产总值-绝对值 | 国内生产总值-同比增长 | 第一产业-绝对值 | 第一产业-同比增长 | …… |
|---|---|---|---|---|---|---|
| 0 | 2023 年第 1~2 季度 | 593034.2 | 5.5 | 30416.2 | 3.7 | …… |
| 1 | 2023 年第 1 季度 | 284996.6 | 4.5 | 11575.0 | 3.7 | …… |
| 2 | 2022 年第 1~4 季度 | 1210207.2 | 3.0 | 88345.1 | 4.1 | …… |
| 3 | 2022 年第 1~3 季度 | 874699.3 | 3.0 | 54848.5 | 4.2 | …… |
| 4 | 2022 年第 1~2 季度 | 565428.7 | 2.5 | 29165.2 | 5.0 | …… |

【结果说明】在这个示例中，我们使用了 ak.economic_china_gdp() 函数来获取中国的 GDP 数据。这个函数会返回一个包含 GDP 数据的 DataFrame（数据框）。需要注意的是，为了便于展示，这里省略了部分数据。读者可以在自己的计算机上运行代码，获取完整的数据。

## 1.3.2 获取社会融资规模增量统计数据

社会融资规模是一个宏观经济指标，用于衡量一个国家或地区在一定时间内，通过各种渠道筹集的资金总量。社会融资规模包括了各种金融机构和非金融机构（包括政府、企业和个人等）筹集的资金，以支持经济增长和发展。这个指标通常用于监测一个国家或地区的资本市场状况、金融体系健康状况以及经济金融活动的规模。

社会融资规模的组成部分通常包括以下方面。

（1）**信贷**：包括银行信贷、债券融资和其他贷款，用于支持企业和个人的融资需求。

（2）**股权融资**：包括股票发行、首次公开募股（IPO）、增发等，是企业筹集资金和参与资本市场交易的重要途径。

（3）**政府债券**：政府发行的债券，用于筹集政府支出资金。

（4）**非银行金融机构融资**：包括非银行金融机构（如投资基金、保险公司）提供的融资。

（5）**社会融资**：个人和家庭的融资行为，包括个人消费贷款、住房贷款等。

社会融资规模的增长通常与经济活动和发展紧密相关。政府、中央银行和金融监管机构经常关注这个指标，以监控金融市场稳定性、信贷风险和经济增长。社会融资规模数据有助于政府和金融机构制定政策、监管金融市场以及应对金融危机和波动。

要用Python获取社会融资规模增量统计数据，可以使用下面的代码。

```
#Python 代码
# 获取社会融资规模增量统计数据
macro_china_shrzgm_df = ak.macro_china_shrzgm()

# 检查最新的 5 条数据
macro_china_shrzgm_df.tail()
```

运行这段代码，会得到如表1-8所示的结果。

表1-8 社会融资规模增量统计数据

|  | 月份 | 社会融资规模增量 | 人民币贷款 | 委托贷款外币贷款 | 委托贷款 | 信托贷款 | 未贴现银行承兑汇票 | 企业债券 | 非金融企业境内股票融资 |
|---|---|---|---|---|---|---|---|---|---|
| 99 | 202304 | 12250 | 4431 | −319 | 83 | 119 | −1345 | 2941 | 993.0 |
| 100 | 202305 | 15540 | 12219 | −338 | 35 | 303 | −1795 | −2164 | 753.0 |
| 101 | 202306 | 42265 | 32413 | −191 | −56 | −154 | −691 | 2249 | 700.0 |
| 102 | 202307 | 5357 | 364 | −339 | 8 | 230 | −1963 | 1281 | 786.0 |
| 103 | 202308 | 31237 | 13412 | −201 | 97 | −221 | 1129 | 2698 | 1036.0 |

【结果说明】在这个示例中，我们使用了ak.macro_china_shrzgm()函数来获取中国社会融资规模增量统计数据。这个函数会返回一个包含月份、社会融资规模增量等字段的数据框。从表1-8可

以看到，这些数据是按月度发布的，以反映金融市场的活动。

社会融资规模增量统计数据可以用于监测金融市场和资本流动，对经济研究和政策制定非常有用。

### 1.3.3 获取 M2 货币供应年率数据

M2 货币供应年率是一个宏观经济指标，用于衡量一国或地区的货币供应量（M2）在一年内的增长率。M2 是一种广义货币供应量的度量，包括货币供应中的现金、支票账户存款、储蓄存款等。M2 货币供应年率的变动可以反映货币政策、经济活动和通货膨胀等因素的影响。

M2 货币供应年率数据对于中央银行、政府、金融机构和投资者来说是重要的经济指标，因为它们提供了关于货币市场、金融体系健康和货币政策影响的信息。这些数据通常由国家或地区的中央银行或官方统计机构发布，供公众参考。

要用 Python 获取 M2 货币供应年率数据，可以使用下面的代码。

```
#Python 代码
# 获取 M2 货币供应年率
macro_china_m2_yearly_df = ak.macro_china_m2_yearly()

# 检查最新的 5 条数据
macro_china_m2_yearly_df.tail()
```

运行这段代码，会得到如下所示的结果。

```
【代码运行结果】
2023-04-11      12.7
2023-05-11      12.4
2023-06-13      11.6
2023-07-11      11.3
2023-08-11      10.7
Name: gpd, dtype: float64
```

【结果说明】在这个示例中，我们使用了 ak.macro_china_m2_yearly() 函数来获取中国的 M2 货币供应年率数据。这个函数会返回一个包括日期和 M2 货币供应年率字段的数据框。从数据框中可以看到这些数据以月度为单位发布，提供了关于货币政策、通货膨胀预期和金融市场健康状况的信息。

## 1.4 小结与习题

本章主要介绍了如何使用 Python 和第三方库 AKShare 获取金融数据，并以股票、期货及宏观数据为例，演示了部分接口的调用方法。需要说明的是，除了本章涉及的数据，AKShare 还提供了债券数据、基金数据、外汇数据、指数数据、财经新闻数据等。有需要的读者可以查阅其官方文档，了解更多的数据获取方法。

> **注意**
>
> 由于未来 AKShare 有可能进行版本更新，其提供的数据及调用函数可能会发生变化，因此请读者以官方文档为准。

以下是本章的习题：

（1）使用 Python 获取一只股票的实时行情数据并查看。

（2）使用 Python 获取一只股票的历史行情数据并查看。

（3）使用 Python 获取一个上市公司的财务指标数据并查看。

（4）使用 Python 获取某个期货的实时行情数据并查看。

（5）使用 Python 获取某个期货的历史行情数据并查看。

（6）查阅 AKShare 官方文档，了解其提供了哪些数据。

第 2 章

让 ChatGPT 协助处理金融数据

在现代社会中数据处理变得越来越重要。数据处理是指从原始数据中提取、清洗和分析有用信息。数据处理能够提高数据的可用性、可信度和洞察力，从而为各领域的决策制定、问题解决和创新提供更高效、更精确和更智能的数据支持。

处理金融数据是为了获得准确、一致、可用于分析和建模的数据，从而更好地支持决策制定、风险管理、投资分析和市场监测。数据处理是金融领域不可或缺的一部分，可以提高数据的有效性和可用性。

本章的主要内容：

- 如何将价格转化为收益；
- 如何根据通货膨胀率对收益进行调整；
- 如何计算实现波动率；
- 如何填补缺失数据。

## 2.1 将价格数据转化为收益

将金融产品的价格数据转化为收益，有助于更准确地理解投资的风险和回报，更好地比较不同金融产品，以及更有效地支持建模、分析和决策。收益包括简单收益和对数收益，其中对数收益在金融分析和建模中有着广泛的应用，因为它们提供了更多有关金融产品性能的有用信息。

### 2.1.1 让 ChatGPT 协助计算简单收益

金融产品的简单收益是指在一定时间段内，金融产品的价格变化所产生的绝对数值。它通常用于衡量金融产品的短期回报或价格波动。

简单收益的计算公式如下。

$$简单收益 =（结束时价格 - 开始时价格）/ 开始时价格$$

其中，结束时价格表示观察期间的结束时价格，开始时价格表示观察期间的开始时价格。

简单收益以百分比的形式表示，通常乘以 100%。这意味着如果简单收益为 0.05，表示价格在观察期内上涨了 5%；如果简单收益为 -0.03，表示价格在观察期内下跌了 3%。

下面我们使用真实的股票数据进行实验，首先使用下面的代码获取数据。

```
#Python 代码
# 导入 AKShare 库
import akshare as ak

# 获取某只股票的历史日线数据
symbol = '000001'   # 以平安银行为例
start_date = '20220101'
```

```
end_date = '20221231'

# 使用AKShare的get_hist_stock_a接口获取数据
df = ak.stock_zh_a_hist(symbol=symbol, start_date=start_date,
                        end_date=end_date)

# 将数据保存为Excel文件，方便读者下载实验
df.to_excel('历史行情数据.xlsx', index = False)
print('数据保存成功')
```

运行这段代码，如果大家看到 Jupyter Notebook 返回"数据保存成功"，就说明已经将该股票的历史行情数据保存到了本地。当然，读者朋友也可以在本书附赠的资源包中直接下载这个 Excel 文件来进行实验。

> **注意**
>
> 如果你能够通过接口获取数据，也可以跳过保存Excel文件的步骤，直接用DataFrame进行下面的实验。

准备好这个 Excel 文件之后，可以使用 Pandas 读取并进行检查，使用代码如下。

```
# Python 代码
# 导入 Pandas
import pandas as pd

# 读取已经保存好的 Excel 文件
df = pd.read_excel('历史行情数据.xlsx')

# 检查数据中最新的 5 条
df.tail()
```

运行这段代码，会得到如表 2-1 所示的结果。

表 2-1 某只股票历史行情数据

|     | 日期 | 开盘价 | 收盘价 | 最高价 | 最低价 | 成交量 | 成交额 | 振幅 | … |
|-----|------|--------|--------|--------|--------|--------|--------|------|---|
| 237 | 2022-12-26 | 12.99 | 12.77 | 13.04 | 12.71 | 797120 | 1.021904e+09 | 2.54 | … |
| 238 | 2022-12-27 | 12.87 | 13.11 | 13.22 | 12.87 | 886004 | 1.160090e+09 | 2.74 | … |
| 239 | 2022-12-28 | 13.16 | 13.14 | 13.38 | 13.00 | 791192 | 1.042402e+09 | 2.90 | … |
| 240 | 2022-12-29 | 13.07 | 13.03 | 13.13 | 12.85 | 666890 | 8.651450e+08 | 2.13 | … |
| 241 | 2022-12-30 | 13.04 | 13.16 | 13.28 | 12.96 | 818036 | 1.074757e+09 | 2.46 | … |

【结果说明】相信大家对表 2-1 已经不陌生，数据包括该股票在对应日期的开盘价、收盘价、最高价、最低价等历史行情数据。同样，为了便于展示，这里省略了部分字段。

接下来就可以让 ChatGPT 协助我们计算该股票的简单收益了。使用提示词："我们已经有了

一整年的价格数据，数据类型为 DataFrame。每日收盘价格存储在'收盘'字段中，请给出使用 Python 计算每日简单收益的示例代码。"会得到 ChatGPT 给出的下列示例代码。

```python
# Python 代码
# 为了方便展示，我们只保留日期和收盘价这两个字段
df = df[['日期', '收盘']]
# 计算每日的简单收益
df["简单收益"] = df["收盘"].pct_change()  # 使用 pct_change() 方法计算简单收益

# 打印 DataFrame，包括日期、收盘价格和简单收益
df.tail()
```

运行这段代码，可以得到如表 2-2 所示的结果。

表 2-2　收盘价与简单收益

|  | 日期 | 收盘价 | 简单收益 |
| --- | --- | --- | --- |
| 237 | 2022-12-26 | 12.77 | −0.016179 |
| 238 | 2022-12-27 | 13.11 | 0.026625 |
| 239 | 2022-12-28 | 13.14 | 0.002288 |
| 240 | 2022-12-29 | 13.03 | −0.008371 |
| 241 | 2022-12-30 | 13.16 | 0.009977 |

【结果说明】在示例代码中，我们先是保留了原始数据中的日期和收盘价字段。然后，我们使用 Pandas 的 pct_change() 方法计算了每日的简单收益，并将结果存储在名为"简单收益"的新列中。最后，我们检查了 DataFrame 中包含日期、收盘价格和简单收益的最新的 5 条数据。

  注意

这里我们根据数据的实际情况，将 ChatGPT 给出的代码进行了简单的修改。读者与 ChatGPT 交互时，可能会得到不同的答复，这是非常正常的。

### 2.1.2　让 ChatGPT 协助计算对数收益

金融产品价格的对数收益是指将金融产品的价格数据取对数后，计算相邻时间点之间的差异。它通常用于分析金融时间序列数据，并在金融建模、风险管理和投资分析中有着广泛的应用。

对数收益的计算方式如下。

（1）首先，计算每个时间点的价格数据的对数。对数通常使用自然对数（以 e 为底）或以 10 为底的对数。计算方法为：

对数价格 = ln(价格)（自然对数）或 对数价格 = log(价格, 10)（以 10 为底的对数）

（2）接下来，计算相邻时间点之间的对数价格差异。计算方法为：

对数收益 = 对数价格（当前时间点）− 对数价格（前一个时间点）

对数收益的优点包括它更适用于计算资产的累积回报，因为它考虑了复利效应。此外，对数收益通常更接近正态分布，这在统计分析和建模中很有用。

在金融领域，对数收益常常用于分析股票、债券、基金、指数等金融产品的价格数据，以便更好地理解它们的历史表现、波动性和相关性。

要让ChatGPT协助计算股票价格的对数收益，我们可以发送提示词："我们已经有了一整年的价格数据，数据类型为DataFrame。每日收盘价格存储在'收盘'字段中，请给出使用Python计算每日对数收益的示例代码。"然后得到如下所示的代码。

```
# Python 代码
# 需要用到NumPy来进行对数的计算
import NumPy as np

# 计算每日的对数收益
df["对数价格"] = np.log(df["收盘"])     # 使用NumPy库的log函数计算对数价格
df["对数收益"] = df["对数价格"].diff()   # 使用diff()方法计算对数收益

# 检查结果
df.tail()
```

运行这段代码，会得到如表2-3所示的结果。

表2-3  对数价格和对数收益

|     | 日期 | 收盘价 | 简单收益 | 对数价格 | 对数收益 |
| --- | --- | --- | --- | --- | --- |
| 237 | 2022-12-26 | 12.77 | −0.016179 | 2.547099 | −0.016311 |
| 238 | 2022-12-27 | 13.11 | 0.026625 | 2.573375 | 0.026277 |
| 239 | 2022-12-28 | 13.14 | 0.002288 | 2.575661 | 0.002286 |
| 240 | 2022-12-29 | 13.03 | −0.008371 | 2.567254 | −0.008407 |
| 241 | 2022-12-30 | 13.16 | 0.009977 | 2.577182 | 0.009928 |

【结果说明】在这段示例代码中，我们继续使用2.1.1小节的DataFrame，其中包括日期和收盘价格。然后，我们使用NumPy库的log函数计算每日的对数价格，将结果存储在名为"对数价格"的新列中。最后，我们使用Pandas的diff()方法计算对数价格之间的差异，这就是每日的对数收益。最终，我们检查了其中最新的5条数据。当然，这里我们也在ChatGPT给出的代码基础上进行了简单的修改。

## 2.2 根据通货膨胀调整收益

通货膨胀指货币的购买力下降，导致物价水平上升的现象。因此，当考虑投资回报时，通货膨胀是一个重要的因素，因为它会影响实际的购买力和投资的实际价值。通货膨胀调整的目的是将投资回报率的实际值与通货膨胀进行比较,以确定投资的实际增值或损失。

### 2.2.1 通货膨胀调整的一般步骤

通货膨胀调整的计算通常涉及以下步骤。

(1)**计算通货膨胀率:** 首先,需要确定通货膨胀的水平。通货膨胀率通常由政府或独立机构发布,表示一段时间内价格水平的变化率。

(2)**计算回报:** 计算未经通货膨胀调整的投资回报。它通常涉及报告期内的回报率,如年度回报率。

(3)**通货膨胀调整:** 将回报与通货膨胀率相比较,从而获得通货膨胀调整后的回报。这可以告诉我们投资的实际增值或损失。

通货膨胀调整是投资和财务领域中非常重要的概念,因为它有助于投资者更准确地了解他们的投资在购买力方面的表现。如果未经通货膨胀调整的回报率高于通货膨胀率,投资者可能实际上正在实现实际增值;如果未经通货膨胀调整的回报率低于通货膨胀率,投资者的购买力可能受到侵蚀,他们可能在实际上蒙受损失。因此,通货膨胀调整有助于更全面地评估投资的表现。

通货膨胀调整的计算公式:

通货膨胀调整后的回报 =(1 + 未经通货膨胀调整的回报)/(1 + 通货膨胀率) − 1

其中,未经通货膨胀调整的回报是指投资的原始回报,通常以百分比的形式表示。

通货膨胀率是指一段时间内的通货膨胀水平,通常以百分比的形式表示。

通货膨胀调整后的回报公式的解释如下。

首先,将未经通货膨胀调整的回报加1,以得到回报的比例形式。

接着,将通货膨胀率加1,以得到通货膨胀率的比例形式。

然后,将未经通货膨胀调整的回报的比例除以通货膨胀率的比例。

最后,从结果中减去1,将比例形式的调整后的回报转化为百分比形式。

这个计算公式可以让投资者更准确地了解他们的投资在通货膨胀考虑下的实际增值或损失。如果通货膨胀调整后的回报为正数,表示投资实现了实际增值;如果为负数,表示投资实际上受到了通货膨胀的侵蚀。

要进行通货膨胀调整,我们需要先计算通货膨胀率。通货膨胀率通常使用居民消费价格指数(CPI)来计算,因为 CPI 是一种衡量通货膨胀水平的常用指标。通货膨胀率的计算方法:

通货膨胀率 =(当前期 CPI − 前一期 CPI)/ 前一期 CPI

其中,当前期 CPI 表示计算通货膨胀率的当前时期的居民消费价格指数。

前一期 CPI 表示前一个时期的居民消费价格指数,通常是上一个月或上一个年度的 CPI。

CPI 是一个重要的经济指标,用于衡量通货膨胀的水平,因此通货膨胀率的计算通常依赖于 CPI 的数据。政府和独立机构通常会定期发布 CPI 数据,供公众使用,以评估通货膨胀对购买力和经济的影响。通货膨胀率的计算有助于人们更好地了解物价上涨的程度。

## 2.2.2 获取 CPI 月率数据并进行处理

要获取 CPI 月率数据，我们仍然可以使用 AKShare 提供的接口，使用的代码如下。

```
#Python 代码
# 获取月度 CPI 数据
cpi_df = ak.macro_china_cpi_monthly()

# 保存为 Excel 文件，便于读者下载实验
cpi_df.to_excel('cpi 月率数据 .xlsx')

# 保存完成后提示
print(' 数据保存成功 ')
```

当我们看到 Jupyter Notebook 提示数据保存成功时，就说明 CPI 月率数据已经获取完成，并保存为 Excel 文件了。当然，读者仍然可以直接下载随书赠送的 "cpi 月率数据 .xlsx" 进行实验。接下来我们读取这个文件并检查，使用的代码如下。

```
#Python 代码
# 使用保存好的 Excel 文件进行实验
cpi_df = pd.read_excel('cpi 月率数据 .xlsx')

# 我们把列名固定好，分别是日期和对应的 CPI
cpi_df.columns = [' 日期 ', 'cpi']

# 把日期设置为 index
cpi_df.set_index(' 日期 ', inplace = True)

# 检查一下最新的 5 条
cpi_df.tail()
```

运行这段代码，会得到如表 2-4 所示的结果。

表 2-4 经过处理的月度 CPI 数据

| 日期 | CPI |
| --- | --- |
| 2023-04-11 | −0.3 |
| 2023-05-11 | −0.1 |
| 2023-06-09 | −0.2 |
| 2023-07-10 | −0.2 |
| 2023-08-09 | 0.2 |

【结果说明】可以看到，代码执行了以下比较核心的操作。

（1）cpi_df.columns = ['日期', 'cpi']：将 DataFrame 中的列名更改为"日期"和"cpi"，这是为了更好地反映数据中各列的内容。通常，将列名更改为更具描述性的名称有助于增强数据的可读性。

（2）cpi_df.set_index('日期', inplace=True)：将 DataFrame 中的"日期"列设置为索引（Index），这样"日期"列将用作数据的行标签。通过将日期列设置为索引，就可以更轻松地按日期检索和操作数据。

### 2.2.3 让 ChatGPT 协助进行通货膨胀调整

下面我们开始实验如何用 Python 对收益进行通货膨胀调整，这里还是用 2.1 节中已经保存好的 Excel 文件，使用的代码如下。

```
#Python 代码
# 使用 2.1 节中准备好的 Excel 文件进行实验
df = pd.read_excel('历史行情数据.xlsx')

# 保留日期和收盘价
df = df[['日期', '收盘']]

# 把日期转换为 datetime 的数据类型
df['日期'] = pd.to_datetime(df['日期'])

# 同样将日期设置为 index
df.set_index('日期', inplace=True)

# 转为月度数据
df = df.resample('M').last()

# 检查最新的 5 条数据
df.tail()
```

运行这段代码，会得到如表 2-5 所示的结果。

表 2-5 经过处理的股票历史行情数据

| 日期 | 收盘价 |
|---|---|
| 2022-08-31 | 12.75 |
| 2022-09-30 | 11.84 |
| 2022-10-31 | 10.34 |
| 2022-11-30 | 13.03 |
| 2022-12-31 | 13.16 |

【结果说明】在这段代码中，我们使用了 Pandas 中的 resample 方法来对时间序列数据进行重

新采样,然后使用 last() 方法获取了每个重新采样后时间段的最后一个数据点。这对于从原始数据中提取月末数据或生成月度摘要非常有用,有助于我们进行月度分析。

接下来我们把准备好的 CPI 数据和股票的历史行情数据进行合并,使用的代码如下。

```
#Python 代码
# 我们把 CPI 数据也按照月度重新采样
# 为的是和历史行情数据的 index 保持一致
cpi_df = cpi_df.resample('M').last()

# 使用 join 方法合并两个 DataFrame
df = df.join(cpi_df, how='left')

# 检查结果
df.tail()
```

运行这段代码,会得到如表 2-6 所示的结果。

表 2-6 合并后的数据

| 日期 | 收盘价 | CPI |
| --- | --- | --- |
| 2022-08-31 | 12.75 | 0.5 |
| 2022-09-30 | 11.84 | −0.1 |
| 2022-10-31 | 10.34 | 0.3 |
| 2022-11-30 | 13.03 | 0.1 |
| 2022-12-31 | 13.16 | −0.2 |

【结果说明】在这种代码中,我们使用 Pandas 中的 join 方法将两个 DataFrame(df 和 cpi_df)连接在一起,连接的方式是左连接(how='left'),也称为左外连接。通过将 cpi_df 中的数据按照股票历史行情数据的索引进行连接,可以让我们将 CPI 数据与股票历史行情数据关联起来。这个方法也通常用于将两个相关的数据集整合在一起,以进一步分析或合并数据并获取更全面的信息。

在准备好数据后,我们可以让 ChatGPT 协助进行通货膨胀调整。使用的提示词可以是:"我们现在有一个 DataFrame,以日期为 index,第一列是某股票的收盘价,第二列是 CPI 数据,我需要计算出股价的收益,再使用 CPI 数据计算通货膨胀率,最后进行通货膨胀调整,请给出示例代码。"发送提示词后,可以得到生成的代码,修改后如下:

```
#Python 代码
# 计算股价的每月收益
df['股票收益'] = df['收盘'].pct_change()  # 使用 pct_change() 方法计算每月收益

# 计算通货膨胀率
df['通货膨胀率'] = df['cpi'] / 100  # 通过 CPI 得到通货膨胀率
```

```
# 进行通货膨胀调整
df['通货膨胀调整'] = (1 + df['股票收益']) / (1 + df['通货膨胀率']) - 1

# 打印 DataFrame
df.tail()
```

运行这段代码，我们会得到如表2-7所示的结果。

表2-7 进行通货膨胀调整后的结果

| 日期 | 收盘 | cpi | 股票收益 | 通货膨胀率 | 通货膨胀调整 |
|---|---|---|---|---|---|
| 2022-08-31 | 12.75 | 0.5 | 0.005521 | 0.005 | 0.000518 |
| 2022-09-30 | 11.84 | −0.1 | −0.071373 | −0.001 | −0.070443 |
| 2022-10-31 | 10.34 | 0.3 | −0.126689 | 0.003 | −0.129301 |
| 2022-11-30 | 13.03 | 0.1 | 0.260155 | 0.001 | 0.258896 |
| 2022-12-31 | 13.16 | −0.2 | 0.009977 | −0.002 | 0.012001 |

【结果说明】在上面的代码中，我们使用 pct_change() 方法计算每月股票收益，并通过 CPI 数据得到每月通货膨胀率。最后，我们使用通货膨胀率对股票收益进行通货膨胀调整。可以看到，在某些月份，该股票带来的收益经过通货膨胀调整之后，会有轻微的"缩水"。例如 2022 年 11 月，该股票的收益约为 26%，但经过通货膨胀调整后，实际的收益却变为了约 25.89%。

## 2.3 实现波动率的计算

实现波动率是指根据过去的价格数据计算出的某种资产的实际波动率，用于衡量资产的价格波动程度。实现波动率是一个重要的金融指标，用于风险管理、期权定价和其他金融分析中。

### 2.3.1 实现波动率的原理与公式

实现波动率是一种用于衡量资产价格波动性的指标，它基于已经发生的价格变动来计算波动性，与未来预测无关。它通常用于评估资产或市场的风险水平。

实现波动率的原理：资产价格在不同时间点的波动越大，其波动率越高。它通过测量一定时间段内资产价格的实际变动来确定波动性水平。

实现波动率的计算通常包括以下步骤。

（1）选择时间段：确定要计算实现波动率的时间窗口。常见的时间窗口包括每日、每周或每月。

（2）计算价格变化：在所选时间窗口内，计算每个时间点的价格变化。通常，这是当前时间点价格与前一个时间点价格的差值。

（3）平方价格变化：将每个价格变化的值平方。这是因为波动率是基于价格变化的方差计算的。

（4）求和：将平方价格变化的值相加。

(5)取平方根:为了获得标准差或波动率,通常会取平方根。

实现波动率的一种常见计算公式:

$$rv = \sqrt{\sum_{i=1}^{T} r_t^2}$$

其中,"$rv$"表示实现波动率,"$r_t$"是每个时间点的价格变化,"$t$"是时间窗口的长度。

该计算方法适用于计算短期和长期波动性,因为它会根据所选时间窗口内的价格变化来计算波动率。实现波动率衡量的是历史波动性,其在投资组合管理、风险评估和期权定价等金融应用方面非常有用。

### 2.3.2 计算股价的月度实现波动率

要计算股价的月度实现波动率,我们可以使用 Python 中的 Pandas 库。首先,我们继续使用已经保存好的"历史行情数据.xlsx"文件,然后计算每月的实现波动率,使用的代码如下。

```python
#Python 代码
# 读取我们要用的历史行情数据文件
df = pd.read_excel('历史行情数据.xlsx')

# 保留要用的字段
df = df[['日期', '收盘']]

# 转换日期格式并设为 index
df['日期'] = pd.to_datetime(df['日期'])
df.set_index('日期', inplace=True)

# 用对数收益来描述价格变动
df['对数收益'] = np.log(df['收盘']/df['收盘'].shift(1))

# 定义一个计算实现波动率的函数
def realized_volatility(x):
    return np.sqrt(np.sum(x**2))

# 将数据按照月度重组,并计算实现波动率
df_rv = (
    df.groupby(pd.Grouper(freq="M"))
    .apply(realized_volatility)
    .rename(columns={"对数收益": "实现波动率"})
)

# 检查结果
```

```
df_rv.tail(12)
```

运行这段代码，会得到如表 2-8 所示的结果。

表 2-8　月度实现波动率

| 日期 | 收盘价 | 实现波动率 |
| --- | --- | --- |
| 2022-01-31 | 73.389850 | 0.088663 |
| 2022-02-28 | 65.798120 | 0.068900 |
| 2022-03-31 | 71.294054 | 0.133816 |
| 2022-04-30 | 69.008630 | 0.123565 |
| 2022-05-31 | 63.512432 | 0.068098 |
| 2022-06-30 | 65.653019 | 0.073393 |
| 2022-07-31 | 62.913819 | 0.074279 |
| 2022-08-31 | 59.197967 | 0.070498 |
| 2022-09-30 | 56.911039 | 0.072070 |
| 2022-10-31 | 44.365727 | 0.070144 |
| 2022-11-30 | 54.125198 | 0.140845 |
| 2022-12-31 | 61.628576 | 0.092911 |

【结果说明】在上面的代码中，核心的部分是定义了一个名为 realized_volatility 的函数，该函数将用于计算实现波动率。首先该函数接受一个时间段内的对数收益数据，并返回这段时间内的实现波动率。然后使用 groupby 方法，按照月度（pd.Grouper(freq="M")）将数据框进行分组。接着，对每个月的对数收益数据应用 realized_volatility 函数来计算实现波动率，并将结果重命名为"实现波动率"。最后，打印出最近 12 个月的实现波动率数据，以查看结果。从表 2-8 可以看到，代码计算出了 2022 年中每一个月该股票的实现波动率。

### 2.3.3　让 ChatGPT 协助计算年化实现波动率

年化计算是一种标准化的方法，它可以将波动率数据调整为一年期水平，以帮助我们识别和理解不同时间段的风险水平。

要让 ChatGPT 协助计算年化实现波动率，我们可以把 2.3.2 小节中的代码复制给 ChatGPT，并发送提示词："我需要基于上面的代码，计算出每个月的年化实现波动率，请给出代码。"就会得到它生成的代码，经过修改后的代码如下。

```
#Python 代码
# 一年当中有 12 个月, 所以这里乘以 12 的平方根
df_rv['年化实现波动率'] = df_rv['实现波动率']*np.sqrt(12)

# 检查结果
```

```
df_rv.tail(12)
```

运行这段代码，我们会得到如表 2-9 所示的结果。

表 2-9 年化实现波动率

| 日期 | 收盘价 | 实现波动率 | 年化实现波动率 |
| --- | --- | --- | --- |
| 2022-01-31 | 73.389850 | 0.088663 | 0.307137 |
| 2022-02-28 | 65.798120 | 0.068900 | 0.238676 |
| 2022-03-31 | 71.294054 | 0.133816 | 0.463554 |
| 2022-04-30 | 69.008630 | 0.123565 | 0.428042 |
| 2022-05-31 | 63.512432 | 0.068098 | 0.235899 |
| 2022-06-30 | 65.653019 | 0.073393 | 0.254242 |
| 2022-07-31 | 62.913819 | 0.074279 | 0.257309 |
| 2022-08-31 | 59.197967 | 0.070498 | 0.244212 |
| 2022-09-30 | 56.911039 | 0.072070 | 0.249656 |
| 2022-10-31 | 44.365727 | 0.070144 | 0.242986 |
| 2022-11-30 | 54.125198 | 0.140845 | 0.487901 |
| 2022-12-31 | 61.628576 | 0.092911 | 0.321854 |

【结果说明】要计算每个月的年化实现波动率，我们可以简单地将已计算的月度实现波动率乘以每年的交易月数量的平方根。这里我们将 df_rv 中的每月实现波动率乘以 np.sqrt(12)，以计算每个月的年化实现波动率。最后，打印出最近 12 个月的年化实现波动率数据。

为了更加直观地观察年化实现波动率与股票收益之间的关系，我们可以进行可视化分析。这个工作也可以让 ChatGPT 帮我们完成。使用提示词："现在我要把上面代码中计算的年化实现波动率与股价的对数收益进行可视化对比，年化实现波动率在 df_rv['年化实现波动率'] 中，对数收益率在 df['对数收益'] 中，我需要一个包含 2 行 1 列子图的图形。请给出示例代码。"就会得到 ChatGPT 生成的代码，经过修改后的代码如下。

```
#Python 代码
# 导入 Matplotlib
import matplotlib.pyplot as plt
# 指定图像样式
plt.style.use('seaborn')
# 指定字体，防止中文出现乱码，Windows 系统指定为 'SimHei'
plt.rcParams['font.sans-serif'] = ['Arial Unicode MS']
# 这行代码让中文的负号 "-" 可以正常显示
plt.rcParams["axes.unicode_minus"]=False

# 创建一个包含 2 行 1 列子图的图形
fig, axes = plt.subplots(nrows=2, ncols=1, sharex=True, dpi=300)
```

```
# 子图1：年化实现收益率
axes[0].plot(df_rv['年化实现波动率'], label='年化实现波动率', color='blue')
axes[0].set_title('年化实现波动率')
axes[0].set_ylabel('波动率')
axes[0].legend()

# 子图2：对数收益率
axes[1].plot(df['对数收益'], label='对数收益', color='green')
axes[1].set_title('对数收益率')
axes[1].set_xlabel('日期')
axes[1].set_ylabel('对数收益')
axes[1].legend()

# 调整子图之间的间距
plt.tight_layout()

# 保存图像文件
plt.savefig('2-1.jpg', dpi=300)
# 显示图形
plt.show()
```

运行这段代码，我们可以得到如图2-1所示的结果。

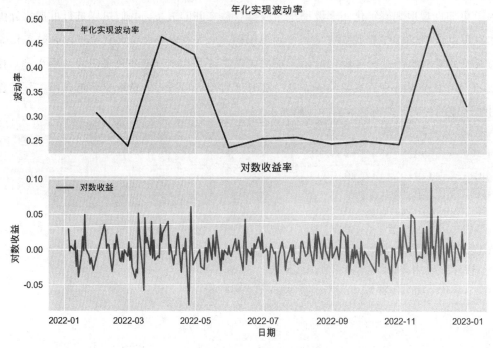

图2-1 年化实现波动率与股票对数收益对比

【结果说明】可以看到，ChatGPT 生成的代码创建了一个包含 2 行 1 列的子图，分别显示年化实现波动率和对数收益率的时间序列图。根据需要，我们可以进一步自定义图形的标签、颜色和样式。最后，使用 plt.show() 显示图形。实现波动率和对数收益是风险管理中两个关键的指标。实现波动率是一个衡量资产或投资组合价格波动性的指标，而对数收益是表示价格变动的一个指标。通过对比这两个指标，可以更全面地了解风险和波动性的关系。

## 2.4 缺失数据填补

缺失数据填补是指在数据分析中对缺失的数据进行填充或估算的处理过程。缺失数据填补是数据预处理的一部分，旨在提高数据质量和可用性。这个过程通常包括使用统计方法、插补技术或其他方法来填充缺失值，以便在后续分析中能够更好地处理数据。

### 2.4.1 用 reindex 填补缺失的日期

在 2.2 节中，我们使用 CPI 数据进行了通货膨胀率的计算。通过检查数据，我们发现 CPI 月率数据中有一些月份是没有数据的。而出现这种情况，很可能是因为原始数据缺失造成的。下面我们使用 Python 读取已经保存的 CPI 数据，填补缺失的日期并进行检查。使用的代码如下。

```python
#Python 代码
# 这里我们使用已经保存好的 CPI 月率数据
df_cpi = pd.read_excel('cpi 月率数据 .xlsx')

# 重命名列
df_cpi.columns = [' 日期', 'cpi']

# 将日期设为 index
df_cpi.set_index(' 日期', inplace = True)

# 选定 2022 年全年作为实验范围
df_cpi = df_cpi['2022-01-01':'2022-12-31']

# 重置 index，保证每个月都在索引中
date_range = pd.date_range(start='2022-01-31', end='2022-12-31')
df_cpi = df_cpi.reindex(date_range)

# 将数据按照月份重采样
df_cpi = df_cpi.resample('M').last()
```

```
# 检查数据
df_cpi
```

运行这段代码,会得到如表 2-10 所示的结果。

表 2-10　2022 年度 CPI 月率数据

| 日期 | CPI |
|---|---|
| 2022-01-31 | NaN |
| 2022-02-28 | 0.4 |
| 2022-03-31 | 0.6 |
| 2022-04-30 | 0.0 |
| 2022-05-31 | 0.4 |
| 2022-06-30 | −0.2 |
| 2022-07-31 | 0.0 |
| 2022-08-31 | 0.5 |
| 2022-09-30 | −0.1 |
| 2022-10-31 | 0.3 |
| 2022-11-30 | 0.1 |
| 2022-12-31 | −0.2 |

【结果说明】在上述示例中,我们生成了一个完整的日期范围 date_range,包括从 2022-01-01 到 2022-12-31 的所有日期。然后,使用 reindex 方法将 DataFrame 重建为包含完整日期范围的版本,空缺的日期将填充为空值。在原始数据中,原本是没有 2022 年 1 月的 CPI 月率数据的,但经过 reindex 方法的处理,可以看到表 2-10 中包含了 2022 年 1 月的日期,并且用空值(NaN)进行了填充。

### 2.4.2　让 ChatGPT 协助填充缺失数据

从表 2-10 中我们可以看到 2022 年 1 月的数据是空值。在金融领域,数据中存在空值可能会对分析、建模和决策产生重大影响。为应对这些问题,我们通常采取数据清洗、数据填充或其他数据处理方法来处理缺失值。这些方法可以帮助恢复缺失的信息,使数据更完整和准确,以便支持决策、风险管理和分析。

接下来我们尝试对表 2-10 中的空值进行填补,这部分工作也可以让 ChatGPT 协助我们完成。可以使用提示词:"现在我有 2022 年的 CPI 月率数据,但 1 月份的数据是空值,需要进行向后填充,请给出示例代码。"发送提示词后,会得到 ChatGPT 生成的代码,修改后的代码如下。

```
# Python 代码
# 使用向后填充来填充 1 月份的数据
df_cpi.fillna(method='bfill', inplace=True)
```

```
# 检查填充后的 DataFrame
df_cpi
```

运行这段代码，会得到如表 2-11 所示的结果。

表 2-11　经过填充的 CPI 月率数据

| 日期 | CPI |
| --- | --- |
| 2022-01-31 | 0.4 |
| 2022-02-28 | 0.4 |
| 2022-03-31 | 0.6 |
| 2022-04-30 | 0.0 |
| 2022-05-31 | 0.4 |
| 2022-06-30 | −0.2 |
| 2022-07-31 | 0.0 |
| 2022-08-31 | 0.5 |
| 2022-09-30 | −0.1 |
| 2022-10-31 | 0.3 |
| 2022-11-30 | 0.1 |
| 2022-12-31 | −0.2 |

【结果说明】在上述示例中，我们使用 fillna 方法并设置 method='bfill' 来执行向后填充，用后一个月的数据来填充 1 月份的缺失数据。最后，我们将结果存储回原始 DataFrame，从而完成了向后填充。与表 2-10 相比，可以看到表 2-11 中 2022 年 1 月原本的空值，已经用 2 月的数值进行了填充。如果你希望使用向前填充的方法，只需将 method 参数改为 'ffill' 即可。这个方法同样也适用于处理其他类型的时间序列数据中的缺失值。

> **注意**
> 向前填充或向后填充适用于数据在时间上具有连续性的情况，但不适用于季节性或周期性的数据。

### 2.4.3　让 ChatGPT 协助用插值法填充缺失数据

与向前或向后填充相比，插值法基于相邻数据点的值来估算缺失值，通常可以提供更准确的估算，尤其是当数据点之间的变化趋势是线性或光滑的情况下。同时，向前或向后填充可能导致数据的不连续性，因为填充值与相邻的真实值之间可能存在跳跃，而插值法会生成平滑的估算值。

为了让 ChatGPT 协助我们用插值法填充缺失数据，可以使用提示词："现在我有 2022 年的

CPI 月率数据,但 4 月份的数据是空值,需要进行差值填充,请给出示例代码。"发送提示词后,会得到 ChatGPT 生成的代码,修改后的代码如下。

```python
#python 代码
# 为了演示插值填充,我们把 4 月份的数据改为空值
df_cpi.loc['2022-04-30'] = np.NaN

# 使用 interpolate 方法并设置 method='linear' 来执行线性插值
df_cpi.interpolate(method='linear', inplace=True)

# 检查结果
df_cpi
```

运行代码,可以得到如表 2-12 所示的结果。

表 2-12 使用插值填充的数据

| 日期 | CPI |
| --- | --- |
| 2022-01-31 | 0.4 |
| 2022-02-28 | 0.4 |
| 2022-03-31 | 0.6 |
| 2022-04-30 | 0.5 |
| 2022-05-31 | 0.4 |
| 2022-06-30 | −0.2 |
| 2022-07-31 | 0.0 |
| 2022-08-31 | 0.5 |
| 2022-09-30 | −0.1 |
| 2022-10-31 | 0.3 |
| 2022-11-30 | 0.1 |
| 2022-12-31 | −0.2 |

【结果说明】在上述示例中,我们使用 interpolate 方法并设置 method='linear' 来执行线性插值,对 4 月份的数据进行插值填充,即根据相邻时间点的值,按线性方式估算缺失值。最后,我们将结果存储回原始 DataFrame,从而完成了插值填充。从表 2-12 中可以看到,2022 年 4 月的数据由原来的 0.0 变成了 0.5,也就是 3 月和 5 月数据的均值。

> **注意**
> 尽管插值填充具有一些优点,但在某些情况下,向前或向后填充可能更为合适,特别是当数据的变化模式不适合插值方法时。因此,填充方法的选择应该根据数据性质和分析需求进行权衡。

## 2.5 小结与习题

在本章中，我们首先一起研究了如何使用 ChatGPT 对金融数据进行一些基本的处理，包括如何将价格数据转化为简单收益和对数收益，以及如何根据通货膨胀率调整收益。然后我们学习了如何计算实现波动率。最后，我们通过 ChatGPT 的协助对缺失的数据进行了填充。我们应该充分掌握这些方法，因为我们不仅要提升模型的性能，还要确保分析的有效性。在下一章中，我们将继续使用经过预处理的数据学习如何可视化时间序列数据。

以下是本章的习题：

（1）使用接口获取数据，或使用本章提供的示例数据，计算股票的简单收益。

（2）使用同样的数据，计算股票的对数收益。

（3）使用接口获取 CPI 月率数据，或本章提供的示例数据，对收益进行通货膨胀调整。

（4）计算某只股票的年化实现波动率。

（5）练习将 CPI 月率数据中任意月份的数据替换为空值，并分别用向前填充、向后填充、插值填充等方法填补空值，并观察结果的区别。

第 3 章

让 ChatGPT 协助可视化金融时间序列数据

可视化可以帮助我们更容易地识别金融时间序列数据的趋势、模式和周期性变化，这对于金融市场分析和预测非常重要。此外，可视化还可以帮助我们快速发现数据中的异常值，这对于进行风险管理和监控金融投资至关重要。因此，金融时间序列数据的可视化有助于提高数据分析的效率和质量，支持决策制定，并帮助发现关键信息。这在金融领域是一项非常重要的工具和技术。

本章的主要内容：
- 基本折线图的绘制与美化；
- 季节性模式的可视化；
- 如何绘制交互式图形；
- 如何绘制 K 线图；
- 如何在 K 线图中添加均线和成交量。

## 3.1 时间序列数据的基本可视化

对时间序列数据进行基本的可视化分析，通常包括绘制线图、折线图、柱状图等，以直观地展示数据中的趋势、模式和特点。这些基本的可视化方法有助于初步了解时间序列数据，并为进一步的分析和决策提供基础。这一节我们将学习一些基本的时间序列数据可视化的方法。

### 3.1.1 基本折线图的绘制

首先新建一个 Juypter Notebook，并加载需要用的库，同时设置一下可视化的风格及字体，使用的代码如下。

```python
#Python 代码
# 导入要用的库
import akshare as ak
import pandas as pd
import numpy as np
# 导入可视化库
import matplotlib.pyplot as plt
# 设置可视化样式
plt.style.use('seaborn')
# 指定字体，防止中文出现乱码
plt.rcParams['font.sans-serif'] = ['Arial Unicode MS']
# 这行代码让中文的负号 "-" 可以正常显示
plt.rcParams["axes.unicode_minus"]=False
```

运行这段代码之后，我们就完成了库的加载和可视化的设置。接下来我们可以用第 2 章中已经保存好的本地数据进行实验，使用的代码如下。

```
# Python 代码
# 读取已经保存好的历史行情数据
df = pd.read_excel('历史行情数据.xlsx')
# 保留日期和收盘价
df = df[['日期', '收盘']]
# 将日期转为datetime格式
df['日期'] = pd.to_datetime(df['日期'])
# 将日期设置为index
df.set_index('日期', inplace = True)
# 计算简单收益
df['简单收益'] = df['收盘'].pct_change()
# 检查数据
df.head()
```

运行这段代码，可以得到如表 3-1 所示的结果。

表 3-1　经过处理后的用于可视化的数据

| 日期 | 收盘价 | 简单收益 |
| --- | --- | --- |
| 2022-01-04 | 16.66 | NaN |
| 2022-01-05 | 17.15 | 0.029412 |
| 2022-01-06 | 17.12 | −0.001749 |
| 2022-01-07 | 17.20 | 0.004673 |
| 2022-01-10 | 17.19 | −0.000581 |

【结果说明】上面的代码相信大家已经不再陌生，这里我们读取了已经保存好的股票历史行情数据，并保留了日期和每日收盘价。然后我们把原本是字符串类型的日期数据转换为 Datetime 数据类型，并将其设置为数据索引。最后我们使用 pct_change() 计算了该股票的简单收益。下面就可以使用这个数据来绘制简单的折线图了。

要使用收盘价绘制基本的折线图，非常简单，只需使用以下几行代码即可。

```
#Python 代码
# 设置图像分别率，这一行不是必需的
plt.figure(dpi=300)

# 使用 .plt() 函数即可绘制折线图，并设定图题
df['收盘'].plot(title = '收盘价')

# 保存图片，这也不是必需的
plt.savefig('图 3-1.jpg', dpi=300)
```

```
# 展示图像
plt.show()
```

运行这段代码，会得到如图 3-1 所示的结果。

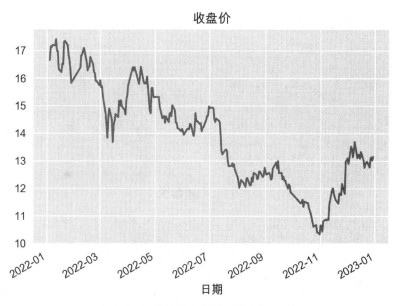

图 3-1　使用收盘价绘制的基本折线图

【结果说明】在上面的代码中，我们使用了 plot() 函数，这是 Pandas 库提供的一个用于绘制数据的函数。在这个示例中，它绘制的是"收盘"列的数据。同时，我们设置了 title='收盘价'，这是 plot 函数的一个参数，用于指定绘图的标题。这里标题被设置为"收盘价"。从图 3-1 中可以看到，可视化可以帮助我们呈现股票的收盘价走势，以更好地理解数据的趋势。

### 3.1.2　让 ChatGPT 协助绘制子图

接下来，我们将数据中的收盘价和简单收益放在同一个图像中进行展示，以便进行对比。要完成这项工作，我们可以让 ChatGPT 提供协助。使用的提示词可以是："在一个 DataFrame 中，索引是日期，此外包含两列，一列是'收盘价'，另一列是'简单收益'，请用 plot() 函数对这两列进行可视化，要求将这两列放入包含 2 行子图的图像中，且 2 行子图共用 x 轴。"发送这段提示词后，就可以得到 ChatGPT 生成的代码，经修改后的代码如下。

```
#Python 代码
# 创建包含 2 行子图的图像
fig, axes = plt.subplots(nrows=2, ncols=1, dpi=300, sharex=True)

# 在第一个子图中绘制 '收盘' 列
df['收盘'].plot(ax=axes[0], title='收盘价')
```

```
# 在第二个子图中绘制 '简单收益' 列
df['简单收益'].plot(ax=axes[1], title='简单收益', c='g')

# 设置图像布局
plt.tight_layout()

# 保存图像
plt.savefig('图 3-2.jpg', dpi=300)

# 显示图像
plt.show()
```

运行这段代码,会得到如图 3-2 所示的结果。

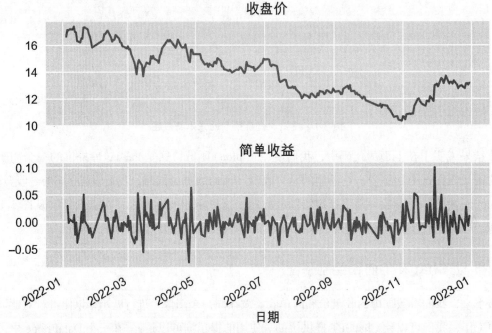

图 3-2 包含收盘价和简单收益数据的可视化结果

【结果说明】在这个示例中,我们创建了包含两个子图的图像,并使用 plot() 函数分别在每个子图中绘制了收盘列和简单收益列的数据。sharex=True 参数用于确保两个子图共享 x 轴。可以看到,在同一个图像中,我们可以直观地比较收盘价和简单收益的走势,以便理解它们之间的关系。而且,将数据放在同一图像中可以节省空间,特别是在报告和演示中。这使得信息更易于查看,而不必浏览多个图像。

### 3.1.3 让 ChatGPT 协助美化子图

下面我们再来尝试让 ChatGPT 帮助我们将图 3-2 进行美化,使用的提示词是:"请在上面的子图中添加 y 轴标签,并将'收盘价'的折线变为虚线,同时降低'简单收益'子图的透明度,使其透明度为 70%。"发送这段提示词后,会得到 ChatGPT 生成的代码,经过修改后的代码如下。

```python
#Python 代码
# 创建包含 2 行子图的图像
fig, axes = plt.subplots(nrows=2, ncols=1, dpi=300, sharex=True)

# 在第一个子图中绘制 '收盘价' 列,并将线条样式设为虚线
df['收盘'].plot(ax=axes[0], title='收盘价', linestyle='--')
axes[0].set_ylabel('收盘价(元)')

# 在第二个子图中绘制 '简单收益' 列,并将高度和透明度进行调整
df['简单收益'].plot(ax=axes[1], title='简单收益', c='g', alpha=0.7)
axes[1].set_ylabel('简单收益')

# 显示图像
plt.tight_layout()
plt.savefig('图3-3.jpg', dpi=300)
plt.show()
```

运行这段代码,会得到如图 3-3 所示的结果。

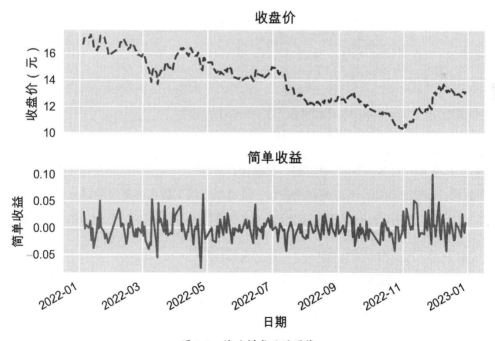

图 3-3  修改样式后的图像

【结果说明】从图 3-3 可以看到,修改后的代码同样生成了一个包含 2 行子图的图像,其中"收盘价"子图的线条样式为虚线,而"简单收益"子图透明度为 70%。同时,每个子图都有 y 轴标签

以说明其内容。这些美化修改可以根据大家的具体需求和审美偏好进行自定义。通过适当的美化，我们可以使图表更具吸引力，更易于理解，从而更直观地呈现数据。

## 3.2 季节性模式可视化

在金融领域，"季节性模式可视化"通常指的是使用可视化工具和技巧来展示时间序列数据中的季节性变化和模式。这可以帮助分析人员更好地理解数据中不同季节的趋势、周期性变化和季节性影响，从而更好地制定决策和策略。季节性模式的可视化通常涉及使用图表来呈现数据的季节性特征。

在这一节中，我们将使用PPI（Producer Price Index，生产者出厂价格指数）年率数据，学习如何通过可视化的方式来寻找金融数据中可能存在的季节性模式。

PPI年率数据是衡量生产者物价水平变动的经济指标，它用于追踪制造业和生产部门的价格变动情况。PPI年率数据表示在一年内生产者价格的总体变化率。为了了解PPI数据是否存在季节性模式，我们可以下载数据并进行实验。首先使用下面的代码获取数据。

```
#Python 代码
# 获取 PPI 年率数据
ppi_df = ak.macro_china_ppi_yearly()

# 这里我们只保留 2018~2022 年的数据进行实验
ppi_df = ppi_df['2018-01~01':'2022-12-31']

# 将数据保存为 Excel 文件，方便读者下载
ppi_df.to_excel('ppi 数据 .xlsx')
print(' 数据保存成功 ')
```

如果大家在Jupyter Notebook中看到"数据保存成功"，就说明已经获得了2018—2022年的PPI年率数据。当然，假如你不方便调用接口，也可以直接下载本书附赠的"ppi数据.xlsx"文件来进行实验。下面我们用Pandas读取这个Excel文件并进行进一步的处理，使用的代码如下。

```
#Python 代码
# 读取 Excel 文件
ppi_df = pd.read_excel('ppi 数据 .xlsx')

# 指定列名
ppi_df.columns = [' 日期 ', 'ppi']

# 设置日期为 index
ppi_df.set_index(' 日期 ', inplace = True)
```

```
# 进行检查
ppi_df.tail()
```

运行这段代码，会得到如表 3-2 所示的结果。

表 3-2　经过处理的 PPI 年率数据

| 日期 | PPI |
|---|---|
| 2022-08-10 | 4.2 |
| 2022-09-09 | 2.3 |
| 2022-10-14 | 0.9 |
| 2022-11-09 | −1.3 |
| 2022-12-09 | −1.3 |

【结果说明】如果大家也得到了和表 3-2 类似的结果，说明数据处理完成，可以看到 PPI 年率数据是按月发布的。正好让我们可以用它来寻找 PPI 年率数据是否存在季节性模式。

为了更好地观察数据中是否存在季节性模式，我们还需要把不同年份中各个月的数据进行标示，使用的代码如下。

```
#Python 代码
# 提取 index 中的年份并保存为新列
ppi_df["year"] = ppi_df.index.year

# 提取 index 中的月份并保存为新列
ppi_df["month"] = ppi_df.index.strftime("%b")

# 检查数据
ppi_df.tail()
```

运行代码，会得到如表 3-3 所示的结果。

表 3-3　提取年份和月份的 PPI 年率数据

| 日期 | PPI | 年 | 月 |
|---|---|---|---|
| 2022-08-10 | 4.2 | 2022 | 8 |
| 2022-09-09 | 2.3 | 2022 | 9 |
| 2022-10-14 | 0.9 | 2022 | 10 |
| 2022-11-09 | −1.3 | 2022 | 11 |
| 2022-12-09 | −1.3 | 2022 | 12 |

【结果说明】这段代码将数据表中日期索引中的年份和月份信息提取出来，然后将它们添加为 DataFrame 的两列。其中，ppi_df["year"] = ppi_df.index.year 这一行代码的作用是将日期索引中的年份信息提取出来，并将其添加为一个名为 "year" 的新列。ppi_df.index.year 使用了 Pandas 的 index 属性来访问日期索引，并获取其中的年份信息。这将使 DataFrame 中的每一行都有一个表示年份的值。ppi_df["month"] = ppi_df.index.strftime ("%b") 这一行代码的作用是将日期索引中的月份信息提取出来，并将其添加为一个名为 "month" 的新列。ppi_df.index.strftime ("%b") 使用了 strftime 方法，它会将日期索引中的日期转换为指定格式，"%b" 表示将日期转换为月份的缩写形式（例如，"Jan" 表示一月）。这将使 DataFrame 中的每一行都有一个表示月份的值。

至此，数据已经完全准备好，可以开始可视化的工作了，使用的代码如下。

```python
# Python 代码
# 导入 Seaborn 库，用于创建可视化图表
import seaborn as sns

# 创建一个图表，设置分辨率为 300dpi
plt.figure(dpi=300)

# 使用 Seaborn 绘制线图，传入数据框 ppi_df
sns.lineplot(data=ppi_df,
             x="month",           # x 轴为月份
             y="ppi",             # y 轴为 PPI 年率数据
             hue="year",          # 使用年份作为不同线的颜色
             style="year",        # 使用年份作为不同线的样式
             legend="full",       # 显示图例
             palette="colorblind" # 使用 colorblind 调色板
             )

# 设置图表标题
plt.title("PPI 年率 - 季节性模式 ")

# 显示图例在最佳位置
plt.legend(loc='best')

# 保存图表为图像文件
plt.savefig('图 3-4.jpg', dpi=300)

# 显示图表
plt.show()
```

运行这段代码，会得到如图 3-4 所示的结果。

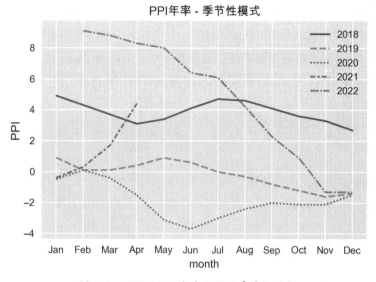

图 3-4 可视化 PPI 年率数据的季节性模式

【结果说明】这段代码使用 Seaborn 的 lineplot 函数创建了一个折线图传入 ppi_df 数据，设置 x 轴为月份，y 轴为 PPI 年率数据，根据年份将线的颜色和样式区分开，显示完整的图例，并使用了 "colorblind" 调色板。从图 3-4 可以看到，在 2018—2022 年，PPI 年率没有呈现出明显的季节性模式。同时，2021 年的数据缺失较多，以致该年度的 PPI 折线图显示并不完整。因此，我们还可以使用这种可视化方法检查各个年度的数据完整性。

## 3.3 交互式可视化

交互式可视化是指创建可以与用户进行互动的可视化图表。这种互动性允许用户主动探索数据或图表，通过交互操作来更深入地了解数据的不同方面。例如，用户可以通过滚动或缩放操作来查看数据的不同部分，以获得更详细的信息。当用户将鼠标悬停在图表中的数据点上时，会显示有关该点的信息，如数值或标签。此外，用户还可以与图形元素互动，如拖动数据点、更改图表类型、改变轴的比例等。

### 3.3.1 让 ChatGPT 用 Cufflink 绘制交互式图像

Cufflinks 是 Plotly 库的一个扩展，它允许用户在 Pandas 中轻松创建交互式图表。它的作用是使 Plotly 的强大功能更容易在 Pandas 中使用，而不需要大量的额外代码。Cufflinks 提供了一种简化的方式来创建交互式 Plotly 图表，使用户无须深入了解 Plotly 的所有细节，它通过 Pandas 的 DataFrame 来实现这一点。Cufflinks 支持多种图表类型，包括散点图、折线图、柱状图、面积图、饼图等，使用户能够根据数据的性质选择合适的图表类型。它生成的图表具有丰富的交互功能，包括缩放、平移、悬停效果、标签信息等，这些功能可以让用户更深入地探索数据。

要想让 ChatGPT 协助我们用 Cufflinks 绘制交互式图像，可以这样写提示词："现在有一个 DataFrame，其中一列是股票的每日收盘价，我希望用 Cufflinks 和 Plotly 绘制交互式图表，请给出示例代码。"发送提示词后，就会得到 ChatGPT 生成的代码，经修改后的代码如下。

```python
# Python 代码
# 导入 Cufflinks
import cufflinks as cf

# 设置 Cufflinks 与 Plotly 的连接
cf.go_offline()

# 使用 Cufflinks 创建交互式图表
df['收盘'].iplot(kind='scatter',
                mode='lines',
                title='股票每日收盘价',
                xTitle='日期',
                yTitle='收盘价')
```

运行代码，会得到如图 3-5 所示的结果。

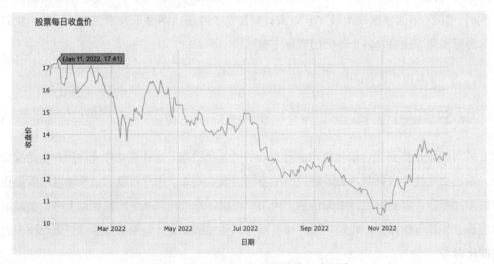

图 3-5 使用 Cufflinks 绘制的交互式图像

【结果说明】这段代码使用 Cufflinks 的 iplot 方法创建了一个交互式的折线图，显示了股票每日的收盘价。在图表中，我们可以使用鼠标交互来探索数据，包括缩放、平移和查看数据点信息。例如，在图 3-5 中，我们把鼠标悬停在折线上的某一点时，就显示出当天的日期为 2022 年 1 月 11 日，以及当天的收盘价 17.41 元。

同样，Cufflinks 也支持将多列数据以子图的形式进行绘制。例如，我们想要将数据中的收盘价和简单收益绘制在一个图像中，可以使用提示词："一个 DataFrame 中包含股票的收盘价和简单收益，请用 Cufflinks 绘制图形，以两行子图的形式绘制这两列数据，且共享 x 轴。"发送提示词后，会得到 ChatGPT 生成的代码，经过修改后的代码如下。

```
# Python 代码
# 使用 Cufflinks 创建交互式图表
df[['收盘', '简单收益']].iplot(subplots=True,
                              shared_xaxes=True,
                              shape=(2, 1))
```

运行这段代码，会得到如图 3-6 所示的结果。

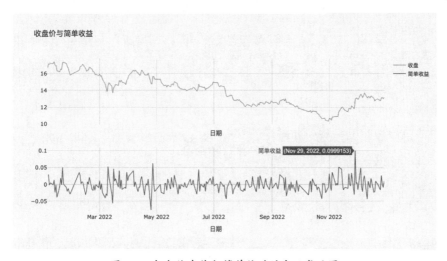

图 3-6　包含收盘价与简单收益的交互式子图

【结果说明】上面的示例代码创建了 2 行子图，其中第一行是股票的收盘价，第二行是股票的简单收益。两行子图共享相同的 x 轴，使得我们可以更容易地比较两列数据。大家可以根据需要替换示例数据。

### 3.3.2 让 ChatGPT 用 Plotly 绘制交互式图像

Plotly 是一个用于数据可视化的开源图表库，支持创建交互式、高质量的图表和可视化。它提供了多种编程语言的接口，包括 Python、R、JavaScript 和 Julia，使用户能够在不同的开发环境中创建漂亮的图形。Plotly 支持各种常见的图表类型，包括散点图、线图、柱状图、饼图、地图、3D 图等，而且 Plotly 可以嵌入 Jupyter Notebook、Web 应用程序、桌面应用程序等不同平台中。

要让 ChatGPT 使用 Plotly 绘制交互式图像，我们可以使用提示词："现在有一个 DataFrame，包含收盘价和简单收益，请用 Plotly 绘制子图来展示这两列。"发送提示词后，会得到 ChatGPT 生成的代码，经修改后的代码如下。

```
# Python 代码
# 导入 Plotly
import plotly.graph_objects as go
```

```python
from plotly.subplots import make_subplots

# 创建一个子图
fig = make_subplots(rows=2, cols=1,
                    shared_xaxes=True,
                    subplot_titles=("收盘价","简单收益"))

# 添加收盘价的线图
fig.add_trace(go.Scatter(x=df.index,
                         y=df['收盘'],
                         mode='lines',
                         name='收盘价'),
              row=1, col=1)

# 添加简单收益的线图
fig.add_trace(go.Scatter(x=df.index,
                         y=df['简单收益'],
                         mode='lines',
                         name='简单收益'),
              row=2, col=1)

# 设置布局
fig.update_layout(title='股票数据子图展示')

# 显示图形
fig.show()
```

运行这段代码,会得到如图 3-7 所示的结果。

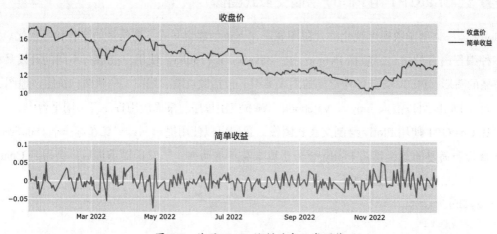

图 3-7  使用 Plotly 绘制的交互式图像

【结果说明】从图 3-7 可以看到，上述代码使用 Plotly 创建了一个包含两个子图的图表，一个子图显示收盘价，另一个子图显示简单收益。这两个子图共享相同的 x 轴，以便我们比较它们的变化趋势。大家可以根据需要自定义图表的样式、标签和布局。

### 3.3.3 让 ChatGPT 协助美化交互式图像

接下来，我们还可以让 ChatGPT 协助对图像做进一步美化，例如，将子图的标题挪到 y 轴旁边，并给收盘价添加注释，标出 2022 年最高的收盘价。可以使用提示词："把上面的子图的标题去掉，改为 y 轴的标签，并在上面的图像中添加注释，请给出示例代码。"发送提示词后，会得到 ChatGPT 生成的代码，经修改后的代码如下。

```python
# Python 代码
# 创建一个子图
fig = make_subplots(rows=2, cols=1,
                    shared_xaxes=True)

# 添加收盘价的线图
fig.add_trace(go.Scatter(x=df.index,
                         y=df['收盘'],
                         mode='lines',
                         name = '收盘价'),
              row=1, col=1)

# 添加简单收益的线图
fig.add_trace(go.Scatter(x=df.index,
                         y=df['简单收益'],
                         mode='lines',
                         name = '简单收益'),
              row=2, col=1)
# 设置 y 轴标签
fig.update_yaxes(title_text="收盘价", row=1, col=1)
fig.update_yaxes(title_text="简单收益", row=2, col=1)

# 添加注释
fig.add_annotation(text="2022 年最高收盘价",
                   x='2022-01-11',
                   y=df['收盘'].max(),
                   showarrow=True)

# 设置布局
fig.update_layout(title='股票数据子图展示')
```

```
# 显示图形
fig.show()
```

运行这段代码，会得到如图3-8所示的结果。

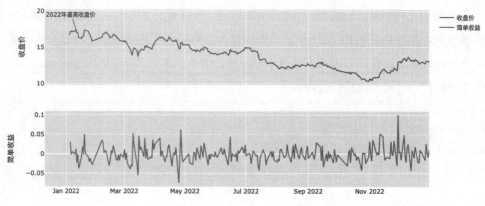

图3-8　修改后的交互式图像

【结果说明】在上述代码中，我们先使用update_yaxes方法设置了每个子图的y轴标签，同时去掉了子图的标题，这样图形将显示y轴标签而不是标题。大家可以根据需要自定义标签文本。然后，我们使用add_annotation方法添加了一个注释，指定注释的文本、x和y坐标以及是否显示箭头。大家同样可以根据需要添加更多的注释和自定义它们的样式。

## 3.4　K线图的绘制

K线图是一种用于展示金融市场价格波动的图表，主要用于股票、期货、外汇等交易市场。K线图最早起源于日本，因此也称为日本蜡烛图。K线图提供了关于特定时间段内市场开盘价、收盘价、最高价和最低价的信息，以及价格趋势的展示。K线图的主要目的是帮助交易员和投资者分析价格走势，以便做出买入或卖出决策。通过观察K线图，我们可以识别市场的支撑和阻力水平、趋势的转折点以及价格的波动情况，从而制定更明智的交易策略。K线图也提供了一种直观的方式来理解市场心理和供需关系。

在这一节中，我们将一起学习如何在ChatGPT的协助下，将时间序列数据绘制为K线图。

### 3.4.1　让ChatGPT协助绘制基本K线图

K线图（蜡烛图）的基本构成要素如下。

（1）**蜡烛图**（Candlestick Charts）：每个蜡烛代表一个特定的时间段，如一天、一周或一个小时。每个蜡烛主要包括两个部分，分别为实体和影线。实体部分表示开盘价和收盘价之间的价格范围，通常用不同的颜色来表示价格上涨或下跌。影线表示价格的最高值和最低值。

（2）**蜡烛颜色**：通常，如果收盘价高于开盘价，蜡烛就会以实体部分填充，表示上涨，在我国通常用红色表示。如果收盘价低于开盘价，蜡烛则以不同颜色的实体部分填充（或无填充），表示下跌，在我国通常用绿色表示。

（3）**上影线和下影线**：上影线表示最高价和实体部分之间的价格范围，下影线表示最低价和实体部分之间的价格范围。这些线条可以提供更多的信息，如价格波动的极端情况。

因此我们需要准备的历史行情数据中，要包括开盘价、收盘价、最高价、最低价，当然我们也可以保留成交量数据备用。准备数据的代码如下。

```python
# Python 代码
# 这里我们用之前保存好的数据
df = pd.read_excel('历史行情数据.xlsx')

# 这次我们保留日期、开盘、收盘、最高、最低、成交量
df = df[['日期', '开盘', '收盘', '最高', '最低', '成交量']]

# 把日期转换为 datetime 格式
df['日期'] = pd.to_datetime(df['日期'])

# 将日期设置为 index
df.set_index('日期', inplace=True)

# 检查数据
df.tail()
```

运行这段代码，会得到如表 3-4 所示的结果。

表 3-4　用于绘制 K 线图的数据

| 日期 | 开盘价 | 收盘价 | 最高价 | 最低价 | 成交量 |
|---|---|---|---|---|---|
| 2022-12-26 | 12.99 | 12.77 | 13.04 | 12.71 | 797120 |
| 2022-12-27 | 12.87 | 13.11 | 13.22 | 12.87 | 886004 |
| 2022-12-28 | 13.16 | 13.14 | 13.38 | 13.00 | 791192 |
| 2022-12-29 | 13.07 | 13.03 | 13.13 | 12.85 | 666890 |
| 2022-12-30 | 13.04 | 13.16 | 13.28 | 12.96 | 818036 |

【结果说明】这一次，我们保留了历史行情数据中更多的字段，包括开盘价、收盘价、最高价、最低价和成交量。

接下来，我们可以让 ChatGPT 协助绘制 K 线图。使用提示词："一个 DataFrame 中包含股票的开盘价、收盘价、最高价、最低价，现在要将其绘制为 K 线图，请给出示例代码。"发送提示词后，会得到 ChatGPT 生成的代码，经过修改后的代码如下。

```
# Python 代码
# 导入 Plotly
import plotly.graph_objects as go

# 创建 Candlestick 图
fig = go.Figure(data=[go.Candlestick(x=df.index,
                open=df['开盘'],
                high=df['最高'],
                low=df['最低'],
                close=df['收盘'])])

# 设置布局
fig.update_layout(title="股票K线图",
                xaxis_title="日期",
                yaxis_title="价格",
                xaxis_rangeslider_visible=False)

# 显示图形
fig.show()
```

运行代码，会得到如图3-9所示的结果。

股票K线图

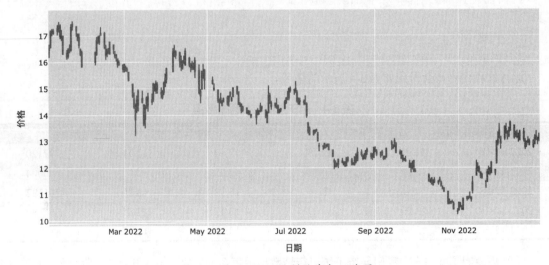

图 3-9　使用 Plotly 绘制的基本 K 线图

【结果说明】在这个示例中，我们使用了Plotly方法来绘制K线图，图中显示了日期、开盘价、最高价、最低价和收盘价的数据。大家可以根据自己的数据自定义图形，并设置图形的标题和轴标签。

> **注意**
> 
> 默认情况下,Plotly 在绘制 K 线图时遵循国际惯例,以绿色代表上涨,红色代表下跌。

### 3.4.2 让 ChatGPT 协助添加均线

在 K 线图中,我们往往会添加股票价格的均线。均线是一种平滑价格走势的方式,通过计算一段时间内的价格平均值,它可以减少价格波动的噪声,使趋势更加清晰。这有助于识别趋势的方向。均线也可以用作支撑和阻力水平的参考。价格通常在均线附近反复测试,因此均线可以帮助识别可能的支撑和阻力水平。此外,均线也用于风险管理策略。例如,投资者可以设置停损价格为均线以下的某个水平,以限制损失。

要让 ChatGPT 协助在 K 线图中添加均线,我们可以使用提示词:"我需要在上面的 K 线图中添加 5 日、20 日、30 日均线,请给出添加均线的代码。"发送提示词后,会得到 ChatGPT 生成的代码,经修改后的代码如下。

```python
# Python 代码
# 计算 5 日、20 日和 30 日均线
df['5 日均线'] = df['收盘'].rolling(window=5).mean()
df['20 日均线'] = df['收盘'].rolling(window=20).mean()
df['30 日均线'] = df['收盘'].rolling(window=30).mean()

# 创建 Candlestick 图
fig = go.Figure(data=[go.Candlestick(x=df.index,
                open=df['开盘'],
                high=df['最高'],
                low=df['最低'],
                close=df['收盘'],
                name='K 线图')])

# 添加均线
fig.add_trace(go.Scatter(x=df.index, y=df['5 日均线'], mode='lines', name='5 日均线', line=dict(width=2)))
fig.add_trace(go.Scatter(x=df.index, y=df['20 日均线'], mode='lines', name='20 日均线', line=dict(width=2)))
fig.add_trace(go.Scatter(x=df.index, y=df['30 日均线'], mode='lines', name='30 日均线', line=dict(width=2)))

# 设置布局
fig.update_layout(title=" 股票 K 线图和均线 ",
                xaxis_title=" 日期 ",
```

```
                    yaxis_title="价格",
                    xaxis_rangeslider_visible=False)

# 显示图形
fig.show()
```

运行上面的代码，会得到如图 3-10 所示的结果。

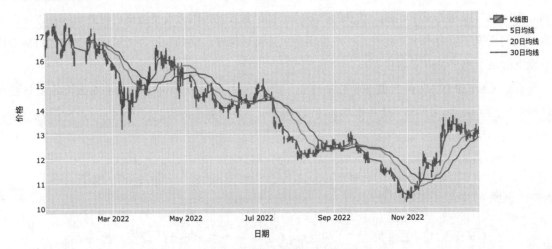

图 3-10　添加均线后的 K 线图

【结果说明】这段代码首先计算了 5 日、20 日和 30 日均线，然后使用 Plotly 创建了包含 K 线图和这些均线的图形。在图形中，均线以不同的颜色和线宽显示。这样，我们就可以同时查看 K 线图和均线，以更好地理解价格走势和趋势。

### 3.4.3　让 ChatGPT 协助添加成交量

成交量是衡量股票、期货或其他金融资产交易活动的关键指标。它可以帮助分析师和交易者了解市场的流动性，即某个时间段内有多少资金流入或流出市场。大量的成交通常表明市场具有较高的流动性，而小量的成交可能表明市场流动性较低。成交量的变化可以提供关于价格趋势的重要信息。通常，较大的成交量可能伴随着价格趋势的延续，而较小的成交量可能伴随着价格趋势的转折。因此，成交量与价格的关系有助于分析趋势的可信度。此外，成交量还可以帮助识别市场上的买卖压力。如果成交量增加，但价格走势相对稳定，可能表明交易活跃，市场可能在积聚力量。相反，如果成交量增加并伴随价格下跌，可能表明市场上存在卖压。

接下来，我们让 ChatGPT 协助在 K 线图中添加成交量的可视化，可以使用提示词："在一个 DataFrame 中，包含股票的开盘价、最高价、最低价、收盘价、成交量。需要用 Plotly 绘制 K 线图，添加 20 日、30 日均线，并将成交量以子图的形式绘制在 K 线图的下方。请给出示例代码。" 发送提示词后，会得到 ChatGPT 生成的代码，经修改后的代码如下。

```python
# Python 代码
# 导入 Plotly
import plotly.graph_objs as go
from plotly.subplots import make_subplots

# 创建子图布局
fig = make_subplots(rows=2, cols=1, shared_xaxes=True, vertical_spacing=0.05)

# 添加 K 线图到第一个子图
fig.add_trace(go.Candlestick(x=df.index,
              open=df['开盘'],
              high=df['最高'],
              low=df['最低'],
              close=df['收盘'],
              name='K 线图'), row=1, col=1)

# 添加均线到第一个子图
fig.add_trace(go.Scatter(x=df.index, y=df['SMA20'], mode='lines',
              name='20 日均线', line=dict(width=2)),
              row=1, col=1)
fig.add_trace(go.Scatter(x=df.index, y=df['SMA30'], mode='lines',
              name='30 日均线', line=dict(width=2)),
              row=1, col=1)

# 添加成交量柱状图到第二个子图
fig.add_trace(go.Bar(x=df.index, y=df['Volume'],
              name='成交量'), row=2, col=1)

# 配置图形布局
fig.update_layout(title='K 线图与均线',
              xaxis_rangeslider_visible=False)

# 显示图形
fig.show()
```

运行代码，会得到如图 3-11 所示的结果。

K线图与均线、成交量

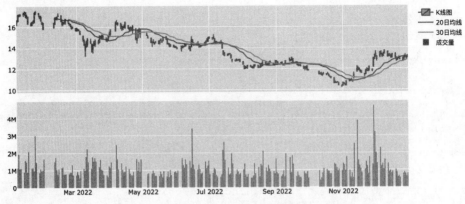

图 3-11　添加了均线和成交量后的 K 线图

【结果说明】在这个示例中，我们先使用 rolling 方法计算 20 日均线和 30 日均线。接下来，通过 Plotly 库的 make_subplots 绘制子图，包括 K 线图和成交量，同时添加均线。

## 3.5　小结与习题

在本章中，我们学习了如何在 ChatGPT 的协助下进行金融时间序列数据的可视化。首先我们绘制了基本的折线图，将两列数据作为子图进行绘制，并且对交互式图像的样式进行了美化；然后我们使用了 Seaborn 绘制图像，来寻找数据中可能存在的季节性模式；接下来，我们又使用 Cufflinks 和 Plotly 绘制了交互式的图像；最后在 ChatGPT 的协助下，我们学习了如何绘制基本的 K 线图，并向 K 线图中添加了均线和成交量。

经过本章的学习，相信大家已经掌握了金融时间序列数据的可视化分析。在下一章中，我们将学习如何对金融数据进行探索性分析。

以下是本章的习题：

（1）使用接口获取数据，或使用本书提供的示例数据，绘制收盘价的折线图。

（2）使用同样的数据，绘制一个包含收盘价与简单收益子图的图形。

（3）修改上一题中的图形样式。

（4）使用接口获取数据，或使用本书提供的示例数据，使用可视化的方法寻找可能存在的季节性模式。

（5）使用接口获取数据，或使用本书提供的示例数据，分别使用 Cufflinks 和 Plotly 绘制交互式图像。

（6）使用接口获取数据，或使用本书提供的示例数据，绘制股票价格的 K 线图，添加 10 日均线和 20 日均线，并添加成交量数据。

# 第 4 章

## 让 ChatGPT 协助探索金融时间序列数据

对金融数据进行探索是金融分析的重要步骤，因为金融市场数据通常复杂多样，包括股票价格、经济指标、汇率等多种数据类型。数据探索有助于深入了解数据的特点、分布规律，从而为后续分析提供基础。通过数据探索，可以发现金融市场中的趋势、周期性和模式，从而为投资策略、风险管理和决策制定提供支持。此外，数据探索可以帮助识别异常值或异常事件，这对于风险管理和市场监测至关重要。异常数据可能暗示着潜在的问题或机会。而且，它有助于发现不同金融变量之间的相关性。例如，股票价格往往会受宏观经济指标的影响，数据探索可以帮助揭示两者间的关联关系。因此，在开发金融模型之前，需要对数据进行探索，以选择适当的特征和变量，构建更准确的预测模型。

本章的主要内容：
- 使用滚动统计检测异常值；
- 使用温索化（Winsorization）处理数据中的异常值；
- 使用 Pelt 算法检测趋势变化；
- 使用二元分段法检测变点；
- 检测时间序列数据中的趋势变化；
- 资产回报的统计分布研究；
- 资产回报的自相关性分析；
- 资产回报的杠杆效应研究；
- 用 Hurst 指数（Hurst Exponent）识别时间序列中的趋势。

## 4.1 让 ChatGPT 协助处理异常值

金融数据中的异常值是指与数据集的大多数观测值显著不同的观测值，通常表现为极端的数值或不符合数据分布的模式。这些异常值有时也被称为"离群值"或"离散值"，它们可能是由错误、噪声、异常事件或真实但罕见的情况所导致的。

在这一节中，我们将一起学习如何检测金融数据中的异常值。

### 4.1.1 使用滚动统计检测异常值

在时间序列分析中，滚动统计（Rolling Statistics）通常指的是对数据集中的某个统计指标（如均值、标准差等）在一个滚动窗口内进行计算，然后将结果应用到整个数据集上，以观察这个统计指标在时间上的变化趋势。使用滚动统计有助于发现金融数据中的异常值，因为它可以减小数据中的噪声，平滑时间序列数据，更容易识别与常态波动明显不同的极端值。

如果希望 ChatGPT 协助我们用滚动统计的方法找出数据中的异常值，可以使用提示词："有一个 DataFrame，包含一列收盘价，我需要使用滚动统计的方法，求出 20 日滚动均值以及 20 日滚动标准差，再将大于滚动均值加 2 个滚动标准差或小于滚动均值减去 2 个滚动标准差的收盘价标为异常值，最后将数据进行可视化，请给出示例代码。"发送提示词后，可以得到 ChatGPT 生成的代码，经修改后的代码如下。

```python
#Python 代码
# 导入要用的库
import akshare as ak
import pandas as pd
import numpy as np
# 导入可视化库
import matplotlib.pyplot as plt
# 设置可视化样式
plt.style.use('seaborn')
# 指定字体，防止中文出现乱码
plt.rcParams['font.sans-serif'] = ['Arial Unicode MS']
# 这行代码让中文的负号 "-" 可以正常显示
plt.rcParams["axes.unicode_minus"]=False

# 这里还是用之前保存好的 Excel 文件进行实验
# 准备数据的代码，已经用过多次
# 这里不再逐行注释
df = pd.read_excel('历史行情数据.xlsx')
df = df[['日期', '收盘']]
df['日期'] = pd.to_datetime(df['日期'])
df.set_index('日期', inplace = True)

# 计算股价的简单收益
df['简单收益'] = df['收盘'].pct_change()

# 计算 20 日滚动均值和滚动标准差
df['20日均值'] = df['简单收益'].rolling(window=20).mean()
df['20日标准差'] = df['简单收益'].rolling(window=20).std()

# 计算异常值的上下限
df['上限'] = df['20日均值'] + 2 * df['20日标准差']
df['下限'] = df['20日均值'] - 2 * df['20日标准差']

# 标记异常值
df['异常值'] = (df['简单收益'] > df['上限']) | (df['简单收益'] < df['下限'])

# 可视化数据
```

```
    plt.figure(dpi=300)
    plt.plot(df.index, df['简单收益'], label='简单收益', color='blue')
    plt.plot(df.index, df['20日均值'], label='20日均值', color='green')
    plt.fill_between(df.index, df['上限'], df['下限'], color='red', alpha=0.2, label
='异常值范围')
    plt.scatter(df.index[df['异常值']], df['简单收益'][df['异常值']], color='red',
marker='o', label='异常值')
    plt.legend()
    plt.title('简单收益和异常值检测')
    plt.xlabel('日期')
    plt.ylabel('价格')
    plt.savefig('图4-1.jpg', dpi=300)
    plt.show()
```

运行这段代码，会得到如图 4-1 所示的结果。

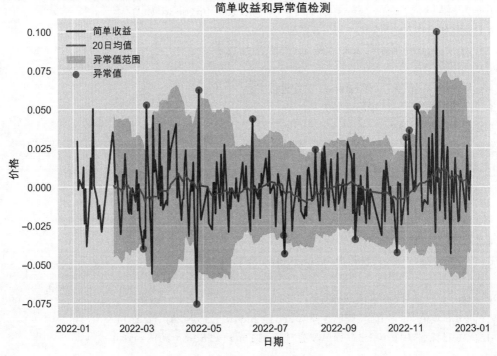

图 4-1　使用滚动统计寻找股价中的异常值

【结果说明】这段代码仍然使用了已经保存好的包含股票收盘价的 Excel 文件，然后计算出简单收益及其 20 日滚动均值和滚动标准差，并确定异常值的上下限。最后，使用 Matplotlib 库将简单收益数据、20 日均值、异常值范围和异常值进行可视化展示，异常值被标记为圆点。可以看到，滚动统计通过平滑数据、捕捉趋势和比较不同时间段的统计指标，提高了异常值的可识别性，有助于在金融数据中更好地发现异常情况。这对于风险管理和决策制定非常重要。

> **注意**
>
> 在本例中,我们使用滚动均值加减 2 个滚动标准差来确定异常值,读者也可以自行修改,并观察代码运行的结果。

## 4.1.2 使用温索化处理异常值

温索化是一种用于处理异常值的统计方法。它通过将数据中的异常值替换为接近正常值的边缘值来调整或修复数据的分布。温索化的目标是减少异常值对数据分析和统计推断的影响。温索化可以修正数据分布的尾部,从而降低异常值的影响,使数据更适合用于统计分析或建模。这种方法对于处理金融数据尤其有用,因为金融数据中常常存在极端的异常值。

我们同样可以在 ChatGPT 的协助下使用温索化来对异常值进行处理,使用提示词:"DataFrame 中包含一列收盘价,该如何使用温索化来处理异常值,请给出示例代码并进行可视化。"发送提示词后,会得到 ChatGPT 生成的代码,经修改后的代码如下。

```
# 定义 Winsorizing 的上下分位数百分位数,如上边界为 95%,下边界为 5%
upper_percentile = 95
lower_percentile = 5

# 计算上下分位数值
upper_limit = np.percentile(df['收盘'], upper_percentile)
lower_limit = np.percentile(df['收盘'], lower_percentile)

# 使用 MumPy 的 clip 函数将异常值替换为分位数边界值
df['温索化'] = np.clip(df['收盘'], lower_limit, upper_limit)

# 可视化原始数据和 Winsorized 数据
plt.figure(dpi=300)
plt.subplot(121)
plt.boxplot(df['收盘'])
plt.title('原始数据')

plt.subplot(122)
plt.boxplot(df['温索化'])
plt.title('温索化后的数据')
plt.savefig('图 4-2.jpg', dpi=300)
plt.show()
```

运行代码,会得到如图 4-2 所示的结果。

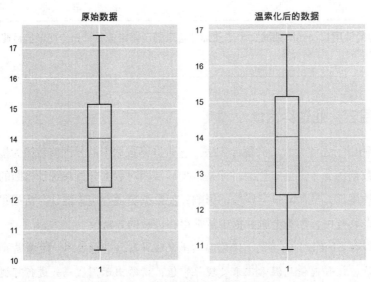

图4-2 原始数据与温索化后的数据

【结果说明】这个示例代码首先根据所选择的两个百分位数计算上下分位数的值。接下来，使用NumPy的clip函数将数据中小于下分位数和大于上分位数的值替换为分位数边界值。最后，使用箱线图可视化原始数据和温索化后的数据。从图4-2可以看到，经过温索化处理的数据，其极大值比原始数据要小一些，而极小值比原数据要大一些。

> **注意**
> 
> 温索化有助于减少极端异常值的影响，但也可能引入偏差。因此，在应用温索化时，需要权衡处理异常值的需求和数据保真度。

## 4.2 让ChatGPT协助检测趋势变化

在时间序列分析中，如果某个时间点或时间段与前后数据的性质或统计特征明显不同，我们可以称其为"变点"。变点可以表示时间序列中的结构性变化或趋势突变，通常用于检测时间序列中的非常规事件、异常、趋势变化或周期性变化。

变点的检测在许多领域都有应用，包括金融分析、信号处理、医学、工业生产等。它可以用来识别时间序列中的重要事件，如金融市场的突破点、传感器数据中的故障、天气数据中的气候变化等。在金融领域，变点分析可用于检测股票价格的市场转折点以及宏观经济指标的趋势改变。

变点的检测通常需要使用统计方法、时间序列分析、机器学习或信号处理技术。常见的变点检测方法包括累积和控制图、分段线性回归、时间序列分解、突变点检测算法等。

变点分析在时间序列数据中有广泛的应用，可以帮助识别数据中的重要变化和趋势，从而支持决策制定和异常检测。

### 4.2.1 使用 Pelt 算法检测趋势变化

Pelt（Pruned Exact Linear Time）算法是一种变点检测算法，用于发现时间序列数据中的结构性变化点或突变点。Pelt 算法旨在查找最显著的变点，同时尽量减少计算成本。Pelt 算法通常用于时间序列分析、金融数据分析、信号处理、生物信息学等领域，帮助识别数据中的关键结构性变化点。在金融领域，Pelt 算法可以用于检测股票价格或其他金融时间序列中的市场崩溃、趋势变化等事件。

我们可以让 ChatGPT 协助使用 Pelt 算法检测数据的趋势变化，可以使用提示词："有一个 DataFrame，包含日期和股票的收盘价，请用 Pelt 算法对其进行变点检测。"发送提示词后会得到 ChatGPT 生成的代码，经修改后的代码如下。

```python
# Python 代码
# 导入 ruptures 库
# ruptures 库需要单独安装，使用 pip 安装即可
import ruptures as rpt

# 选择"收盘价"列作为输入数据
input_data = df["收盘"].values

# 创建 ruptures 模型
model = "l2"  # 选择使用的模型
algo = rpt.Pelt(model=model).fit(input_data)

# 检测断点
result = algo.predict(pen=30)

# 绘制变点检测结果
plt.figure(dpi=300)
plt.plot(df.index, input_data, label="收盘价", color="b")
for change_point in result:
    if change_point < len(input_data):   # 确保变点在合法的索引范围内
        plt.axvline(df.index[change_point], color="r", linestyle="--", label="变点")
plt.title("Pelt 变点检测")
plt.xlabel("日期")
plt.ylabel("收盘价")
plt.legend()
plt.savefig('图 4-3.jpg', dpi=300)
plt.show()
```

运行这段代码，会得到如图 4-3 所示的结果。

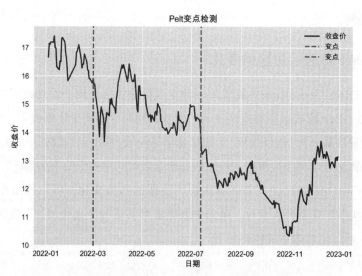

图 4-3　使用 Pelt 算法进行的变点检测

【结果说明】Pelt 算法通常需要用户指定一个模型，以描述时间序列的性质。不同的应用领域可能需要不同的模型。这里我们指定的模型是"L2"，是指使用 L2 范数（欧几里得范数）来衡量模型的拟合质量。在时间序列分析中，L2 模型通常用于表示数据点之间差异的平方和。

在 Pelt 算法中，L2 模型的目标是最小化变点处的拟合误差的平方和。它假设数据点在每个分段（在两个变点之间）上都是独立同分布的，而每个分段可以用一个简单的模型来描述。这个简单的模型通常是一个均值，表示在该分段中数据点的平均值。

Pelt 算法在使用 L2 模型时，通过寻找最优的变点配置，以最小化数据点与各自分段模型的拟合误差的平方和。因此，L2 模型是时间序列分析中的一种常见模型，适用于各种应用领域，包括金融数据分析和信号处理等。

此外，Pelt 算法的目标是找到一个变点配置，使成本函数的总值最小。这个总成本包括变点处的成本以及模型选择的代价。算法还会考虑一个惩罚项（penalty），以平衡变点数量和质量。这里我们设置参数"pen=30"作为惩罚项，在这个设置下，Pelt 算法在数据中找到了 2 处变点。从图 4-3 中可以看到，这 2 处变点都处在股价极速下跌过程中，也就是说股价进入了更加明显的下跌趋势。读者可以自行修改 pen 参数的数值，观察结果的变化。

### 4.2.2　使用二元分段法检测变点

二元分段法（Binary Segmentation）是一种时间序列分析中用于检测变点（或结构突变点）的算法。它的基本思想是将时间序列分成两个或多个段，每个段内的数据服从不同的分布或模型。二元分段法采用逐步分段的策略，从整个时间序列开始，递归地将序列分为两个段，然后在每个子段中继续应用相同的分段过程。这个过程一直持续，直到满足某种停止准则。

要使用二元分段法检测金融数据中的变点，我们可以寻求 ChatGPT 的协助，使用提示词："一个 DataFrame 中，index 是日期，有一列是股票的收盘价，请给出使用 ruptures 中的 Binseg 模型进行变点检测的示例代码。"发送提示词，会得到 ChatGPT 生成的代码，经修改后的代码如下。

```python
# 创建 ruptures 模型，选择 rbf 模型
model = "rbf"

# 初始化 Binseg 模型
algo = rpt.Binseg(model=model).fit(input_data)

# 检测断点
result = algo.predict(n_bkps = 2)    # 选择需要检测的断点数量

# 绘制变点检测结果
plt.figure(dpi=300)
plt.plot(df.index, input_data, label="收盘价", color="b")
for change_point in result:
    if change_point < len(input_data):    # 确保变点在合法的索引范围内
        plt.axvline(df.index[change_point], color="r", linestyle="--", label="变点")
plt.title("Binseg 模型变点检测")
plt.xlabel("日期")
plt.ylabel("收盘价")
plt.legend()
plt.savefig('图 4-4.jpg', dpi=300)
plt.show()
```

运行代码，会得到如图 4-4 所示的结果。

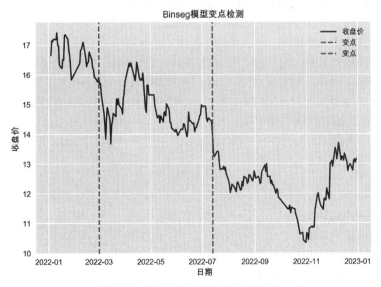

图 4-4　使用二元分段法检测的变点

【结果说明】这段代码使用了 ruptures 库中的 Binseg 模型进行变点检测。首先，我们选择模型类型，这里使用的是 RBF 模型。RBF 是一种基于径向基函数的模型，通常用于拟合非线性数据。接下来，我们初始化了 Binseg 模型，Binseg 是 ruptures 库中的二元分段算法。然后，我们使用 Binseg 模型进行变点检测。这里指定参数 n_bkps = 2，这表示我们希望检测出 2 个变点。算法会在时间序列中找到 2 个位置，这些位置将被认为是变点。从图 4-4 中可以看到，二元分段法找到的 2 个变点和 Pelt 算法找到的变点是基本一致的。

当然，除了 Pelt 算法和二元分段法，ruptures 还支持若干其他变点检测算法，感兴趣的读者朋友可以阅读其文档或求助 ChatGPT，了解更多信息。

### 4.2.3 时间序列中的趋势检测

在时间序列分析中，趋势是指数据随着时间的推移呈现出的长期变化方向。这种分析有助于我们理解数据的整体走势，如股票价格的上升或下降趋势、经济数据的增长或下降趋势等。检测时间序列中的趋势是时间序列分析的一个重要方面，可用于预测未来的趋势和制定决策。我们可以考虑使用经典的时间序列分析方法，如移动平均或指数平滑来检测趋势。

要让 ChatGPT 协助编写代码对趋势进行检测，可以使用提示词："假设有一个 DataFrame，index 是日期，有一列数据是股票的收盘价，收盘价中可能包括多种趋势，需要对其进行趋势检测，找出明显的上涨趋势并可视化，请给出示例代码。"发送提示词，会得到 ChatGPT 生成的代码，经修改后的代码如下。

```python
# Python 代码
# 计算移动平均
window = 20  # 移动平均窗口大小
df['移动平均'] = df['收盘'].rolling(window=window).mean()

# 绘制原始数据和移动平均
plt.figure(dpi=300)
plt.plot(df.index, df['收盘'], label='收盘价', color='b')
plt.plot(df.index, df['移动平均'], label=f'{window}日移动平均', color='r')
plt.title('股票收盘价和移动平均')
plt.xlabel('日期')
plt.ylabel('价格')
plt.legend()

# 寻找上涨趋势的时间段
upward_trends = []
in_upward_trend = False
for i in range(1, len(df)):
    if df['移动平均'][i] > df['移动平均'][i - 1]:
```

```
            if not in_upward_trend:
                start_date = df.index[i]
            in_upward_trend = True
        else:
            if in_upward_trend:
                end_date = df.index[i - 1]
                upward_trends.append((start_date, end_date))
            in_upward_trend = False

# 在图上标出上涨趋势
for start, end in upward_trends:
    plt.axvspan(start, end, alpha=0.3, color='green')
plt.savefig('图 4-5.jpg', dpi=300)
plt.show()
```

运行上述代码,会得到如图 4-5 所示的结果。

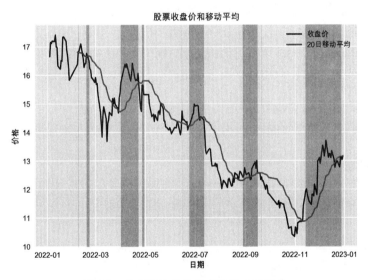

图 4-5 使用移动平均法来检测上涨趋势

【结果说明】上述代码计算了股价 20 日的移动平均值,并通过标记绿色区域来可视化上涨趋势。大家可以根据实际数据和需求调整窗口大小和其他参数。这是一种相对比较简单的方法,可以帮助我们检测时间序列数据中的趋势。

## 4.3 让 ChatGPT 协助研究资产回报的典型特征

研究资产回报通常侧重于分析资产回报数据中普遍存在的典型特征。这些特征可能包括波动性、自相关性、厚尾分布等,通常被称为资产回报的"典型特征"或"典型现象"。这种研究有助于更好地理解金融市场中资产价格的行为和动态。

本节我们将学习如何在 ChatGPT 的协助下对资产回报的典型特征进行研究。

### 4.3.1 资产回报的统计分布

资产回报的统计分布指描述资产价格或投资回报在一段时间内的变化情况的概率分布。这种分布通常用来分析资产价格的波动性、风险和预期回报,有助于投资者和分析师更好地理解和管理投资组合。

在金融市场中,资产回报通常不满足高斯分布的假设。这是因为金融市场中存在许多复杂的因素,如市场噪声、非理性投资者行为、重大新闻事件等。这些因素可以导致资产回报呈现出非对称、厚尾和多峰的分布形态。

分析资产回报的统计分布可以帮助投资者了解市场行为、量化风险、制定投资策略和进行风险管理。对于不同的资产类型和所面临的市场条件,资产回报的统计分布可能有所不同。要让 ChatGPT 协助对资产回报的分布进行研究,我们可以先准备数据。为方便讲解,我们仍然使用已经保存为 Excel 文件的数据进行实验。准备数据的代码如下。

```
# Python 代码
# 已经学过的代码,不逐行注释
df = pd.read_excel('历史行情数据.xlsx')
df = df[['日期', '收盘']]
df['日期'] = pd.to_datetime(df['日期'])
df.set_index('日期', inplace = True)

# 计算出股票每日收盘价的对数收益
df['对数收益'] = np.log(df['收盘']/df['收盘'].shift(1))
# 去掉包含空值的数据
df = df.dropna()

# 检查数据
df.head()
```

运行这段代码,会得到如表 4-1 所示的结果。

表 4-1 准备好实验用的数据

| 日期 | 收盘价 | 对数收益 |
| --- | --- | --- |
| 2022-01-05 | 17.15 | 0.028988 |
| 2022-01-06 | 17.12 | −0.001751 |
| 2022-01-07 | 17.20 | 0.004662 |
| 2022-01-10 | 17.19 | −0.000582 |
| 2022-01-11 | 17.41 | 0.012717 |

【结果说明】这段代码首先计算了股票每日的对数收益,然后去掉包含空值的数据。从表 4-1

中可以看到，经过处理的数据只包含有效的股票数据，其中的每一行代表一个交易日，包括日期、收盘价和对数收益。这样处理后，我们可以更方便地对股票的回报进行分析和可视化。

数据准备好之后，可以让 ChatGPT 协助我们对其进行统计分布研究，使用的提示词可以是："DataFrame 以日期为索引，包含一列收盘价和一列对数收益，需要用可视化的方法研究其统计分布。我希望绘制一个 1 行 2 列的子图，第 1 列使用直方图展示对数收益的分布，第 2 列用 QQ 图展示对数收益的分布，请给出示例代码。"发送提示词后，就会得到 ChatGPT 生成的代码，经修改后的代码如下。

```python
# Python 代码
# 这里会用到 SciPy 库，先将其导入
import scipy.stats as stats

# 创建一个 1 行 2 列的图形
fig, axes = plt.subplots(1, 2, dpi=300)

# 绘制对数收益的直方图
axes[0].hist(df['对数收益'], bins=20, color='blue', alpha=0.7)
axes[0].set_title('对数收益分布 - 直方图')

# 绘制对数收益的 QQ 图
stats.probplot(df['对数收益'], plot=axes[1])
axes[1].set_title('对数收益分布 - QQ 图')

plt.tight_layout()
plt.savefig('图 4-6.jpg', dpi=300)
plt.show()
```

运行这段代码，会得到如图 4-6 所示的结果。

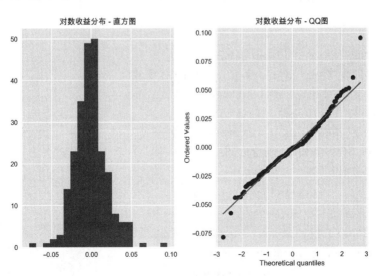

图 4-6　对数收益的统计分布

【结果说明】上述代码使用 Matplotlib 创建一个 1 行 2 列的图形,并在其中绘制了对数收益的直方图和 QQ 图。这样,我们就可以通过直方图和 QQ 图来研究对数收益的分布情况。

需要说明的是,在代码中我们使用了一个名为 SciPy 的第三方库,SciPy 是一个开源的 Python 库,用于高级科学和工程计算。它建立在 NumPy 的基础之上,提供了更多的数学、科学和工程技术的功能,包括优化、统计、信号处理、线性代数、微分方程、傅里叶分析等。SciPy 还包括一些特定领域的子模块,如 scipy.stats(统计分析)、scipy.optimize(优化)、scipy.signal(信号处理)、scipy.linalg(线性代数)等,它们为科学家、工程师和研究人员提供了丰富的工具来解决各种复杂的问题。

这里我们绘制了对数收益的 QQ 图,其全称是 Quantile-Quantile 图。它是一种用于检验数据是否符合某一理论分布的可视化工具。QQ 图是一种散点图,用于比较数据样本的分位数(观测值的排序值)和理论分布(通常是正态分布或其他理论分布)的分位数。QQ 图以横轴为理论分布的分位数,纵轴为数据样本的分位数,通过点的分布情况来判断数据的分布与理论分布是否一致。从图 4-6 中可以看到,数据点的分布偏离 45 度对角线,与理论分布不一致。

除了使用可视化的方法对资产收益的统计分布进行研究,我们还可以让 ChatGPT 协助输出一些统计指标。例如,使用提示词:"现在我想输出 DataFrame 中对数收益的均值、中位数、标准差、峰度和偏度,请给出示例代码。"发送提示词后,会得到 ChatGPT 生成的代码,经修改后的代码如下。

```python
# Python 代码
# 计算均值、中位数、标准差、峰度和偏度
mean_return = df['对数收益'].mean()
median_return = df['对数收益'].median()
std_dev = df['对数收益'].std()
kurtosis = df['对数收益'].kurtosis()
skewness = df['对数收益'].skew()

# 输出结果
print(f"均值 (Mean): {mean_return}")
print(f"中位数 (Median): {median_return}")
print(f"标准差 (Standard Deviation): {std_dev}")
print(f"峰度 (Kurtosis): {kurtosis}")
print(f"偏度 (Skewness): {skewness}")
```

运行这段代码,会得到如下所示的结果。

【代码运行结果】
均值 (Mean): -0.0009785423686370354
中位数 (Median): -0.001177163173014752
标准差 (Standard Deviation): 0.0208814038221481
峰度 (Kurtosis): 2.3298092753744815
偏度 (Skewness): 0.48345633284165995

# 第 4 章 让 ChatGPT 协助探索金融时间序列数据

【结果说明】这段代码使用 Pandas 的统计函数计算均值、中位数、标准差、峰度和偏度。均值、中位数和标准差相信大家都已经非常熟悉,这里就不再详细解释。而峰度(Kurtosis)和偏度(Skewness)是描述数据分布形状的统计指标,它们的含义如下。

### (1)偏度。

偏度度量了数据分布的对称性或偏斜程度。

正偏度表示数据分布右偏,即数据右侧的尾部较长,均值偏向数据的左侧。

负偏度表示数据分布左偏,即数据左侧的尾部较长,均值偏向数据的右侧。

偏度值为 0 表示数据分布大致对称。

### (2)峰度。

峰度度量了数据分布的尖锐程度或者说数据分布的峰度。

正峰度表示数据分布具有尖峰,峰值高于正态分布。这通常意味着数据有重尾部,可能包含更多极端值。

负峰度表示数据分布较平坦,峰值低于正态分布。这通常表示数据具有轻尾部,包含较少的极端值。

峰度值为 3 表示正态分布的峰度,大于 3 表示尖峰(重尾),小于 3 表示平峰(轻尾)。

## 4.3.2 资产回报的自相关性分析

自相关性是时间序列分析中的重要概念,它用于描述时间序列数据中自身之间的相关性或依赖性。自相关用于衡量时间序列中不同时刻的数据点之间的相关性,即观察值与一定滞后(或时间延迟)期的观察值之间的关系。

自相关函数是一个将时间滞后期数作为输入,并输出不同时刻的数据点之间相关性的函数。通过计算自相关函数,我们可以了解时间序列数据是否具有重复的模式或趋势。自相关可以用于识别时间序列数据中的季节性、周期性和趋势。

自相关函数的图形通常呈现出"滞后"(lag)对自相关性的影响,也就是在不同时间延迟下的相关性情况。自相关图表可以帮助分析师或研究人员了解时间序列数据的内在结构,帮助预测未来的数据走势。

同样,可以让 ChatGPT 协助我们进行自相关性分析,可以使用提示词:"DataFrame 中,日期为 index,一列数据为收盘价,另一列数据为对数收益,请使用 statsmodels 对对数收益进行自相关性分析,并用 plot_acf 进行可视化。"发送提示词后,会得到 ChatGPT 生成的代码,经修改后的代码如下。

```
# Python 代码
# 我们可以使用 statsmodels 进行分析
import statsmodels.api as sm
```

```
# 计算对数收益的自相关性
log_returns = df['对数收益']

# 创建ACF图
sm.graphics.tsa.plot_acf(log_returns, lags=40)  # 这里的lags表示滞后期数,可根据需要进行调整
plt.title('对数收益的自相关性')
plt.savefig('图4-7.jpg', dpi=300)
plt.show()
```

运行上述代码,会得到如图4-7所示的结果。

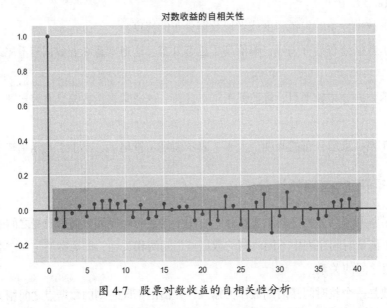

图4-7 股票对数收益的自相关性分析

【结果说明】这段代码中,我们首先将对数收益从DataFrame中提取出来,然后使用statsmodels的plot_acf函数绘制对数收益的自相关性图。大家可以调整lags参数来更改图中显示的滞后期数,从而观察结果的变化。这个图可以帮助我们理解对数收益时间序列的自相关性,有助于分析时间序列数据中的重要模式和周期性。在图4-7中,每个柱状表示数据的自相关性,也就是时间序列数据与其自身在不同滞后期的相关性。图中的柱状越高,表示在对应的滞后期内具有越强的自相关性。

除了分析股价对数收益的自相关性,我们还可以分析对数收益的平方或绝对值的自相关性,这通常用于探索金融时间序列中的波动性和异方差性。异方差性指的是随时间变化的波动性,它会对风险和波动性建模产生重要影响。如果发现较强的自相关性,可能表示存在异方差性问题。

下面我们可以让ChatGPT协助分析对数收益平方以及绝对值的自相关性,使用的提示词可以是:"下面用acf_plot分别分析DataFrame中对数收益平方及绝对值的自相关性,要求结果是2行子图,第一行是对数收益平方的自相关性,第二行是对数收益绝对值的自相关性。"发送提示词后,

会得到 ChatGPT 生成的代码，经修改后的代码如下。

```python
# Python 代码
# 使用 plot_acf 进行绘制
from statsmodels.graphics.tsaplots import import plot_acf

# 创建2行子图
fig, axes = plt.subplots(2, 1, dpi=300)

# 绘制对数收益平方的自相关性
plot_acf(df['对数收益'] ** 2, ax=axes[0],
         title="对数收益平方的自相关性")

# 绘制对数收益绝对值的自相关性
plot_acf(df['对数收益'].abs(), ax=axes[1],
         title="对数收益绝对值的自相关性")

plt.savefig('图4-8.jpg', dpi=300)
plt.tight_layout()
plt.show()
```

运行这段代码，会得到如图 4-8 所示的结果。

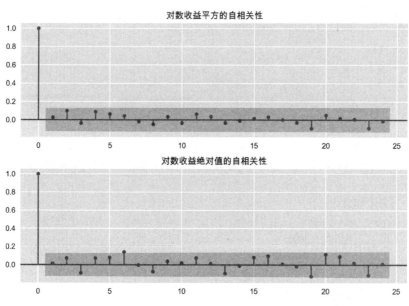

图 4-8　对数收益的平方及绝对值的自相关性

【结果说明】这段代码创建了一个包含 2 行子图的图形，分别显示对数收益平方和对数收益绝对值的自相关性。在图 4-7 和图 4-8 中，浅色的色块代表置信区间。这些区间表示自相关系数是否在统计上显著不为零。通常，如果某个自相关系数超出了这些置信区间，那么可以认为该自相关系数在统计上显著不为零,即存在显著的自相关性。浅色区域的宽度和显著性水平通常默认为95%。

如果某个自相关系数的峰超出了置信区间,这可能表明时间序列存在某种重要的自相关性结构。这对于识别时间序列的季节性、周期性或其他重要特征非常有用。

### 4.3.3 资产回报的杠杆效应

资产回报的杠杆效应,是存在于金融市场中,特别是股票市场中的一种现象。该效应表示股票或其他资产价格的波动率(波动性)与其价格水平之间存在负相关性。具体而言,当股票或资产价格下跌时,其波动性通常会增加;而当价格上升时,波动性会减小。

这种现象的产生与金融市场的杠杆效应有关。当资产价格下跌时,杠杆的作用会放大亏损,迫使投资者更频繁地平仓或采取其他措施,从而导致市场波动性的上升。相反,当价格上升时,杠杆的作用可能减小亏损风险,从而减少波动性。

这种杠杆效应是金融市场中非常重要的现象,也是波动性传递和市场风险管理的关键考虑因素。了解和识别这种效应可以帮助投资者更好地理解市场的行为和风险,以更好地管理其投资组合。

我们可以在ChatGPT的协助下很轻易地观察这种效应,可以使用提示词:"请用包含3行1列子图的图形来展示资产回报的杠杆效应,要求第一行子图是DataFrame中的收盘价,第二行是对数收益,第三行子图是对数收益的10日滚动标准差和20日滚动标准差。"发送提示词后会得到ChatGPT生成的代码,经修改后的代码如下。

```
# Python 代码
# 首先计算滚动标准差
df['20日滚动标准差'] = df['对数收益'].rolling(window=20).std()
df['30日滚动标准差'] = df['对数收益'].rolling(window=30).std()

# 创建1行3列的子图
fig, axes = plt.subplots(3, 1, dpi=300, sharex=True)

# 第一行子图:收盘价
axes[0].plot(df.index, df['收盘'], label='收盘价', color='b')
axes[0].set_ylabel('价格')
axes[0].set_title('收盘价')

# 第二行子图:对数收益
axes[1].plot(df.index, df['对数收益'], label='对数收益', color='g')
axes[1].set_ylabel('对数收益')
axes[1].set_title('对数收益')

# 第三行子图:20日和30日滚动标准差
```

```
axes[2].plot(df.index, df['20日滚动标准差'], label='20日滚动标准差', color='r')
axes[2].plot(df.index, df['30日滚动标准差'], label='30日滚动标准差', color='y')
axes[2].set_ylabel('滚动标准差')
axes[2].set_title('对数收益滚动标准差')

# 添加图例
for ax in axes:
    ax.legend()

plt.tight_layout()
plt.savefig('图4-9.jpg', dpi=300)
plt.show()
```

运行这段代码，会得到如图4-9所示的结果。

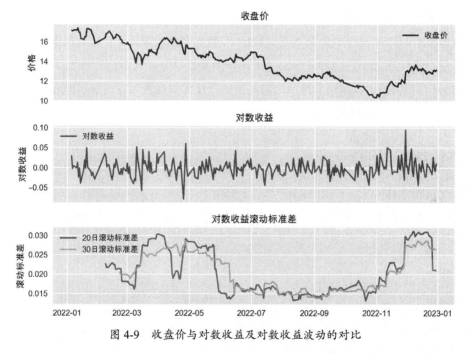

图4-9　收盘价与对数收益及对数收益波动的对比

【结果说明】这段代码使用Matplotlib库绘制了资产回报的杠杆效应，包含3行1列的子图。第一行子图是收盘价，第二行子图是对数收益，第三行子图是对数收益的10日和20日滚动标准差。通过图4-9，我们可以研究资产回报的杠杆效应。可以看到，在大部分时间里，当价格下跌之后，波动性增加；而当价格上升之后，波动性减小。

### 4.3.4　用Hurst指数识别时间序列中的趋势

Hurst指数是一种用于衡量时间序列数据中自相似性或长期记忆性的统计量。它由英国工程师和统计学家哈罗德·爱温德·赫斯特（Harold Edwin Hurst）于1951年提出，因此得名。

Hurst指数通常用H表示，其值可以在0~1之间。不同的Hurst指数取值对应不同的时间序列特性。

H = 0.5：表示时间序列是随机游走的或具有随机性，没有长期记忆。

H < 0.5：表示时间序列具有均值回归性质，即趋势向均值回归，更具反向的短期记忆性。

H > 0.5：表示时间序列具有长期记忆性。

Hurst指数的应用范围很广，包括金融、地理学、水利学、信号处理等领域。在金融领域，Hurst指数通常用于分析时间序列数据的波动性和趋势性，以便更好地理解市场行为和预测未来价格变化。

通常，计算Hurst指数需要对时间序列数据进行统计分析，如对时间序列的累积和、均值、方差等进行计算。Hurst指数的值越接近0.5，表示时间序列越具有随机性；而Hurst指数的值越远离0.5，表示时间序列越具有趋势性或长期记忆性。

下面我们实验在ChatGPT的协助下，用Hurst指数来研究股票历史行情数据中的潜在模式，提示词为："在以日期为index的DataFrame中，有一列是股票每日收盘价，请使用Python代码定义函数计算Hurst指数，并对其不同长度的时间范围进行模式识别。"发送提示词后会得到ChatGPT生成的代码，经修改后的代码如下。

```python
# Python 代码
# 定义一个计算 Hurst 指数的函数
def hurst_exponent(ts, max_lag=20):
    lags = range(2, max_lag)
    tau = [np.std(np.subtract(ts[lag:], ts[:-lag])) for lag in lags]
    hurst = np.polyfit(np.log(lags), np.log(tau), 1)[0]

    return hurst


# 示例用法
# df 是包含收盘价的 DataFrame，索引为日期
# 可以使用 df['收盘'] 获取收盘价的 Series

hurst_values = []
time_frames = [5, 10, 20, 40, 60]   # 不同时间范围

for tf in time_frames:
    ts = df['收盘'].values
    hurst = hurst_exponent(ts, tf)
    hurst_values.append(hurst)
```

```
# 输出不同时间范围情况下的 Hurst 指数
for i, tf in enumerate(time_frames):
    print(f"Hurst 指数（{tf}天）：{hurst_values[i]}")
```

运行这段代码，会得到如下所示的结果。

【代码运行结果】
Hurst 指数（5 天）：0.3987215240412857
Hurst 指数（10 天）：0.4099164425557472
Hurst 指数（20 天）：0.5009531305739792
Hurst 指数（40 天）：0.44974271136031974
Hurst 指数（60 天）：0.2753872336176342

【结果说明】代码首先定义了一个 hurst_exponent 函数，用于计算 Hurst 指数。然后，它计算了不同时间范围情况下的 Hurst 指数，以便进行模式识别。可以看到，在 5 天、10 天、40 天、60 天的周期中，该股价的 Hurst 指数都是小于 0.5 的，也就是说在这几个时间周期中，它呈现出均值回归的趋势；而在 20 天周期中，其 Hurst 指数约等于 0.5，说明在这个周期中，股价呈现出随机游走的趋势。下面是代码的详细解释。

（1）def hurst_exponent(ts, max_lag=20)：这是函数的定义。它接受两个参数，ts 表示输入的时间序列数据，max_lag 表示计算 Hurst 指数时要考虑的最大滞后阶数，默认值为 20。

（2）lags = range(2, max_lag)：这一行创建一个包含滞后阶数的范围，这里为 2 到 max_lag-1。

（3）tau = [np.std(np.subtract(ts[lag:], ts[:-lag])) for lag in lags]：用于计算不同滞后阶数下的滞后序列的标准差（tau），其具体步骤如下。

①对于每个滞后阶数 lag，ts[lag:] 表示时间序列从第 lag 个数据点开始的子序列，ts[:-lag] 表示时间序列从开头到倒数第 lag 个数据点的子序列。

② np.subtract(ts[lag:], ts[:-lag]) 计算上述两个子序列的差值，即滞后序列。

③ np.std(...) 计算滞后序列的标准差，并且将这些标准差存储在 tau 列表中。

（4）hurst = np.polyfit(np.log(lags), np.log(tau), 1)[0]：这一行使用线性拟合来计算 Hurst 指数，其具体步骤如下。

① np.log(lags) 和 np.log(tau) 分别对 log 和 tau 取对数，以便将问题转化为线性拟合。

② np.polyfit(..., 1) 对取对数后的数据进行线性拟合，其中 1 表示线性拟合。

③ [0] 用于获取线性拟合结果中的斜率，即 Hurst 指数。

④最终的 Hurst 指数将被存储在 Hurst 变量中。

（5）return hurst：函数返回计算得到的 Hurst 指数。

总的来说，这段代码用于计算时间序列数据的 Hurst 指数，判断时间序列的长期记忆性。Hurst 指数越接近 1，表示时间序列越具有长期记忆性；越接近 0.5，表示时间序列更趋于随机。

资源下载码：QY2025

## 4.4 小结与习题

在本章中，我们学习了一些在 ChatGPT 协助下探索金融时间序列数据的方法，首先是检测数据中的异常值，并对其进行处理；然后使用了不同方法来寻找时间序列数据中的变点；最后研究了资产回报的一些典型特征，包括基本的统计分布、自相关性分析、资产回报的杠杆效应，以及如何用 Hurst 指数识别时间序列中的趋势。在下一章中，我们将一起研究如何利用 ChatGPT 对金融数据进行技术分析。

以下是本章的习题：

（1）什么是金融时间序列数据中的异常值？为什么需要检测和处理异常值？

（2）使用接口获取数据，或使用本书提供的示例数据，用 Python 检测其是否存在异常值，并用温索化处理异常值。

（3）什么是变点检测？为什么在金融领域中需要进行变点检测？

（4）使用接口获取数据，或使用本书提供的示例数据，展示如何使用 ruptures 库进行变点检测。

（5）什么是 Hurst 指数？它用于衡量什么样的时间序列特性？请提供 Hurst 指数的范围和相应的解释。

（6）使用接口获取数据，或使用本书提供的示例数据，计算不同时间范围的 Hurst 指数。

（7）在金融时间序列中，为什么需要分析收益的自相关性？

（8）使用接口获取数据，或使用本书提供的示例数据，展示如何使用 statsmodels 库进行收益的自相关性分析。

（9）在上升和下降的市场条件下，杠杆效应如何影响资产回报的波动性？使用接口获取数据，或使用本书提供的示例数据，编写代码展示资产回报的杠杆效应。

第 5 章

让 ChatGPT 协助进行技术分析

技术分析是金融市场中的一种重要分析方法，它主要基于历史市场价格和交易量数据来预测未来价格趋势。它可以帮助分析师和投资者识别和理解市场中的价格趋势，包括上升、下降和横盘趋势。同时，技术分析提供了决策支持工具，帮助投资者和交易员制定买入和卖出策略。这些策略通常基于技术指标、图表模式和价格趋势等因素。此外，技术分析可以为其他分析方法提供补充。它可以与基本分析（如财务数据和公司基本面分析）结合使用，以提供更全面的市场见解。

因此，尽管技术分析有其支持者和批评者，但它在金融市场中仍然有着广泛的应用，因为它提供了一种了解市场价格走势和市场情绪的方法。不过，使用技术分析要谨慎，因为它并不能预测未来，而只是提供了一种可能的分析框架。

本章的主要内容：
- 使用 TA-Lib 计算技术指标；
- 使用 TA-Lib 识别 K 线形态；
- 开发简单的技术分析面板。

## 5.1 让 ChatGPT 协助使用 TA-Lib 计算技术指标

TA-Lib（Technical Analysis Library）是一个开源的技术分析库，旨在为金融市场分析提供技术分析工具和指标。TA-Lib 提供了大量用于计算各种技术指标的函数和方法，可以用于股票、期货、外汇等金融市场的技术分析。TA-Lib 包括大约 150 多个不同的技术指标，涵盖了趋势分析、波动性分析、动能指标、周期分析等多个领域。这些指标可以帮助分析师和交易员理解市场的价格和交易量动态。

在这一节中，我们将在 ChatGPT 的协助下，使用 TA-Lib 计算一些常见的技术指标。为了进行本章的实验，我们可以新建一个 Jupyter Notebook，在第一个单元格导入必要的库，并且进行一些设置。代码如下：

```python
#Python 代码
# 导入要用的库
import akshare as ak
import pandas as pd
import numpy as np
# 导入可视化库
import matplotlib.pyplot as plt
# 设置可视化样式
plt.style.use('seaborn')
# 指定字体，防止中文出现乱码
plt.rcParams['font.sans-serif'] = ['Arial Unicode MS']
# 这行代码让中文的负号 "-" 可以正常显示
```

```
plt.rcParams["axes.unicode_minus"]=False
```
运行这段代码后,就完成了相应的设置,可以进行下一步的实验了。

### 5.1.1 使用 TA-Lib 计算均线指标

均线指标(Moving Average,MA)是金融市场技术分析中的一个常用指标,用于平滑价格数据并帮助分析价格趋势。均线是根据一定时期内的价格数据计算出的移动平均值,这种平均值会随着时间的推移而不断更新,以反映价格的变化趋势。要让 ChatGPT 协助我们使用 TA-Lib 计算均线指标,可以使用提示词:"一个以日期为 index 的 DataFrame,包含一列股票的收盘价,现在需要用 TA-Lib 计算其均线指标并可视化,请给出示例代码。"发送提示词后,会得到 ChatGPT 生成的代码,经修改后的代码如下。

```
# Python 代码
# 准备数据的代码,已经用过多次
# 这里不再逐行注释
df = pd.read_excel('历史行情数据.xlsx')
df = df[['日期', '收盘']]
df['日期'] = pd.to_datetime(df['日期'])
df.set_index('日期', inplace = True)
# 导入 TA-Lib
import talib

# 计算均线指标
df['SMA_10'] = talib.SMA(df['收盘'], timeperiod=10)
df['SMA_20'] = talib.SMA(df['收盘'], timeperiod=20)

# 绘制均线图
plt.figure(dpi=300)
plt.plot(df.index, df['收盘'], label='收盘价', color='b')
plt.plot(df.index, df['SMA_10'], label='10 日均线', color='g')
plt.plot(df.index, df['SMA_20'], label='20 日均线', color='r')
plt.legend()
plt.title('均线指标图')
plt.xlabel('日期')
plt.ylabel('价格')
plt.savefig('图 5-1.jpg', dpi=300)
plt.show()
```

运行这段代码,会得到如图 5-1 所示的结果。

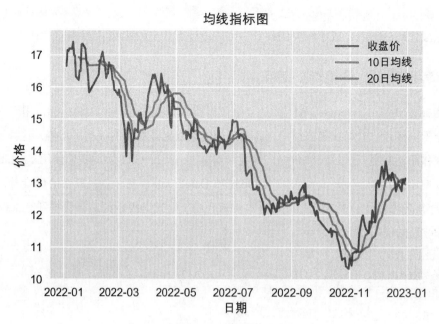

图 5-1 使用 TA-Lib 计算的均线指标

【结果说明】上面代码的作用是将 DataFrame 中的收盘价数据经过 10 日和 20 日简单移动平均指标（SMA）计算后的结果存储在新的 "SMA_10" "SMA_20" 列中。这两个新列将包含股票价格的 10 日和 20 日简单移动平均值。同样，大家可以使用相似的代码来计算不同时间段的移动平均指标，然后将它们添加到 DataFrame 中以进行后续的分析和可视化。

> **注意**
>
> 没有安装 TA-Lib 的读者朋友可以使用 pip 进行安装，但在安装和导入过程中可能会遇到一些问题。由于操作系统和软件版本的不同，大家遇到的问题可能也不尽相同，因此本书无法给出统一的解决方案。大家只须将报错信息粘贴到搜索引擎中，再多一点耐心，就可以逐步解决问题。

### 5.1.2 使用 TA-Lib 计算布林带指标

布林带（Bollinger Bands）是一种用于衡量资产价格的波动性以及潜在趋势的技术分析工具。它由以下三条线组成。

**中轨（中线）**：中轨是一条中间的线，通常表示资产的移动平均线，最常见的是简单移动平均线。中轨用于描述资产价格的趋势方向，如上升或下降趋势。

**上轨（上线）**：上轨是中轨的上方线，通常是中轨加上一定的标准差倍数。这个标准差倍数通常是 2，表示资产价格的上限。上轨可以用来指示价格上涨可能逐渐趋于超买状态，可能出现价格回调。

**下轨（下线）：** 下轨是中轨的下方线，通常是中轨减去一定的标准差倍数。这个标准差倍数通常也是 2，表示资产价格的下限。下轨可以用来指示价格下降可能逐渐趋于超卖状态，可能出现价格反弹。

布林带的主要作用是帮助交易者识别资产价格的波动性和潜在的趋势反转点。当资产价格触及上轨时，可能表示价格较高，进一步上升的可能性降低，可能会有价格回调；当价格触及下轨时，可能表示价格较低，进一步下降的可能性降低，可能会有价格反弹。

交易者可以将布林带和其他指标结合起来制定买入或卖出策略。这种指标在金融市场中广泛用于技术分析和制定交易策略。

要让 ChatGPT 协助计算某只股票收盘价的布林带并可视化，可以使用提示词："一个以日期为 index 的 DataFrame，包含一列收盘价，请使用 TA-Lib 计算其布林带，并进行可视化。"发送提示词后，会得到 ChatGPT 生成的代码，经修改后的代码如下。

```python
# Python 代码
# 使用 TA-Lib 计算布林带
# 20 表示计算 20 日的布林带
upper_band, middle_band, lower_band = talib.BBANDS(df['收盘'], timeperiod=20)

# 可视化布林带
plt.figure(dpi=300)
plt.plot(df.index, df['收盘'], label='收盘价', color='b')
plt.plot(df.index, upper_band, label='布林带上下轨', color='r', linestyle='--')
plt.plot(df.index, middle_band, label='布林带中轨', color='g')
plt.plot(df.index, lower_band, color='r', linestyle='--')

plt.title('布林带示例')
plt.xlabel('日期')
plt.ylabel('价格')
plt.legend()
plt.savefig('图 5-2.jpg', dpi=300)
plt.show()
```

运行这段代码，会得到如图 5-2 所示的结果。

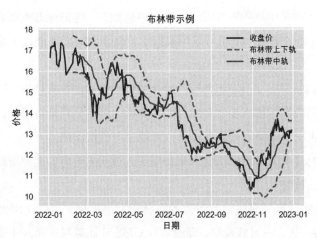

图 5-2 使用 TA-Lib 计算的布林带指标

【结果说明】在这个示例中,我们首先使用了 talib.BBANDS 计算布林带的上轨、中轨和下轨。然后使用了 Matplotlib 可视化这些线条,其中虚线表示上、下轨,平滑的实线表示中轨。大家可以根据需要修改示例数据或布林带参数。

要特别说明的是,要修改 TA-Lib 中 talib.BBANDS 函数的标准差参数,你可以在调用函数时设置 nbdevup 和 nbdevdn 参数,它们分别表示上轨和下轨的标准差倍数。默认情况下,它们的值是 2,你可以根据需要进行修改。示例代码如下:

```
upper_band, middle_band, lower_band = talib.BBANDS(df['Close'],
    timeperiod=20, nbdevup=1.5, nbdevdn=2.5)
```

这里就是将上轨标准差倍数设置为 1.5,下轨标准差倍数设置为 2.5。

### 5.1.3 使用 TA-Lib 计算 RSI 指标

RSI(Relative Strength Index,相对强弱指数)是一种用于衡量金融市场上某个资产(如股票、期货、外汇等)价格波动方向和速度的技术指标。RSI 常用于技术分析,它的主要作用是帮助分析师和交易者确定资产的超买和超卖情况,以便预测价格趋势的反转或持续。

RSI 指标的计算基于最近一段时间内资产价格的变动幅度,通常以 14 个交易日为周期。计算 RSI 的一般步骤如下。

(1)首先,计算每个交易日的价格变化。这是当日收盘价与前一交易日收盘价之间的差值。

(2)将正的价格变化(即价格上涨的日子)与负的价格变化(即价格下跌的日子)分别加总,并计算它们的平均值。

(3)其次,使用以下公式计算 RSI。

$$RSI = 100 - [100 / (1 + RS)]$$

其中,RS(Relative Strength)等于正价格变化的平均值除以负价格变化的平均值。

(4)最后,根据计算出的 RSI 值,判断资产的超买和超卖情况。一般来说,RSI 在 70 以上被认为是超买，暗示价格可能会下跌；而 RSI 在 30 以下被认为是超卖，暗示价格可能会上涨。交易者通常使用 RSI 来辅助决策，例如，当 RSI 超过 70 时可能考虑卖出，当 RSI 低于 30 时可能考虑买入。

RSI 可以用于股票市场、期货市场、外汇市场等各种金融市场的分析和交易。

要让 ChatGPT 协助使用 TA-Lib 计算 RSI 指标，可以使用提示词："一个以日期为 index 的 DataFrame，包含一列收盘价，请使用 TA-Lib 计算其 RSI 指标，并进行可视化。"发送提示词后，会得到 ChatGPT 生成的代码，经修改后的代码如下。

```python
# 计算 RSI 指标
period = 14  # RSI 的计算周期
df['RSI'] = talib.RSI(df['收盘'], timeperiod=period)

# 创建 RSI 指标图
plt.figure(dpi=300)
plt.plot(df.index, df['RSI'], label='RSI', color='b')
plt.axhline(70, color='r', linestyle='--', label='超买 (70)')
plt.axhline(30, color='g', linestyle='--', label='超卖 (30)')
plt.title('RSI 指标')
plt.xlabel('日期')
plt.ylabel('RSI 值')
plt.legend()
plt.savefig('图 5-3.jpg', dpi=300)
plt.show()
```

运行这段代码，会得到如图 5-3 所示的结果。

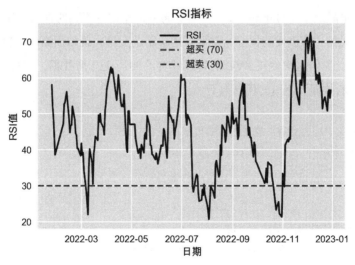

图 5-3　使用 TA-Lib 计算的 RSI 指标

【结果说明】这段代码调用 TA-Lib 计算了 RSI 指标并绘制 RSI 图表，其中包括 RSI 值的曲线以及 70 和 30 两条水平线，通常用于指示超买和超卖情况。图表中的实线表示 RSI 值随时间的变化，它是相对强弱指数的主要曲线。RSI 通常在 70~30 之间画两条水平线，分别是上下两条虚线，用于标记超买和超卖水平。具体解释如下。

实线波动表示资产的强弱变化。

当实线超过 70（上方虚线）时，通常被认为资产处于超买状态，可能会发生价格下跌。

当实线低于 30（下方虚线）时，通常被认为资产处于超卖状态，可能会发生价格上涨。

在图表上观察 RSI 曲线的走势有助于判断资产的相对强度，从而为制定交易策略提供依据。大家可以根据需要替换示例数据来进行计算和可视化。

> **注意**
>
> 除了上面提到的均线指标、布林带指标和 RSI 指标，TA-Lib 还包括众多其他技术指标，如移动平均线收敛散度（MACD）、商品通道指数（CCI）、平均趋向指数（ADX）、随机指标（Stochastic Oscillator），以及许多其他相对强度和动量指标。要查看 TA-Lib 支持的所有技术指标，可以使用 TA-Lib 的函数 talib.get_functions()。这个函数可以返回一个包含所有支持的技术指标名称的列表。大家可以根据需要从这个列表中选择特定的技术指标来计算和分析金融市场数据。

## 5.2 让 ChatGPT 协助识别 K 线形态

K 线图是一种用于分析金融市场价格走势的方法，它通过观察 K 线图中的不同 K 线形态来预测（Hammer）价格趋势的变化。这些 K 线形态通常以不同的名称和特定的形状来表示，如"多头吞没""锤头""早晨之星（Moring Star）"等，每种形态都有不同的含义和预测能力。识别 K 线形态对于交易者来说是一项重要的技能，它可以用来制定交易决策和预测市场趋势的转折点。

为了进行实验，我们这次使用 PVC 期货连续合约的历史行情数据，选择 2020 年 1 月 1 日至 2022 年 12 月 31 日的数据。使用的代码如下。

```python
# Python 代码
# 这次我们使用 PVC 期货连续合约的行情数据
df = ak.futures_main_sina(symbol="V0",
                          start_date="20200101",
                          end_date="20221231")


# 保存成 Excel 文件，方便读者下载
df.to_excel('期货行情数据.xlsx', index=False)


# Python 代码
# 这次使用期货行情数据来实验
# 读者可以使用接口获取数据
```

```python
# 或使用本书提供的 Excel 文件
df = pd.read_excel('期货行情数据.xlsx')
df['日期'] = pd.to_datetime(df['日期'])
df.set_index('日期', inplace = True)

# 导入 Plotly
import plotly.graph_objects as go

# 创建 Candlestick 图
fig = go.Figure(data=[go.Candlestick(x=df.index,
                open=df['开盘价'],
                high=df['最高价'],
                low=df['最低价'],
                close=df['收盘价'],
                increasing_line_color = 'red',
                decreasing_line_color = 'green')])

# 设置布局
fig.update_layout(title="期货K线图",
                xaxis_title="日期",
                yaxis_title="价格",
                xaxis_rangeslider_visible=False)

# 显示图形
fig.show()
```

运行这段代码,我们会得到如图 5-4 所示的结果。

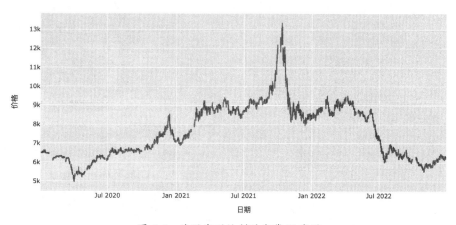

图 5-4 使用代码绘制的期货 K 线图

【结果说明】这里我们使用了前文学过的可视化方法,将 PVC 连续合约的历史行情绘制成了 K 线图。接下来我们要在 ChatGPT 的帮助下,使用 TA-Lib 识别 K 线图中的形态。

### 5.2.1 使用 TA-Lib 识别"早晨之星"形态

"早晨之星"是 K 线图中一种常见的形态,通常出现在下跌趋势中,预示着趋势可能会发生反转。这个形态由三根 K 线组成,具体特征如下。

(1)第一根 K 线:通常是一根下跌的实体 K 线,代表当前的下跌趋势。

(2)第二根 K 线:是一根小实体蜡烛,通常颜色不重要,它出现在第一根 K 线之下,代表市场的短期犹豫或不确定性。

(3)第三根 K 线:是一根上涨的实体 K 线,它的开盘价位于第一根 K 线的实体之内,然后上涨并收盘在第一根 K 线的实体之上。

"早晨之星"的形态表明,市场在下跌后出现了不确定性,然后在第三根 K 线中出现了买家的力量,导致价格上涨。这可能暗示着下跌趋势的结束,并可能发生趋势反转,即转向上升趋势。

然而,就像所有的 K 线图形态一样,"早晨之星"也需要结合其他分析工具和趋势确认才能作出有效的交易决策。投资者通常会使用"早晨之星"来识别潜在的买入机会,但不会仅凭此形态来决定交易。

要让 ChatGPT 协助我们用 TA-Lib 识别 K 线中的"早晨之星",可以使用提示词:"有一个日期为 index 的 DataFrame,包含期货的开盘价、最高价、最低价和收盘价,需要使用 TA-Lib 识别其是否包含早晨之星形态,并且将识别出的 K 线用 Plotly 进行可视化。请给出示例代码。"发送提示词后会得到 ChatGPT 生成的代码,经修改后的代码如下。

```python
# Python 代码
# 计算早晨之星形态
df['morning_star'] = talib.CDLMORNINGSTAR(df['开盘价'], df['最高价'], df['最低价'], df['收盘价'])

# 创建 K 线图
fig = go.Figure(data=[go.Candlestick(x=df.index,
                open=df['开盘价'],
                high=df['最高价'],
                low=df['最低价'],
                close=df['收盘价'],
                text=df['morning_star'],
                increasing_line_color='red',
                decreasing_line_color='green'
                )])
```

```
# 标注早晨之星形态
#morning_star_indices = np.where(morning_star == 100)
morning_star_dates = df[df['morning_star']==100].index
morning_star_values = df[df['morning_star']==100]['收盘价']
fig.add_trace(go.Scatter(x=morning_star_dates,
                         y=morning_star_values,
                         mode='markers',
                         name='早晨之星',
                         marker=dict(color='green', size=12)))

fig.update_layout(title='K 线图与早晨之星形态',
                  xaxis_title='日期',
                  yaxis_title='价格')

fig.show()
```

运行代码，会得到如图 5-5 所示的结果。

K线图与早晨之星形态

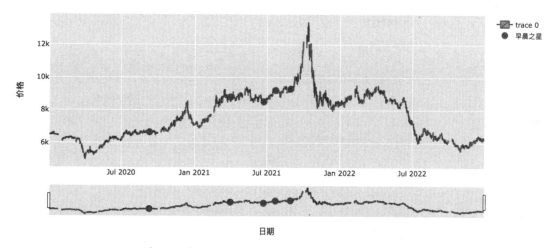

图 5-5　使用 TA-Lib 识别出 K 线图中的 "早晨之星"

【结果说明】在上面的示例中，我们使用 talib.CDLMORNINGSTAR 函数来检测早晨之星形态，使用了 Plotly 的 Candlestick 图表来创建 K 线图，并标注了检测到的早晨之星形态。在图 5-5 中，圆点表示出现了 "早晨之星" 的日期。读者可以在自己的 Jupyter Notebook 中，缩放这个交互式图像，以便进行更加清晰的观察。

### 5.2.2 使用 TA-Lib 识别 "锤头" 形态

锤头形态是通常出现在下跌趋势的底部，并暗示着可能的反转。锤头形态的特征是有一个较小的实体，上影线较长，下影线较短。

锤头形态的名字"锤头"形象地表示蜡烛图的形状像锤子，有一个长的柄和一个小头部。这种形态表明市场可能正在从卖方市场转向买方市场，是一种潜在的买入信号。

如果要让 ChatGPT 协助使用 TA-Lib 识别 K 线图中的锤头形态，可以使用提示词："一个以日期为 index 的 DataFrame，包含期货的开盘价、最高价、最低价和收盘价，需要用 TA-Lib 识别其是否包含锤头形态，并将识别结果用 Plotly 进行可视化，请给出示例代码。"发送提示词后，会得到 ChatGPT 生成的代码，经修改后的代码如下。

```python
# Python 代码
# 使用 TA-Lib 识别锤头形态
df['Hammer'] = talib.CDLHAMMER(df['开盘价'], df['最高价'], df['最低价'], df['收盘价'])

# 创建锤头形态的识别标志
df['Is_Hammer'] = df['Hammer'] > 0

# 创建 Plotly 图表
fig = go.Figure(data=[go.Candlestick(x=df.index,
                open=df['开盘价'],
                high=df['最高价'],
                low=df['最低价'],
                close=df['收盘价'],
                                    increasing_line_color='red',
                                    decreasing_line_color='green',
                name="期货 K 线图")])

# 标记锤头形态
hammer_indices = df.index[df['Is_Hammer']]
fig.add_trace(go.Scatter(x=hammer_indices, y=df['最低价'][df['Is_Hammer']],
                mode="markers",
                marker=dict(size=12, symbol="star", color="green"),
                name="锤头形态"))

# 可视化配置
fig.update_layout(title="期货 K 线图和锤头形态",
                xaxis_rangeslider_visible=False)

# 显示图表
fig.show()
```

运行这段代码，会得到如图 5-6 所示的结果。

期货K线图和锤头形态

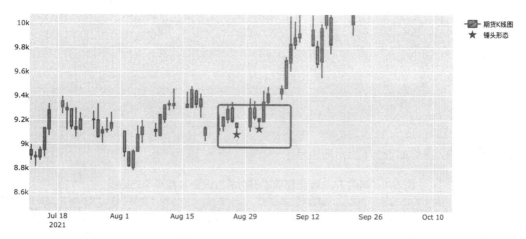

图 5-6　使用 TA-Lib 识别的锤头形态

【结果说明】在这个示例中，我们使用了 talib·CDLHAMMER 函数来识别锤头形态，将结果保存在 DataFrame 中，并使用 Plotly 创建 K 线图以及标记锤头形态。大家仔细观察图 5-6，会发现代码使用五角星标记出了锤头形态的 K 线，而在出现锤头形态之后，该期货的价格确实大幅上涨了。

### 5.2.3 调用 TA-Lib 全部模式识别函数识别 K 线形态

除了早晨之星和锤头形态，TA-Lib 还可以识别很多不同的 K 线形态。在 TA-Lib 中，每个 K 线形态都有一个对应的函数，我们可以使用这些函数来识别图表中是否出现了特定的形态。当然，我们也可以一次性调用全部函数，来识别 K 线图中存在哪些形态。

要让 ChatGPT 协助我们完成这项工作，可以使用提示词："我希望获取 TA-Lib 中识别 K 线形态的所有函数，然后通过循环的方式用这些函数对一个包含 OHLC 数据的 DataFrame 进行模式识别，最后将识别的结果保存到一个新的 DataFrame 中，不需要可视化，请给出示例代码。"发送提示词后会得到 ChatGPT 生成的代码，经修改后的代码如下。

```python
# Python 代码
# 获取 Pattern Recognition 组中的所有函数
pattern_recognition_functions = talib.get_function_groups()['Pattern Recognition']

# 创建新的 DataFrame 来存储模式识别的结果
pattern_results = pd.DataFrame(index=df.index)

# 用循环识别并存储 K 线形态结果
```

```
for pattern_function in pattern_recognition_functions:
    result = getattr(talib, pattern_function)(df['开盘价'],
                                              df['最高价'],
                                              df['最低价'],
                                              df['收盘价'])
    pattern_results[pattern_function] = result

# 显示新的 DataFrame
pattern_results.tail()
```

运行代码，会得到如表 5-1 所示的结果。

表 5-1 调用 TA-Lib 全部模式识别函数识别 K 线形态的结果

| 日期 | CDL2CROWS | CDL3BLACKCROWS | CDL3INSIDE | CDL3LINESTRIKE | …… |
|---|---|---|---|---|---|
| 2022-12-26 | 0 | 0 | 0 | 0 | …… |
| 2022-12-27 | 0 | 0 | 0 | 0 | …… |
| 2022-12-28 | 0 | 0 | 0 | 0 | …… |
| 2022-12-29 | 0 | 0 | 0 | 0 | …… |
| 2022-12-30 | 0 | 0 | 0 | 0 | …… |

【结果说明】上面的代码使用了 TA-Lib 中的每个 K 线形态识别函数并将结果存储在名为 pattern_results 的新 DataFrame 中。由于表 5-1 字段过多，为了便于展示，这里省略了部分字段。

当然，通常我们更关心 K 线是否在最新的交易日中出现了某种形态，所以这里我们可以让 ChatGPT 帮助我们进行筛选。使用的提示词可以是："上面这个保存结果的 DataFrame 中，需要将最后一条记录中，不等于 0 的列筛选出来，请给出示例代码。"发送提示词后会得到 ChatGPT 生成的代码如下。

```
# Python 代码
# 筛选出最后一条记录中不等于 0 的列
last_row = pattern_results.iloc[-1]
non_zero_columns = last_row[last_row != 0]

# 显示筛选结果
print(non_zero_columns)
```

运行这段代码，会得到如下所示的结果。

【代码运行结果】
```
CDLDOJI                 100
CDLHIGHWAVE             100
CDLLONGLEGGEDDOJI       100
CDLRICKSHAWMAN          100
CDLSPINNINGTOP          100
```

```
Name: 2022-12-30 00:00:00, dtype: int32
```

【结果说明】这段代码首先选择了 pattern_results 中的最后一行，然后使用布尔条件筛选出不等于 0 的列。在结果中可以看到，在最新的交易日中（2022 年 12 月 30 日），K 线被识别出了 5 种形态，包括"DOJI""HIGHWAVE"等。

如果想要了解这些形态具体代表什么，可以求助 ChatGPT。例如，发送提示词："什么是 K 线中的 DOJI 形态？"就会得到如下答复。

> **ChatGPT 的答复**
> K 线图中的"DOJI"形态指的是一种具有特殊特征的 K 线图样。DOJI 形态通常表现为一个实体较短、上下两影线相对较长的 K 线，使得 K 线的开盘价和收盘价非常接近，几乎相等。这导致 K 线的实体非常小，几乎看不出实际的实体部分。
>
> DOJI 形态表明市场存在平衡，买卖双方的力量大致相等，无法明确确定趋势的方向。DOJI 形态可以被视为潜在的反转信号，表明市场可能从上涨趋势或下跌趋势中反弹或转向。但需要注意，DOJI 形态通常需要与其他技术指标和 K 线形态结合起来使用，以更好地理解市场走势。
>
> DOJI 形态有不同的变体，如长腿 DOJI、飞吻 DOJI、十字 DOJI 等，它们具有略微不同的特点，但通常都表现为开盘价和收盘价接近，而上下影线相对较长。根据具体的市场情况，DOJI 形态可能会产生不同的含义。技术分析师通常使用 DOJI 形态来预测价格走势的可能反转或继续趋势。

同样，读者可以自行与 ChatGPT 交互，获得更多关于 K 线形态的解答。

## 5.3 让 ChatGPT 协助开发技术分析面板

在前面的两节中，我们学习了如何计算一些常见的技术指标以及如何识别 K 线形态。如果我们想要让工作更加便利一些，可以考虑制作一个简单的技术分析面板，这样就不需要每次都重新运行代码了。如何进行这一项工作呢？我们可以先问一下 ChatGPT，使用的提示词可以是"我想用 Streamlit 制作一个简单的行情分析面板，对于功能的构想是，在左侧边栏可以选择金融产品的代码，然后根据代码通过接口获取其历史行情数据；支持选择不同的技术指标，并且使用 TA-Lib 根据所选的技术指标进行计算；在主面板可视化历史行情的 K 线图以及技术指标的计算结果；给出部署建议。请给出这个项目的实施步骤，无须写代码"。发送提示词后，会得到 ChatGPT 生成的答复，具体内容如下。

**ChatGPT 的答复**

开发一个技术分析面板，使用 Streamlit 是一个不错的选择，因为 Streamlit 是一个易于使用的 Python 库，用于创建数据应用程序和可视化界面。以下是实施步骤的概述。

1. 安装 Streamlit：

   首先，确保您已经安装了 Streamlit。如果没有，请执行 `pip install streamlit`。

2. 数据源：

   准备用于获取历史行情数据的数据源。您可以使用金融 API、数据库或本地数据文件作为数据源。

3. 编写 Streamlit 应用：

   创建一个新的 Python 脚本文件，编写 Streamlit 应用程序。您可以在其中定义用户界面元素、交互组件和可视化部分。

4. 选择金融产品：

   在左侧边栏或页面上，添加一个组件用于选择金融产品的代码或标志。您可以使用 Streamlit 的 `selectbox` 或 `multiselect` 组件来实现这一功能。

5. 获取历史行情数据：

   创建一个功能，用于根据用户选择的金融产品代码获取历史行情数据。这可能涉及通过 API 请求数据或从数据源中读取数据。

6. 计算技术指标：

   添加一个组件，以便用户可以从中选择不同的技术指标。使用 TA-Lib 库或其他适合的工具来计算选定指标。

7. 可视化 K 线图和指标：

   使用图表库（如 Plotly、Matplotlib）来可视化 K 线图和技术指标，确保将它们在主面板中展示出来。

8. 部署应用程序：

   如果您满意您的 Streamlit 应用程序，可以选择将其部署到 Web 服务器、云主机或平台，以便其他人访问。

9. 用户交互：

测试您的应用程序，确保用户可以轻松地选择金融产品、技术指标等，并查看相应的图形。

10. 改进和优化：

继续改进和优化您的应用程序，添加错误处理、性能优化、外观调整等。

11. 部署到生产环境：

当您满意应用程序并准备好发布时，将其部署到生产环境中，以便用户可以随时访问。

这只是一个大致的步骤概述。具体实施会涉及更多的细节操作和代码编写工作。如果您需要进一步的帮助或有特定的问题，请随时提问，我将尽力为您提供指导。

上面所提到的 Streamlit 是一个用于创建数据应用程序的 Python 库，它的主要目标是让数据科学家和分析师能够轻松且便捷地将数据和模型转化为交互式 Web 应用程序。Streamlit 设计简单，不需要深厚的前端或 Web 开发知识。我们可以使用 Python 来创建应用程序，而不必担心没有 HTML、CSS 或 JavaScript 的相关知识。而且 Streamlit 是一个免费的开源库，可以在 GitHub 上找到其源代码。此外，Streamlit 可以轻松集成到常见的数据科学库，如 Pandas、Matplotlib、Plotly 和 TA-Lib 等。因此，这里我们选择使用 Streamlit 来进行技术分析面板的制作。

### 5.3.1 使用下拉菜单选择期货品种

根据 ChatGPT 给出的建议，我们先安装好 Streamlit，然后新建一个 Jupyter Notebook，准备编写代码。现在我们需要导入一些必要的库，使用的代码如下。

```
# Python 代码
# 导入我们要用的库
import streamlit as st
import akshare as ak
import talib
import pandas as pd
from datetime import datetime
import cufflinks as cf
from plotly.offline import iplot
cf.go_offline()
```

运行代码，我们就完成了必要库的导入。接下来我们开始准备数据源。这里我们可以继续与

ChatGPT 交互,使用的提示词是:"使用 AKshare 获取全部主力连续合约的期货代码,并将这些期货代码以下拉菜单的形式呈现在 streamlit 开发的技术分析面板的侧边栏,供用户选择,请给出示例代码。"发送代码,会得到 ChatGPT 生成的代码,经修改后的代码如下。

```python
# 获取所有主力连续合约的期货代码
futures_codes = ak.futures_display_main_sina()
futures_list = futures_codes["symbol"].tolist()

# Streamlit App
st.title("技术分析面板")
selected_contract = st.sidebar.selectbox("选择期货合约代码", futures_list)

# 从 akshare 获取期货行情数据
futures_data = ak.futures_main_sina(symbol=selected_contract)

# 预览数据
st.write(futures_data)
```

现在我们可以先预览一下效果。首先我们在 Jupyter Notebook 的"文件"菜单中,选择"下载",然后选择"Python(.py)",如图 5-7 所示。

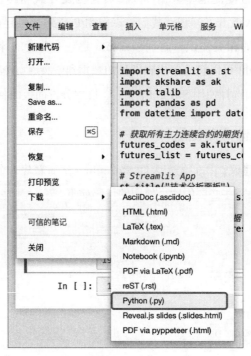

图 5-7  将 Jupyter Notebook 中的代码作为 .py 文件下载

文件下载完成后,我们可以将其保存到电脑上的任意目录,为了方便,可以将其进行重命名。例如,这里我们将其命名为"ta_app.py",然后打开终端,进入我们保存这个文件的目录,之后按下回车键运行以下终端命令。

【终端命令】
```
streamlit run ta_app.py
```

这时会看到电脑的默认浏览器打开新的窗口，并将我们使用 Streamlit 制作的页面进行了呈现，如图 5-8 所示。

图 5-8　创建下拉菜单以供用户选择期货合约代码

【结果说明】此示例代码首先使用 AKShare 获取了所有主力连续合约的期货代码。然后，使用 st.sidebar.selectbox 在 Streamlit 的侧边栏创建一个下拉菜单，供用户选择期货合约代码。接下来使用 st.write 将获取的数据展示在面板的主体位置中。

> ⚠️ 注意
> 截至本书写作之时，在本地部署的 Streamlit 运行服务后，macOS 系统自带的 Safari 浏览器无法正常显示页面，但 Chrome 浏览器可以正常显示。如果读者遇到空白页面的情况，更换浏览器有可能解决这个问题。

### 5.3.2　让用户选择起止日期

现在我们已经实现了让用户通过技术分析面板中的下拉菜单选择并获取所需的期货连续合约行情数据了。接下来，我们还要让用户可以对行情的起止日期进行选择。这里我们可以继续让 ChatGPT 协助编写代码，使用的提示词可以是："需要在这个边栏中运行用户选择获取期货行情数据的开始日期和截止日期，请给出示例代码。"发送提示词后，会得到 ChatGPT 生成的代码，经修改后的代码如下。

```
# Python 代码
# 获取所有主力连续合约的期货代码
```

```python
futures_codes = ak.futures_display_main_sina()
futures_list = futures_codes["symbol"].tolist()

# Streamlit App
st.title("技术分析面板")
selected_contract = st.sidebar.selectbox("选择期货合约代码", futures_list)

# 用户选择日期范围
start_date = st.sidebar.date_input("选择开始日期", datetime(2023, 1, 1))
end_date = st.sidebar.date_input("选择截止日期", datetime(2023, 12, 31))

# 从 AKShare 获取期货行情数据
futures_data = ak.futures_main_sina(symbol=selected_contract,
                                    start_date=start_date,
                                    end_date=end_date)

# 显示所选的期货合约代码和日期范围
st.write(f"您选择了期货合约代码：{selected_contract}")
st.write(f"您选择的日期范围是从 {start_date} 到 {end_date}")

# 预览数据
st.write(futures_data)
```

使用这段代码替换刚刚我们保存的 ta_app.py 文件中除了导入库的部分，然后保存，再刷新一下刚刚弹出的浏览器页面，会得到如图 5-9 所示的结果。

图 5-9　添加日期选择器

【结果说明】这段代码示例中，我们使用 st.sidebar.date_input 组件分别为开始日期和截止日期创建了日期选择器，这样用户就可以选择数据的时间范围了。用户的选择将存储在 start_date 和

end_date 变量中,之后用户就可以在应用程序的其他部分使用这些日期范围来获取相应的数据了。

### 5.3.3 添加技术分析指标

完成了上述两步之后,我们就可以在这个技术分析面板中添加一些常用的技术分析指标供用户选择了。例如,我们选择常用的 MACD、布林带、RSI 指标,可以向 ChatGPT 发送提示词:"现在我要在 Streamlit 开发的技术分析面板的侧边栏中添加 MACD、布林带、RSI 指标,供用户选择,调用 TA-Lib 中相应的函数对已经获取的数据 futures_data 进行计算,并且将计算结果存储在 futures_data 的新列中,请给出示例代码。"发送提示词后,会得到 ChatGPT 生成的代码,经修改后的代码如下。

```
# 获取所有主力连续合约的期货代码
futures_codes = ak.futures_display_main_sina()
futures_list = futures_codes["symbol"].tolist()

# Streamlit App
st.title("技术分析面板")
selected_contract = st.sidebar.selectbox("选择期货合约代码", futures_list)

# 用户选择日期范围
start_date = st.sidebar.date_input("选择开始日期", datetime(2023, 1, 1))
end_date = st.sidebar.date_input("选择截止日期", datetime(2023, 12, 31))

# 从 AKShare 获取期货行情数据
futures_data = ak.futures_main_sina(symbol=selected_contract,
                                    start_date=start_date,
                                    end_date=end_date)

# 侧边栏选择指标
selected_indicator = st.sidebar.selectbox("选择指标", ["MACD", "布林带", "RSI"])

# 计算并显示选择的指标
if selected_indicator == "MACD":
    # 计算 MACD 指标
    macd, signal, _ = talib.MACD(futures_data["收盘价"])
    futures_data["MACD"] = macd
    futures_data["Signal"] = signal

elif selected_indicator == "布林带":
    # 计算布林带指标
    upper, middle, lower = talib.BBANDS(futures_data["收盘价"])
```

```
            futures_data["Upper Bollinger Band"] = upper
            futures_data["Middle Bollinger Band"] = middle
            futures_data["Lower Bollinger Band"] = lower

    elif selected_indicator == "RSI":
        # 计算RSI指标
        rsi = talib.RSI(futures_data["收盘价"])
        futures_data["RSI"] = rsi

    # 显示所选的期货合约代码和日期范围
    st.write(f"您选择了期货合约代码：{selected_contract}")
    st.write(f"您选择的日期范围是从 {start_date} 到 {end_date}")
    st.write

    # 预览数据
    st.write(futures_data)
```

用这段代码替换 ta_app.py 文件中除导入库的部分，保存之后刷新浏览器中的页面，会得到如图 5-10 所示的结果。

图 5-10　允许用户选择技术指标的下拉菜单

【结果说明】此示例在 Streamlit 应用的侧边栏添加了一个下拉菜单，其中包含了 MACD、布林带和 RSI 指标的选项。它可以根据用户的选择计算并显示相应的指标。例如，这里我们选择了 RSI 指标，可以看到在应用主体部分，供用户预览的数据中多了 RSI 这一列，其中存储了使用 TA-Lib 计算该指标的结果。

### 5.3.4　添加 K 线图与技术指标的可视化展示

现在我们已经实现了让用户自行选择期货品种、起止日期以及技术指标了。接下来，我们可以在 Streamlit 应用中添加 K 线图和技术指标的可视化展示。向 ChatGPT 发送提示词："现在需要在上述 Streamlit 应用中添加可视化的部分，使用 Cufflinks 绘制 future_data 的 K 线图，并把技术指标的计算结果也添加到可视化展示中，请给出示例代码。"提示词发送后，会得到 ChatGPT 生成的代码，经修改后的代码如下。

```python
# Python 代码
# 获取所有主力连续合约的期货代码
futures_codes = ak.futures_display_main_sina()
futures_list = futures_codes["symbol"].tolist()

# Streamlit App
st.title("技术分析面板")
selected_contract = st.sidebar.selectbox("选择期货合约代码", futures_list)

# 用户选择日期范围
start_date = st.sidebar.date_input("选择开始日期", datetime(2023, 1, 1))
end_date = st.sidebar.date_input("选择截止日期", datetime(2023, 12, 31))

# 从 AKShare 获取期货行情数据
futures_data = ak.futures_main_sina(symbol=selected_contract,
                                    start_date=start_date,
                                    end_date=end_date)
futures_data = futures_data[['日期', '开盘价', '最高价', '最低价', '收盘价']]
futures_data.columns = ['date', 'open', 'high', 'low', 'close']
futures_data['date'] = pd.to_datetime(futures_data['date'])
futures_data.set_index('date', inplace=True)

# 侧边栏选择指标
selected_indicator = st.sidebar.selectbox("选择指标", ["MACD", "布林带", "RSI"])

# 计算并显示选择的指标
if selected_indicator == "MACD":
    # 计算 MACD 指标
    macd, signal, _ = talib.MACD(futures_data["close"])
    futures_data["MACD"] = macd
    futures_data["Signal"] = signal

elif selected_indicator == "布林带":
    # 计算布林带指标
    upper, middle, lower = talib.BBANDS(futures_data["close"])
    futures_data["Upper Bollinger Band"] = upper
```

```python
        futures_data["Middle Bollinger Band"] = middle
        futures_data["Lower Bollinger Band"] = lower

    elif selected_indicator == "RSI":
        # 计算 RSI 指标
        rsi = talib.RSI(futures_data["close"])
        futures_data["RSI"] = rsi

# 显示所选的期货合约代码和日期范围
st.write(f"您选择了期货合约代码：{selected_contract}")
st.write(f"您选择的日期范围是从 {start_date} 到 {end_date}")

# 绘制 K 线图及技术指标
st.header("期货 K 线图")
qf = cf.QuantFig(futures_data, title='期货 K 线图')
if selected_indicator == "MACD":
    qf.add_macd()
elif selected_indicator == "布林带":
    qf.add_bollinger_bands()
elif selected_indicator == "RSI":
    qf.add_rsi()

fig = qf.iplot(asFigure=True)
st.plotly_chart(fig)
```

用这段代码替换 ta_app.py 文件中除导入库的部分，保存之后刷新浏览器中的页面，会得到如图 5-11 所示的结果。

图 5-11　将选定品种的 K 线图和技术指标可视化

【结果说明】这段代码使用了 Cufflinks 库中的 QuantFig 来绘制 K 线图和不同的技术指标。如果用户选择了"MACD"指标，使用 add_macd() 方法添加 MACD 指标的可视化。如果用户选择了"布林带"指标，使用 add_bollinger_bands() 方法添加布林带指标的可视化。如果用户选择了"RSI"指标，使用 add_rsi() 方法添加 RSI 指标的可视化。使用 Streamlit 的 plotly_chart 函数将图形对象 fig 显示在 Streamlit 应用的主要部分，从而呈现 K 线图和选定的技术指标的计算结果。

用户可以修改代码，添加或替换技术指标，以便获得不同的结果。

## 5.4 小结与习题

在本章中，我们一起学习了如何在 ChatGPT 的帮助下，使用 TA-Lib 计算常用的技术指标，包括均线、布林带以及 RSI。然后，我们又了解了如何使用 TA-Lib 识别 K 线图的形态。最后，我们用 Streamlit 制作了一个小型的应用。用户可以通过该应用选择不同时间范围内的不同期货品种的历史行情数据，添加技术分析指标，并且将 K 线图和技术指标进行可视化呈现。

在下一章中，我们将一起学习如何对时间序列数据进行分析和预测。

以下是本章的习题：

（1）解释什么是均线指标，以及为什么投资者使用它来分析金融市场数据。

（2）布林带指标有哪些主要组成部分？解释这些组成部分如何帮助分析价格波动。

（3）RSI 指标的计算方式是什么？如何解释 RSI 的取值范围？

（4）什么是 K 线图中的"早晨之星"形态？它代表什么趋势？

（5）K 线图中的"锤头"形态如何定义？它通常出现在什么市场情况下？

（6）如何使用 TA-Lib 库计算均线、布林带和 RSI 指标？请提供示例代码。

（7）使用 Streamlit 创建一个简单的金融数据分析应用的基本步骤是什么？

（8）在 Streamlit 中，如何创建一个侧边栏来选择不同的技术指标？

（9）在 Streamlit 中，如何使用 Plotly 和 Cufflinks 库来可视化金融数据和技术指标？

# 第 6 章

## 让 ChatGPT 协助进行时间序列分析与建模

时间序列分析和预测是一种数据分析方法，用于研究一系列按时间顺序排列的数据点，通常是连续的时间间隔内收集的数据。时间序列分析的目的是了解数据背后的模式、趋势和周期性，并利用这些信息来预测未来的数据点。这个方法在金融、经济、气象、工程等领域被广泛应用。

在金融领域，综合利用时间序列分析技术，能够帮助分析人员和投资人更好地理解市场动态，做出更准确的预测，从而更有效地进行风险管理和投资决策。本章我们将在 ChatGPT 的协助下，了解如何对金融时间序列数据进行分析及预测。

本章的主要内容包括：
- 对时间序列数据进行分解；
- 对时间序列数据进行平稳性检验；
- 修正时间序列中的不平稳性；
- 对时间序列进行建模。

## 6.1 让 ChatGPT 协助进行时间序列分解

时间序列分解指的是一种将时间序列数据分解成不同组成部分的方法。这种分解通常包括以下几个主要组成部分。

（1）**趋势**：时间序列中长期变化的模式。趋势部分表示时间序列数据的长期平均水平，显示出数据随时间变化的总体趋势。

（2）**季节性**：时间序列中重复出现的周期性模式。这表示数据随时间变化的周期性波动，如每天、每周、每月或每年的变化模式。

（3）**循环**：时间序列中不规则但非周期性的波动。这些波动不与季节性模式相关，可能由于长期趋势或其他因素导致。

（4）**残差**：时间序列中未能由趋势、季节性和循环解释的部分，也被称为随机噪声。这表示无法被其他部分所解释的数据变化。

时间序列分解有助于理解时间序列数据中包含的不同成分和模式，从而使我们能更好地对数据进行建模、预测和分析。利用分解后的部分，可以更准确地了解数据的特点，并更好地构建预测模型。

为了学习如何使用 Python 进行时间序列分解，我们可以新建一个 Jupyter Notebook，导入需要用的库并且进行可视化设置。这部分代码在前面的章节已经有所涉及，这里就不重复介绍了。有需要的读者可以参见前两章的代码或下载随书附赠的本章代码进行研究。

### 6.1.1 直观地观察时间序列数据的季节性模式

现在我们就开始准备实验用的数据，这里我们调用 AKShare 的接口获取北京碳排放权交易行情数据。使用的代码如下。

```python
# Python 代码
# 这里我们选择获取北京能源指数数据
df = ak.energy_carbon_domestic(symbol="北京")

# 为了方便读者下载使用，将其保存为 Excel 文件
df.to_excel('北京能源指数数据.xlsx', index=False)

# 如果读者使用下载的 Excel 文件，用这行代码进行读取
df = pd.read_excel('北京能源指数数据.xlsx')

# 将日期设置为 index
df.set_index('日期', inplace=True)
# 选择 2014 年 1 月 1 日至 2020 年 12 月 31 日的范围
df = df['2014-01-01':'2020-12-31']
# 检查数据
df.info()
```

运行这段代码，会得到如下所示的结果。

【代码运行结果】
```
<class 'pandas.core.frame.DataFrame'>
DatetimeIndex: 1890 entries, 2014-01-01 to 2020-12-31
Data columns (total 4 columns):
 #   Column  Non-Null Count  Dtype
---  ------  --------------  -----
 0   成交价     1890 non-null   float64
 1   成交量     1890 non-null   int64
 2   成交额     1890 non-null   float64
 3   地点      1890 non-null   object
dtypes: float64(2), int64(1), object(1)
memory usage: 73.8+ KB
```

【结果说明】在上面的代码中，我们获取了北京碳排放权交易的行情数据，将时间范围限定为从 2014 年 1 月 1 日至 2020 年 12 月 31 日，并且将日期设置为其索引（index），最后我们使用 info() 检查了数据的信息。从代码运行结果中可以看到，数据框中共有 1890 条记录，而每个字段中都有 1890 条非空数据。也就是说，该数据框中没有空值，这就省去了填补空值的工作了。

为了直观地观察该数据是否存在季节性模式，我们可以使用第 3 章学过的代码对其进行可视化，具体如下。

```python
#Python 代码
# 提取 index 中的年份并保存为新列
df["year"] = df.index.year
```

```python
# 提取 index 中的月份并保存为新列
df["month"] = df.index.strftime("%b")

import seaborn as sns

plt.figure(dpi = 300)
sns.lineplot(data=df,
             x="month",
             y="成交价",
             hue="year",
             style="year",
             legend="full",
             palette="colorblind")
plt.title("北京能源指数 - 季节性模式")
plt.legend(loc='best')
plt.savefig('图 6-1.jpg', dpi=300)
plt.show()
```

运行这段代码，可以得到如图 6-1 所示的结果。

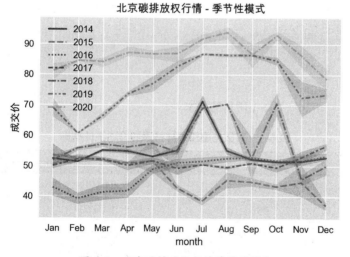

图 6-1　北京碳排放权行情季节性模式

【结果说明】上面的代码创建了一个折线图，用于展示不同月份中北京市碳排放权交易成交价的变化，并使用不同的颜色和线型来区分不同年份的数据。从图 6-1 中可以看到，在大部分年份中，似乎 6、7 月的成交价都有所上升，但也有两年例外的情况。

## 6.1.2　对数据进行滚动统计

在进行时间序列分解时，滚动统计是一种常用的预处理方法，可以消除一些不规则的波动或周期性的噪声，有助于更好地展现出时间序列的潜在模式。滚动统计是通过计算滚动窗口内的统计数据来平滑数据。

这种平滑化有助于减少噪声，使得时间序列中的潜在模式更易于识别和分析。这样做也可以使分解模型更准确，因为它可以帮助识别真正的趋势和季节性变化，而非噪声或随机波动。

常用的滚动统计方法包括滚动均值、滚动标准差等。这些方法对于光滑时间序列并去除短期内的波动和噪声非常有用，使得时间序列更加适用于接下来的分解分析。

接下来，我们可以在ChatGPT的帮助下，对前面的北京碳排放权交易行情数据进行滚动统计。使用的提示词是："现在有一个DataFrame，日期为index，其中一列是成交价。我需要先将其重新采样，变成以月度为单位，每个月度中存储该月成交价均值的DataFrame。然后在这个新的DataFrame中添加两个列，分别是12个月的滚动均值和滚动标准差，请给出示例代码。"发送提示词，会得到ChatGPT生成的代码，经修改后的代码如下。

```python
# Python 代码
# 以月度重新采样为均值
df = df[['成交价']]
monthly_df = df.resample('M').mean()

# 计算12个月的滚动均值和滚动标准差
monthly_df['Rolling_Mean'] = monthly_df['成交价'].rolling(window=12).mean()
monthly_df['Rolling_Std'] = monthly_df['成交价'].rolling(window=12).std()

# 显示最新的5条数据
monthly_df.tail()
```

运行这段代码，会得到如表6-1所示的结果。

表6-1 对数据重新采样并添加滚动统计指标

| 日期 | 成交价 | 滚动均值 | 滚动标准差 |
|---|---|---|---|
| 2020-08-31 | 93.975714 | 84.484803 | 6.335345 |
| 2020-09-30 | 86.711819 | 84.505330 | 6.342740 |
| 2020-10-31 | 93.042000 | 85.201932 | 6.806107 |
| 2020-11-30 | 86.094763 | 86.330226 | 5.519682 |
| 2020-12-31 | 78.629130 | 86.758297 | 4.547034 |

【结果说明】上面的示例代码将时间序列数据按月度重新采样为均值，然后使用rolling函数计算了成交价的12个月滚动均值和滚动标准差，并将它们存储在新的DataFrame monthly_df中。大家可以根据需要对示例代码进行相应调整。

接下来我们再用可视化的方法对结果进行观察，使用的代码非常简单。

```
# Python 代码
monthly_df.plot(figsize=(15,10))
plt.savefig('图 6-2.jpg', dpi=300)
```

运行代码，会得到如图 6-2 所示的结果。

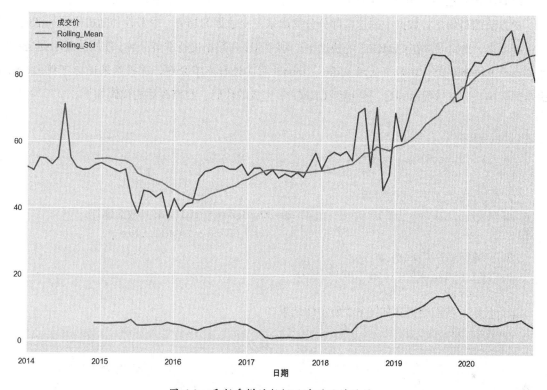

图 6-2  重新采样的数据及滚动统计结果

【结果说明】上面的代码中，我们根据数据框 monthly_df 中的数据绘制了一个折线图。由于我们已经对成交价进行了月度重新采样，并计算了滚动均值和滚动标准差，因此这个绘图包括了月度成交价、12 个月滚动均值和滚动标准差的趋势线。如果我们想观察时间序列数据和相关的滚动统计变化趋势，这种绘图方式可以提供一个全面的视觉呈现。

### 6.1.3 使用"加法模型"进行季节性分解

加法模型是一种时间序列分解方法，用于将时间序列数据分解为不同的组成部分。这种模型假定时间序列数据是由几个部分相加而成的，通常包括以下部分。

（1）**趋势**：描述数据随时间变化的长期趋势，是数据的总体增长或减少部分。

（2）**季节性**：描述数据基于季节性或周期性变化的部分，是数据在特定时间段内出现的重复模式。

（3）**残差**：不由趋势和季节性解释的部分，代表了趋势和季节性模型无法解释的随机波动。

加法模型假设这些部分是独立的,并且未来的趋势、季节性和残差的变化与时间无关,从而简化对数据的理解和预测。

一个时间序列可以表示为加法模型的总和:

时间序列 = 趋势 + 季节性 + 残差

此方法的目的是将数据中的这些部分分离出来,使数据的趋势、季节性和随机性更加清晰。

接下来,我们可以在ChatGPT的协助下,对时间序列数据进行季节分解,使用的提示词是:"还是上面的monthly_df,我希望使用additive model对其进行季节分解,并将结果进行可视化,请给出示例代码。"发送提示词后,会得到ChatGPT生成的代码,经修改后的代码如下。

```python
# Python 代码
# 这里用到 statsmodels
import statsmodels.api as sm

# 使用加法模型进行季节分解
decomposition = sm.tsa.seasonal_decompose(monthly_df['成交价'],
                                          model='additive')

decomposition.plot()
plt.savefig('图 6-3.jpg', dpi=300)
plt.show()
```

运行代码,我们会得到如图6-3所示的结果。

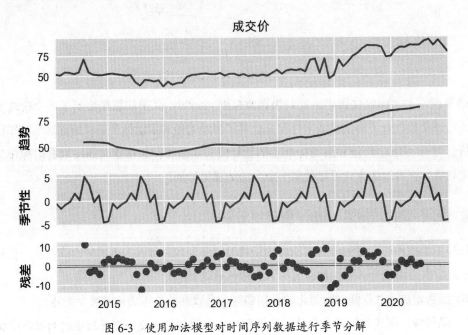

图6-3 使用加法模型对时间序列数据进行季节分解

【结果说明】这段代码使用了statsmodels库的seasonal_decompose函数,对monthly_df数据框中名为"成交价"的列执行加法模型的季节性分解。最后,绘制了分解结果,展示趋势、季节性和残差。从图6-3中可以看到，趋势图展示了数据的长期趋势，即原始数据中除去季节性和残差部分的变化趋势。可以看到在这几年中，北京碳排放权的成交价是逐年上涨的，季节性图显示了数据中季节性变化的模式，残差图则显示了分解后未能解释的随机波动。

> **注意**
> 除了加法模型，还有一种时间序列分解方法叫作"乘法模型（Multiplicative Model）"。乘法模型与加法模型类似，但乘法模型假设趋势和季节性是乘积关系而非加法关系。乘法模型的公式为：原始数据 = 趋势 × 季节性 × 残差

### 6.1.4 使用 STL 分解法进行时间序列分解

STL 分解法也是一种时间序列分解方法，它同样是将时间序列数据拆分为趋势、季节性和残差三个部分。STL（Seasonal and Trend decomposition using Loess）是基于局部加权回归的分解方法，利用局部回归来平滑数据，更适用于具有不同尺度季节变化和非线性趋势的时间序列。

其中，Loess（Locally estimated scatterplot smoothing）是一种非参数回归分析方法。它通过局部线性回归，根据数据集中的局部区域拟合出平滑的曲线。Loess 的目标是在时间序列中减小噪声，凸显出数据的趋势和季节性成分。通过拟合局部的线性回归模型，它可以更好地捕捉数据中的非线性模式，对于具有不规则变动、突变和季节性变化的时间序列尤其有用。

相对于加法和乘法模型，STL 分解法在去除季节性时更为灵活，可适应多样性和非平稳性，并且可以处理不稳定的季节性模式，对于数据中出现的随机性或季节性结构变化较大的情况效果更好。此外，STL 通常允许分解出数据中不同级别的季节性、趋势和残差。这种多层次分解能够更细致地揭示数据的结构。同时，STL 使用局部加权回归技术，对异常值和噪声的影响相对较小，因此鲁棒性较好。

要让 ChatGPT 协助我们使用 STL 分解法对时间序列数据进行分解，可以使用提示词："继续使用 monthly_df 这个 DataFrame，用 STL 分解法对其进行季节性分解，并将结果进行可视化，请给出示例代码。"发送提示词后，会得到 ChatGPT 生成的代码，经修改后的代码如下。

```python
# Python 代码
# 导入 statsmodels 中用于 STL 分解的函数
from statsmodels.tsa.seasonal import STL

# 执行 STL 分解
stl = STL(monthly_df['成交价'], seasonal=13)
result = stl.fit()

# 可视化分解结果
fig = result.plot()
```

```
plt.savefig('图 6-4.jpg', dpi=300)
plt.show()
```

运行这段代码，会得到如图 6-4 所示的结果。

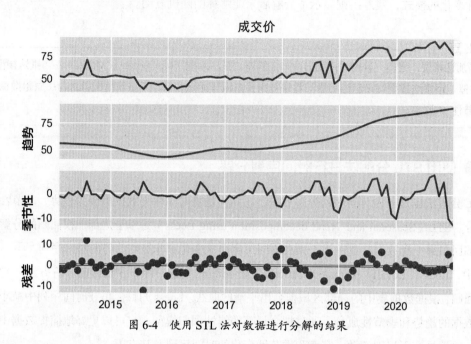

图 6-4  使用 STL 法对数据进行分解的结果

【结果说明】上面的代码利用 statsmodels 库的 STL 模块对数据进行了 STL 分解，并使用 plot() 函数展示了分解后的结果。与图 6-3 相似，图 6-4 也显示了原始数据、趋势、季节性和残差等分量。但与图 6-3 相比，可以看到使用 STL 分解法得到的结果，更好地捕捉到了季节性变化频率发生的改变，可以提供更为准确的趋势和季节性分量。

因此，在 STL 法的分解图像中，季节性和趋势通常更具平滑性和连续性。这一优势使得 STL 法在对含有突然变化或频率变动的季节性模式的时间序列数据进行分解时更为适用。

除了加法模型、乘法模型、STL 分解法，时间序列分解的方法还包括以下几种。

（1）X-12-ARIMA：由美国人口普查局（US Census Bureau）开发的一个强大的季节性调整和分解工具。

（2）Fourier 分解：使用傅里叶变换将时间序列分解为频谱分量。

（3）Wavelet 分解：使用小波变换对时间序列进行分解。

（4）奇异谱分析（Singular Spectrum Analysis，SSA）：一种基于奇异值分解的技术，可以将时间序列分解为多个成分。

这些方法可以灵活地适应不同类型的时间序列，并针对不同的数据特征提供精确的分解结果。方法的选择取决于时间序列的特性以及分析的目的。对这些方法感兴趣的读者朋友，可以自行搜索或与 ChatGPT 互动，获得更详细的信息。

## 6.2 让 ChatGPT 协助对时间序列进行平稳性检验

时间序列的平稳性检验是指确定时间序列数据的统计特性是否在不同时间段内保持不变。平稳时间序列具有恒定的均值、方差和自相关结构。在平稳性时间序列中，数据的统计性质不随时间改变，即时间序列的均值和方差保持恒定，自相关性与时间无关。

对时间序列进行平稳性检验是时间序列分析的重要步骤之一。这是因为平稳时间序列具有一些统计特性，使得它们更容易建模和预测，具体体现在以下几个方面。

（1）**建模的必要性**：平稳性是许多时间序列模型的前提。例如，许多经典的时间序列模型（如 ARIMA 模型）要求时间序列是平稳的。如果时间序列不是平稳的，模型可能会出现较大误差。

（2）**模型的有效性**：在平稳性的前提下，模型中的参数估计是一致的和有效的，使得对未来的预测更加准确。

（3）**趋势分析**：平稳性有助于区分真实的趋势和季节性，使得数据中的信号和噪声能够更清晰地区分开来。

（4）**数据分析和决策**：平稳性确保了一致性，让时间序列数据在不同时间段内保持统计性质不变，这对于基于数据的决策和分析非常重要。

平稳性检验在数据分析中扮演着关键角色，它有助于确定时间序列数据是否适宜用于包括建模、预测等多种统计模型。如果时间序列不平稳，可能需要进行差分处理或转换，以使其趋于平稳。常见的平稳性检验方法包括单位根检验（如 ADF 检验、KPSS 检验等）、描述性统计量检查、滚动统计检验以及观察序列图等。

### 6.2.1 对时间序列进行 ADF 检验

ADF（Augmented Dickey-Fuller）检验是一种用于检测时间序列平稳性的统计检验方法。它基于迪基 - 福勒单位根检验（Dickey-Fuller test）进行扩展，用于确定一个时间序列数据是否具有单位根（Unit root），从而判断其平稳性。单位根表示数据中存在随机漫步特征，意味着数据在未来的时间段中不会回归到均值，这违反了时间序列模型的平稳性前提。

ADF 检验的零假设（Null hypothesis）是数据包含单位根，即时间序列不是平稳的。通过比较检验统计量与一些临界值，我们可以决定是否拒绝零假设。如果检验统计量小于临界值，我们可以拒绝零假设，从而得出结论：数据是平稳的。

ADF 检验的原理如下。

（1）**建立基本的单位根模型**：在 ADF 检验中，假设时间序列包含单位根，即数据是非平稳的。

（2）**建立回归方程**：通过回归分析的方法，建立一个关于时间序列和滞后项的回归方程。这个方程主要包括对时间序列自身滞后的处理，以便验证序列在时间上是否存在相关性。

**（3）计算单位根检验统计量：** 对建立的回归方程进行假设检验，主要通过统计量检验单位根的存在。这个统计量会用于与临界值（或 p 值）进行比较，以确定是否拒绝假设。

**（4）解释结果：** 如果检验统计量小于临界值，或者 p 值足够小，就可以拒绝原假设，从而推断序列是平稳的；否则，就不能拒绝原假设，序列可能是非平稳的。

ADF 检验的结果可以为我们提供判断数据是否平稳的重要信息。通常，对于时间序列分析，平稳性是大多数模型的前提，因此 ADF 检验通常是时间序列建模前的一个重要步骤。

我们可以在 ChatGPT 的协助下，很轻松地对时间序列数据进行 ADF 检验，使用的提示词是："有一个以日期为 index 的 DataFrame，包含某金融产品的成交价，现在需要对其进行 ADF 检验，请给出示例代码。"发送提示词后，会得到 ChatGPT 生成的代码，经修改后的代码如下。

```python
# Python 代码
# 导入 statsmodels 中的 adfuller 方法
from statsmodels.tsa.stattools import adfuller

# 对北京碳排放权交易成交价进行 ADF 检验
result = adfuller(df['成交价'])

# 输出结果
print('ADF 统计量：', result[0])
print('p 值：', result[1])
print('滞后阶数：', result[2])
print('观察到的值比临界值低的百分比：', result[4])
```

运行这段代码，会得到以下结果。

【代码运行结果】
ADF 统计量：-1.7580257756776636
p 值：0.40149069969498263
滞后阶数：20
观察到的值比临界值低的百分比：{'1%': -3.4338536404563853, '5%': -2.863087660163165, '10%': -2.5675939181074106}

【结果说明】在这个示例中，adfuller 方法返回了一个元组，其中包含 ADF 统计量、p 值、滞后阶数以及一些比较临界值的百分比。根据 p 值和 ADF 统计量，你可以判断数据的平稳性。通常情况下，如果 p 值小于显著性水平（比如 0.05），或者 ADF 统计量小于一些临界值，就可以推断序列是平稳的。在本例中，由于 p 值大于通常的显著性水平（如 0.05），且 ADF 统计量的绝对值比临界值要高，因此，无法拒绝原假设，该时间序列可能是非平稳的。

### 6.2.2 对时间序列进行 KPSS 检验

KPSS（Kwiatkowski-Phillips-Schmidt-Shin）检验也是一种检验时间序列平稳性的方法。它和 ADF 检验不同，ADF 检验的原假设是序列存在单位根（非平稳），而 KPSS 检验的原假设是序列是平稳的。

在 KPSS 检验中，首先要设定以下两个假设。

**原假设（H0）**：时间序列是平稳的。

**备择假设（H1）**：时间序列是非平稳的。

KPSS 检验的统计量用于比较原假设和备择假设，若统计量小于临界值，就会拒绝备择假设，即时间序列是平稳的。相反，若统计量大于临界值，则不能拒绝备择假设，时间序列可能是非平稳的。

ADF 检验和 KPSS 检验在检验时间序列的平稳性时可作为互补使用的工具。ADF 检验主要用于检验是否存在单位根（是否为非平稳序列），而 KPSS 检验主要用于检验序列否是平稳。

具体来说，KPSS 检验通过检验序列是否满足一个确定的趋势（趋势型零假设）来验证序列的平稳性。它基于以下原理：如果序列是平稳的，那么它的方差和协方差应该保持恒定，即与时间无关。在检验中，它会对序列的滞后阶数进行检测，验证在不同阶数的滞后下序列是否具有线性趋势。

换言之，KPSS 检验通过计算检验统计量（Lagrange 乘子），并将其与一个临界值进行比较，来判断序列的平稳性。如果统计量大于临界值，表明序列不是平稳的，否则序列是平稳的。

我们同样可以让 ChatGPT 协助对时间序列进行 KPSS 检验，使用的提示词是："现在需要对同一个 DataFrame 进行 KPSS 检验，请给出示例代码。"发送提示词后，会得到 ChatGPT 生成的代码，经修改后的代码如下。

```python
# Python 代码
# 导入 KPSS 方法
from statsmodels.tsa.stattools import kpss

# 仍然使用北京碳排放权交易数据实验
result = kpss(df['成交价'])

print('KPSS 统计量： ', result[0])
print('p 值： ', result[1])
print('滞后阶数： ', result[2])
print('观察到的值比临界值高的百分比： ', result[3])
```

运行这段代码，会得到以下结果。

【代码运行结果】

```
KPSS 统计量： 4.135885104457527
p 值： 0.01
滞后阶数： 27
观察到的值比临界值高的百分比： {'10%': 0.347, '5%': 0.463, '2.5%': 0.574, '1%': 0.739}
```

【结果说明】这段代码对名为'成交价'的列进行了 KPSS 检验，并输出统计量、$p$ 值、滞后阶数以及比较临界值的结果。根据结果，KPSS 统计量高于显著性水平对应的临界值，$p$ 值小于显著性水平。这意味着我们拒绝了原假设，即时间序列数据是不平稳的。

### 6.2.3 修正时间序列的不平稳性

经过 ADF 检验和 KPSS 检验，我们发现北京碳排放权成交价是不平稳的时间序列数据，而这种不平稳性会影响许多时间序列模型的有效性和准确性，因此我们需要对其进行修正。修正时间序列的不平稳性有以下几个原因。

（1）**提高模型拟合的准确性**：平稳性是许多时间序列模型的基本假设。如果时间序列不是平稳的，许多经典的时间序列模型就不适用。修正不平稳性可以提高模型拟合的准确性。

（2）**提高预测稳定性**：平稳的时间序列有更稳定的均值和方差。这使得基于平稳序列的预测更稳健和可靠。

（3）**避免伪回归（Spurious regression）**：对非平稳数据进行回归分析可能导致伪回归的问题，即虽然两个变量看起来相关，但实际上并没有因果关系。修正时间序列的不平稳性可以避免这种问题。

（4）**符合时间序列分析的要求**：平稳性是进行很多时间序列分析和预测的前提条件，包括自相关性检验、谱密度分析、协整性检验等。

修正时间序列的不平稳性是为了使数据更符合时间序列分析和建模的要求，以提高模型的准确性和预测能力。

以下是一些对时间序列数据进行平稳性处理的方法。

（1）**差分处理（Differencing）**：对数据进行一阶差分，即用当前时刻的观测值减去上一个时刻的观测值。

（2）**季节性差分**：如果时间序列有季节性，可以尝试进行季节性差分，即用当前时刻的观测值减去一个季节周期前的观测值。

（3）**对数转换**：对数据进行对数转换，特别适用于数据存在指数增长的情况。

（4）**其他变换方法**：根据数据的特点，我们还可以采用其他方法，如平滑处理或移动平均等，来进行平稳性处理。

这些方法可以帮助处理时间序列数据，使其更平稳，从而更适合应用于时间序列分析和预测中。在处理时间序列数据时，我们需要逐一尝试这些方法，直至找到适用的方法使序列更平稳。

要想修正数据的不平稳性，我们也可以让 ChatGPT 进行协助。使用的提示词是："现在需要对之前用过的 DataFrame 中的成交价进行平稳性处理，尝试计算对数收益，并对处理后的数据重新使用 ADF 和 KPSS 检验，请给出示例代码。"发送提示词后，会得到 ChatGPT 生成的代码，经修改后的代码如下。

```python
# Python 代码
# df 是你的数据框,它的索引是日期,并包含股票的成交价
# 计算对数收益并将其存储到新列中
df['对数收益'] = np.log(df['成交价']) - np.log(df['成交价'].shift(1))
df = df.dropna()   # 丢弃包含空值的行

# 进行 ADF 和 KPSS 检验
def run_adf_test(timeseries):
    result = adfuller(timeseries)
    print('ADF Statistic:', result[0])
    print('p-value:', result[1])
    print('Critical Values:')
    for key, value in result[4].items():
        print(f'   {key}: {value}')

def run_kpss_test(timeseries):
    result = kpss(timeseries)
    print('KPSS Statistic:', result[0])
    print('p-value:', result[1])
    print('Lags Used:', result[2])
    print('Critical Values:')
    for key, value in result[3].items():
        print(f'   {key}: {value}')

# 进行 ADF 和 KPSS 检验
run_adf_test(df['对数收益'])
run_kpss_test(df['对数收益'])
```

运行这段代码,会得到以下结果。

【代码运行结果】
```
ADF Statistic: -14.847339134821533
p-value: 1.798934593347672e-27
Critical Values:
    1%: -3.4338536404563853
    5%: -2.863087660163165
    10%: -2.5675939181074106
KPSS Statistic: 0.03135172939120139
p-value: 0.1
Lags Used: 39
Critical Values:
    10%: 0.347
    5%: 0.463
```

```
    2.5%: 0.574
    1%: 0.739
```

【结果说明】在上面的代码中，对数收益为对数（当日成交价）减对数（前一日成交价）。代码中的 run_adf_test 和 run_kpss_test 函数用于执行 ADF 和 KPSS 检验，以评估对数收益序列的平稳性。

从 ADF 检验结果来看，由于 ADF 统计量远小于最小的临界值（-3.43），$p$ 值也非常接近零，因此我们可以非常明确地拒绝原假设，即时间序列数据是非平稳的。这意味着我们的对数收益时间序列是平稳的。

与此同时，根据 KPSS 统计量低于 10% 的临界值（0.347），我们可以接受原假设，即经 KPSS 检验，对数收益的时间序列是平稳的。

从上面的实验我们可以得出结论：计算对数收益在某些情况下可以更好地满足平稳性的要求，它有助于消除价格的尺度和波动性，从而使数据更平稳。对数收益常用于研究金融资产的收益特征，因为它通常比价格更具有平稳性。

当然，读者朋友们也可以使用其他的方法对该时间序列数据进行不平稳性的修正，并使用 ADF 或 KPSS 进行检验，观察结果的不同。

## 6.3 让 ChatGPT 协助进行时间序列建模

时间序列建模是一种用于理解和预测随时间变化的数据分析方法。它涉及对一系列按时间顺序排列的数据进行统计建模，以揭示其中的模式、趋势、季节性或其他随时间变化的结构。通过时间序列建模，可以进行预测，观察趋势、季节性等周期性变化，并探索其中的特征。时间序列建模方法包括利用统计模型、机器学习模型和深度学习模型等，用以解释并预测时间序列数据。

以下是一些常用的时间序列建模方法。

（1）**自回归移动平均模型（ARMA）**：结合了自回归（AR）和移动平均（MA）的模型，适用于平稳时间序列。

（2）**自回归整合移动平均模型（ARIMA）**：它是 ARMA 模型的延伸，用于非平稳时间序列，结合了差分的方法。

（3）**季节性自回归整合移动平均模型（SARIMA）**：ARIMA 的季节性扩展，适用于有季节性的时间序列数据。

（4）**指数平滑方法（Exponential Smoothing）**：包括简单指数平滑、霍尔特线性指数平滑、霍尔特-温特斯指数平滑等。

（5）**自回归条件异方差模型（ARCH）和广义自回归条件异方差模型（GARCH）**：专门用于处理时间序列数据中的波动性和异方差性。

这些方法具有不同的特性和适用场景，根据数据的特点和需求，可以选择合适的模型进行建模和预测。接下来我们来学习一些比较基本的方法。

### 6.3.1 使用 ARIMA 进行建模

ARIMA 是一种广泛用于时间序列分析和预测的经典模型。ARIMA 模型结合了自回归（AR）、差分（I，代表整合）和移动平均（MA）的概念。

ARIMA 模型由以下三部分组成。

**（1）自回归（AR）部分：** 用来建立因变量与其自身滞后值之间的关系。AR 度数表示模型中使用的滞后阶数。

**（2）差分（I）部分：** 指数据的差分阶数。如果时间序列是非平稳的，通过对其进行差分，可以使其平稳。

**（3）移动平均（MA）部分：** 用来建立因变量与随机误差项的滞后值之间的关系。MA 度数表示模型中使用的随机误差项的滞后阶数。

ARIMA 模型的核心目标是在保持模型预测准确性的前提下，识别和应用合适 AR、I 和 MA 的阶数，以便对时间序列数据进行预测和建模。通常，通过观察自相关图和偏自相关图来确定模型的参数。

要绘制自相关图和偏自相关图，我们可以让 ChatGPT 协助这项工作，使用的提示词为："在 monthly_df 中，有一列成交价，需要绘制该字段的自相关图和偏自相关图，请给出示例代码。"发送提示词，会得到 ChatGPT 生成的代码，经修改后的代码如下。

```
# Python 代码
# 导入绘制自相关图和偏自相关图的工具
from statsmodels.graphics.tsaplots import plot_acf, plot_pacf

fig, ax = plt.subplots(2, 1, dpi=300)

# 绘制成交价序列的自相关图
plot_acf(monthly_df['成交价'].dropna(), ax=ax[0])
ax[0].set_title('自相关图 (ACF)')

# 绘制成交价序列的偏自相关图
plot_pacf(monthly_df['成交价'].dropna(), ax=ax[1])
ax[1].set_title('偏自相关图 (PACF)')

plt.tight_layout()
plt.savefig('图6-5.jpg', dpi=300)
plt.show()
```

运行这段代码，会得到如图 6-5 所示的结果。

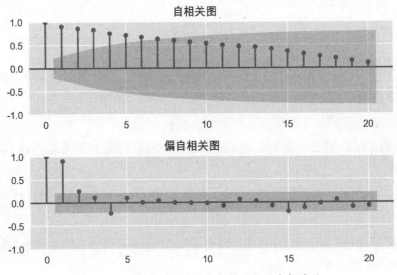

图 6-5　月度成交均价的自相关图与偏自相关图

【结果说明】这段代码中，plot_acf() 和 plot_pacf() 函数分别用于绘制成交价序列的自相关图和偏自相关图。自相关函数（ACF）和偏自相关函数（PACF）图能帮助我们识别时间序列数据中的自相关性和偏自相关性。下面是对这两种图的介绍。

（1）自相关函数图。

① ACF 图显示不同滞后期的自相关性。在 ACF 图中，如果某个滞后期的自相关性超过了阴影区域，表示该滞后期的自相关性是显著的，也就是时间序列在该滞后期存在相关性。

② 正值表示正相关，负值表示负相关。ACF 在时间序列中的尖峰和谷底表明了不同滞后期的相关性。

③ 指数衰减或周期性波动表明时间序列的季节性或趋势。

（2）偏自相关函数图。

① PACF 图显示了在剔除其他滞后影响后，特定滞后期的影响。

② 对于滞后为 0 的偏自相关函数，其值为 1（因为当前时刻与自身完全相关）。

③ 在此后的滞后期中，超过阴影区域的尖峰和谷底表示在该时刻存在显著的偏自相关性。

这些图的目的在于帮助我们判断需要多少阶的自回归或移动平均来建立 ARIMA 模型。下面是一些一般性的指导原则。

（1）确定 AR 阶数（p）。

如果 ACF 图在滞后期后快速衰减并在 PACF 图中有一个显著的截尾，那么这可能适合用自回归模型来描述。AR 模型的阶数通常与 ACF 图的拖尾数量相对应。

### (2)确定 MA 阶数(q)。

如果 PACF 图在滞后期后快速衰减并在 ACF 图中有一个显著的截尾,那么这可能适合用移动平均模型来描述。MA 模型的阶数通常与 PACF 图的拖尾数量相对应。

### (3)确定差分阶数(d)。

通过观察原始时间序列或一阶差分序列,确定是否需要差分以使序列变得平稳。如果序列在原始状态下不平稳,可以尝试一阶差分(d=1),并根据差分序列的 ACF 和 PACF 图来进一步确定 p 和 q 的值。

现在我们已经有了自相关图和偏自相关图,下面可以让 ChatGPT 协助进行 ARIMA 建模,使用的提示词是:"以日期为 index 的 DataFrame,包含某产品的成交价,需要对这列数据用 ARIMA 建模,并对模型进行评估,最后将原始数据和模型预测结果进行可视化,请给出示例代码。"发送提示词后,将得到 ChatGPT 生成的代码,经修改后的代码如下。

```python
# Python 代码
# 导入 statsmodels 中的 ARIMA 模型
from statsmodels.tsa.arima.model import ARIMA

# 创建训练集和测试集
train_size = int(len(monthly_df) * 0.8)
train, test = monthly_df.iloc[:train_size], monthly_df.iloc[train_size:]

# 使用 ARIMA 拟合训练集数据
model = ARIMA(train['成交价'], order=(10,1,0))
# 这里的参数 (10,1,0) 分别代表 AR 阶数、差分阶数和 MA 阶数
model_fit = model.fit()

# 预测测试集数据
forecast = model_fit.forecast(len(test))

# 可视化原始数据和模型预测结果
plt.figure(dpi=300)
train['成交价'].plot(label='Training Data')
test['成交价'].plot(label='Test Data')

forecast.plot(label='ARIMA Forecast', color='red',linestyle ='--')
plt.legend()
plt.show()
```

运行这段代码,会得到如图 6-6 所示的结果。

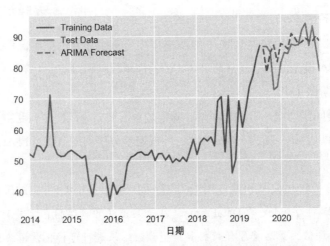

图 6-6 使用 ARIMA 模型拟合训练数据并预测测试集数据

【结果说明】在 ARIMA() 函数中，参数 order=(10,1,0) 代表 AR 阶数为 10，差分阶数为 1，MA 阶数为 0。大家可以根据具体情况调整这些参数。模型拟合后，使用 forecast() 方法对测试集进行预测，并通过可视化展示训练数据、测试数据和预测结果。在图 6-6 中，虚线部分就是 ARIMA 模型所作出的预测。

### 6.3.2 使用指数平滑方法进行建模

指数平滑方法是一种用于预测时间序列数据的技术。它通过给予不同时间点观察到的数据以不同的权重，来计算序列的加权移动平均值。这种技术通常用于处理季节性较弱的数据，其中先前观测到的数据点对最新预测的影响较小。

一种比较常用的指数平滑方法是霍尔特 - 温特斯指数平滑，它是指数平滑的一种扩展，通常适用于具有明显季节性模式的数据，比如月度或季度数据。

霍尔特 - 温特斯指数平滑基于以下三个组成部分。

（1）**水平：** 当前时间点的水平值，对当前时期的数据进行预测。

（2）**趋势：** 时间序列在未来变化的速率。

（3）**季节性：** 时间序列的周期性变化，如月度季节性。

该方法通过考虑这三个组件的变化，对时间序列数据进行预测。霍尔特 - 温特斯指数平滑方法考虑了趋势项和季节性项，适用于具有趋势和季节性模式的时间序列。

它能够根据过去的数据和模式，结合季节性、趋势性和周期性信息，对未来的数据进行较为准确的预测。

要让 ChatGPT 协助我们使用指数平滑方法进行建模，可以使用提示词："以日期为 index 的 DataFrame，频率为月度，包含一列商品的成交价，现在需要使用 Python 调用指数平滑方法对其进行建模，首先要将数据拆分成训练集和测试集，用训练集拟合模型，再对测试集进行预测，并将结果可视化,请给出示例代码。"发送提示词后,会得到 ChatGPT 生成的代码,经修改后的代码如下。

```python
# Python 代码
# 导入霍尔特 - 温特斯指数平滑方法
from statsmodels.tsa.holtwinters import ExponentialSmoothing

# 这里我们继续使用 monthly_df
# 将数据拆分为训练集和测试集
train = monthly_df.iloc[:int(0.8 * len(monthly_df))]
test = monthly_df.iloc[int(0.8 * len(monthly_df)):]

# 使用指数平滑方法建模
model = ExponentialSmoothing(train['成交价'], trend='add', seasonal='add', seasonal_periods=12)
fitted_model = model.fit()

# 对测试集进行预测
predicted_values = fitted_model.forecast(steps=len(test))

# 将结果可视化
plt.figure(dpi=300)
plt.plot(train.index, train['成交价'], label='Train')
plt.plot(test.index, test['成交价'], label='Test')
plt.plot(test.index, predicted_values, label='Forecast', color='red', ls='--')
plt.legend()
plt.savefig('图 6-7.jpg', dpi=300)
plt.show()
```

运行这段代码,会得到如图 6-7 所示的结果。

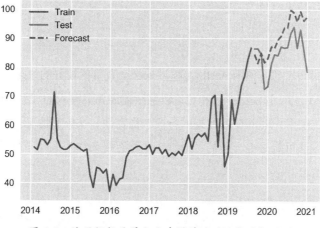

图 6-7　使用指数平滑方法建模并对测试集进行预测

【结果说明】这段示例代码使用了 statsmodels 库中的 ExponentialSmoothing 进行指数平滑模型的拟合和预测。在这个示例中,数据同样被分成训练集和测试集,模型使用训练集数据拟合,然后对测试集数据进行预测,并且最后通过可视化显示训练集、测试集以及预测结果。

代码的具体说明如下。

trend='add':它是一个表示趋势的选项,使用加法模型处理趋势。在加法模型中,趋势是线性增加或减少的,对趋势的变化采用"加法"的形式进行建模。

seasonal='add':它是一个表示季节性的选项,同样采用加法模型处理季节性。在加法模型中,季节性是以固定幅度添加到趋势上的。

seasonal_periods=12:季节性周期的长度,用于确定季节性的频率。这里设置为 12,因为我们的数据是按月度观察的,因此模型会尝试适应每年的季节性变化模式。

需要说明的是,指数平滑方法和 ARIMA 都是时间序列预测中常见的建模方法,它们有着不同的特点和适用范围。

### 1. 指数平滑方法

(1) 优势。

相对较易理解和实现,适用于处理某些平稳或接近平稳的时间序列。

在预测趋势和季节性数据上有良好表现。

适用于较短期的预测,尤其擅长处理季节性变动比较稳定的数据。

(2) 劣势。

对于具有复杂长期趋势或复杂季节性变化的数据表现一般。

不适用于具有高度噪声或不稳定趋势的时间序列。

### 2. ARIMA 模型

(1) 优势。

能够处理更广泛的时间序列模式,包括长期趋势、不稳定数据、多种季节性变动。

适用于更灵活的时间序列预测。

在时间序列分析中拥有丰富的理论基础。

(2) 劣势。

对于较为稳定的时间序列,使用 ARIMA 模型未必会获得比较好的效果。

对初学者而言,ARIMA 的模型参数和理论较复杂,需要更深入的理解和经验。

在选择模型时,需要考虑时间序列数据的特征、稳定性、噪声等情况。对于平稳或接近平稳的简单数据,指数平滑方法可能是更合适的选择;对于具有复杂趋势和季节性的数据,则 ARIMA 等更复杂的模型可能更适合。

## 6.4 小结与习题

在本章中，我们首先一起学习了如何对时间序列数据进行分解，包括直观观察时间序列数据的季节性模式，对数据进行滚动统计，使用加法模型和 STL 分解法对时间序列进行季节性分解。然后，我们学习了如何使用 ADF 和 KPSS 检验时间序列的平稳性，并探讨了如何对时间序列数据的不平稳性进行修正。最后，我们学习了如何使用 ARIMA 和指数平滑方法对时间序列数据进行建模。当然，本章并不能列举这些应用方向的全部方法，希望读者朋友可以从中得到一些启发，进而深入探索更多的实践技术。

在下一章中，我们将一起研究如何将时下流行的机器学习技术应用到时间序列建模当中。

以下是本章的习题：

（1）使用接口获取时间序列数据或使用本章附赠的 Excel 文件，进行 ADF 和 KPSS 检验，并且解释其结果。

（2）使用 STL 分解法对一个特定金融产品的时间序列数据进行季节性分解，并且比较加法模型和 STL 法的效果。

（3）使用 ARIMA 模型和霍尔特 - 温特斯指数平滑方法对同一时间序列数据进行建模，比较它们的预测效果并解释其差异。

（4）对一组金融产品的时间序列数据，检验其平稳性并选择适当的方法对不平稳数据进行处理，然后进行建模并评估预测效果。

（5）使用简单指数平滑、霍尔特线性指数平滑和霍尔特 - 温特斯指数平滑等不同的指数平滑方法变体，对金融产品的时间序列数据进行建模，比较它们的优缺点和预测效果。

# 第 7 章

## 让 ChatGPT 协助用机器学习建模

机器学习在时间序列建模中的应用日益广泛。相比于上一章中我们所学习的 ARIMA、指数平滑等传统统计学方法，机器学习模型更具灵活性，能够自适应和自我调整以适应数据的变化。而且，机器学习模型能够自动学习特征，减轻了手动选择和提取特征的工作负担，从而可以更好地捕捉数据中的关键特征。此外，机器学习方法通常在预测性能上表现更好，尤其是在复杂的金融市场中，对价格变动、波动性等的预测更准确。这些优势使机器学习成为时间序列数据分析中不可或缺的工具，能够提供更强大、准确和灵活的方法来处理和预测时间序列数据。因此，本章将和大家一起探索如何将机器学习技术应用于金融时间序列数据建模当中。

本章的主要内容：
- 创建线性回归模型；
- 使用滚动时间序列交叉验证法评估模型；
- 对原始数据进行特征工程；
- 使用其他机器学习算法建模。

##  让 ChatGPT 协助建立线性回归模型

线性回归是最简单的机器学习算法之一，它用于建立变量之间的线性关系。该模型基于一个或多个自变量（特征）与连续的因变量（目标）之间的线性关系，假设这些自变量和因变量之间的关系可以通过一条直线（或超平面）来建模，这条直线就代表了自变量与因变量之间的最佳拟合线。通过该模型，可以使用自变量的值来预测因变量的值。

接下来，我们将尝试使用线性回归算法，对金融时间序列数据进行建模，并观察它的预测能力。现在我们新建一个 Jupyter Notebook 文件，导入基本的库并设置好可视化的样式，以便进行下一步的实验。

下面我们使用黄金期货连续合约的历史行情数据进行实验，获取（或读取）数据的代码如下。

```python
# Python 代码
# 从接口获取黄金期货连续合约历史行情
df = ak.futures_main_sina(symbol="AU0",
                          start_date="20130101",
                          end_date="20221231")


# 保存为 Excel 文件，方便读者下载
df.to_excel('黄金连续.xlsx', index=False)


# 如果是下载随书附赠的 Excel 文件，使用这行代码读取
df = pd.read_excel('黄金连续.xlsx')
```

```
# 将日期设置为 index
df.set_index('日期', inplace=True)
```

运行完上面的代码，实验数据就准备完成了。

### 7.1.1 创建最简单的模型并做出预测

现在我们可以尝试训练一个初步的线性回归模型，并且评估它的性能。在时间序列数据中，通常会将之前的观测值作为预测下一个时间点的因变量。因此，对于黄金期货的收盘价，我们可以考虑选择以前的收盘价作为自变量，预测下一个时间点的收盘价作为因变量。

现在我们让 ChatGPT 协助创建线性回归模型并且做出预测，使用的提示词可以是："一个以日期为 index 的 DataFrame，一列是黄金期货的每日收盘价，需要用线性回归建模并预测，请给出示例代码。"发送提示词后，会得到 ChatGPT 生成的代码，经修改后的代码如下。

```
# Python 代码
# 使用 sklearn 中的线性回归创建模型
from sklearn.linear_model import LinearRegression

# 使用前一天的收盘价作为自变量，预测当天的收盘价
# 将收盘价向后移动一天，作为预测值
df['Next_Close'] = df['收盘价'].shift(-1)

# 选择自变量（前一天的收盘价）
X = df[['收盘价']].iloc[:-2]      # 除去最后两个数据作为 X

# 选择因变量（下个时间点的收盘价）
y = df['Next_Close'].dropna().iloc[:-1]    # 除去最后一个数据作为 y

# 创建并拟合线性回归模型
model = LinearRegression()
model.fit(X, y)

# 预测下一个时间点的收盘价
next_day_close = model.predict(df[['收盘价']].iloc[[-2]])    # 用倒数第 2 天的数据预测
print("预测的下一个时间点的收盘价：", next_day_close)
```

运行这段代码，会得到如下所示的结果。

【代码运行结果】
预测的下一个时间点的收盘价：[408.32880638]

【结果说明】这是一个简单的线性回归模型示例，使用前一天的收盘价预测下一个时间点的收盘价。可以看到，根据倒数第 2 天的收盘价，模型预测下一个时间点的黄金期货价格大约是 408.33。

为了更清晰地看到模型的预测情况，我们还可以使用可视化的方法进行观察，使用的代码如下。

```
# 预测训练集数据
predicted_close = model.predict(X)

# 可视化真实值与预测值
plt.figure(dpi=300)
plt.plot(df.index[:-2], y, label='实际收盘价',
         color='r',lw=0.5)   # 真实值
plt.plot(df.index[:-2], predicted_close,
         label='预测收盘价',ls='--',lw=0.5)   # 预测值
plt.xlabel('Date')
plt.ylabel('收盘价')
plt.title('真实值对比预测值')
plt.legend()
plt.savefig('图7-1.jpg', dpi=300)
plt.show()
```

运行代码，会得到如图7-1所示的结果。

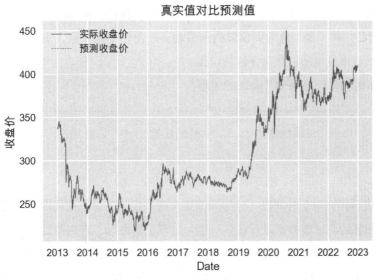

图7-1　黄金期货真实收盘价与模型预测值对比

【结果说明】上面的代码使用了训练好的线性回归模型对训练集数据进行预测，并通过Matplotlib可视化真实值与预测值的对比，以便观察模型的拟合效果。在图7-1中，实线部分是黄金期货的真实收盘价，虚线部分是线性回归模型预测的收盘价。仅从图7-1来看，模型在训练集（或者说样本内）上的预测性能还是不错的，虚线与实线部分基本重合，说明预测值和真实值的差异不大。但请注意，这并不能说明模型是可用的，因为模型在样本内表现良好并不意味着它在样本外也表现良好。

## 7.1.2 使用滚动时间序列交叉验证法评估模型

在对时间序列数据进行机器学习建模时,交叉验证是一种有价值的技术。然而,常规的交叉验证技术(如 K 折交叉验证)可能并不适用于时间序列数据,因为它们可能会破坏数据的时间结构。在时间序列数据中,样本之间可能存在时间相关性,因此需要确保在交叉验证过程中保持这种时间结构。

在对时间序列数据进行交叉验证时,通常会采用滚动时间序列交叉验证。该方法根据时间戳将数据集划分为连续的训练集和测试集,并且随着时间的推移逐步扩大训练集并移动测试集。

滚动时间序列交叉验证法的具体原理如下。

(1)**数据划分:** 首先,将时间序列数据集按照时间戳分成若干个连续的时间段。这些时间段可以根据需要的长度来划分,通常用于构建训练集和测试集。

(2)**交叉验证循环:** 接下来,以时间顺序为基础,执行交叉验证循环。在每个迭代中,选择一个时间段作为测试集,而把其前面的时间段作为训练集。这种迭代过程可以模拟模型在未来时间段的性能。

(3)**模型拟合和评估:** 在每个迭代中,使用训练集数据拟合时间序列模型,然后使用测试集数据进行模型评估,其中包括计算预测误差、损失函数或其他性能指标。

(4)**滑动窗口:** 接下来,将时间窗口向前滑动,以便在下一个迭代中使用下一个时间段的数据作为测试集,然后重复模型拟合和评估的步骤。

图 7-2 展示了滚动时间序列交叉验证的原理。

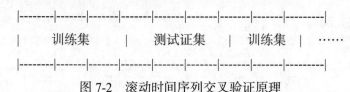

图 7-2 滚动时间序列交叉验证原理

图中的每个矩形代表一个时间段,分为训练集和测试集。在每个迭代中,使用训练集数据拟合模型,然后使用相邻的测试集数据进行评估。这一过程重复进行,直到覆盖整个时间序列。

滚动时间序列交叉验证有助于评估模型在未来时间段的泛化能力,因为它模拟了模型在未来数据上的性能。这有助于识别模型是否存在过拟合和具有一般性,以及在真实应用中的预测表现如何。

下面让 ChatGPT 协助我们使用滚动时间序列交叉验证法对模型进行评估,可以使用提示词:"继续使用上面的黄金期货行情数据,需要使用前一日的收盘价作为自变量,下一日的收盘价作为因变量创建线性回归模型,并使用滚动时间序列交叉验证法对模型的性能进行评估,最后将真实值与模型预测值进行可视化,请给出示例代码。"发送提示词后,会得到 ChatGPT 生成的代码,经修改后的代码如下。

```
# Python 代码
```

```python
# 使用sklearn中的TimeSeriesSplit进行滚动时间序列交叉验证
from sklearn.model_selection import TimeSeriesSplit

# 初始化线性回归模型
model = LinearRegression()

# 初始化滚动时间序列交叉验证
tscv = TimeSeriesSplit(n_splits=5)

# 继续沿用前面定义好的自变量和因变量
# 并将其数值进行提取
X = X.values.reshape(-1,1)
y = y.values

# 创建空列表，用于存储模型预测结果
predictions = []

# 执行交叉验证
for train_index, test_index in tscv.split(X):
    X_train, X_test = X[train_index], X[test_index]
    y_train, y_test = y[train_index], y[test_index]

    # 拟合模型
    model.fit(X_train, y_train)

    # 预测
    y_pred = model.predict(X_test)
    predictions.extend(y_pred)
# 可视化真实值和预测值
plt.figure(dpi=300)
plt.plot(df.index, df['收盘价'],
         label='真实值', alpha=0.8)
plt.plot(df.index, [None for _ in range(len(df) - len(predictions))] + predictions,
         label='预测值',
         color='red',ls='--',lw=0.5,alpha=0.6)
plt.legend()
plt.savefig('图7-2.jpg', dpi=300)
plt.show()
```

运行这段代码，会得到如图7-3所示的结果。

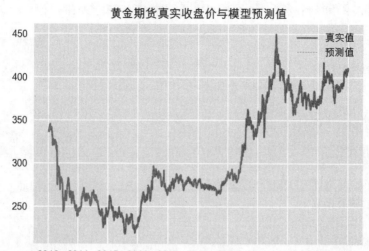

图 7-3　使用滚动时间序列交叉验证法训练的模型预测值与真实值的对比

【结果说明】在上面的代码中,我们创建了一个 TimeSeriesSplit 对象,用于执行时间序列数据的交叉验证。参数 n_splits=5 指定了拆分数据的份数。在这里,n_splits=5 意味着数据将被拆分成 5 个连续且不重叠的子集。对于时间序列数据,这种拆分方式很重要,因为它可以确保模型的泛化性,模拟了真实世界的时间依赖性。这个对象将确保在每个拆分中,测试集都是在训练集之后的时间段,模拟了预测未来的场景。从图 7-2 来看,模型的预测值和真实值也是比较接近的。

为了更加精确地评估模型的泛化性能,我们还可以使用一些指标进行评估,如平均绝对百分比误差(Mean Absolute Percentage Error,MAPE),这是一种用于衡量预测误差的指标。它计算了预测误差的百分比。MAPE 的计算方法如下。

首先,对于每个数据点,计算预测值和实际值之间的绝对百分比误差:

$$绝对百分比误差 = \left|\frac{实际值-预测值}{实际值}\right| \times 100\%$$

其次,对所有数据点的绝对百分比误差取平均值,即计算所有数据点的绝对百分比误差的平均值:

$$MAPE = \frac{\sum 数据点的绝对百分比误差}{数据点数量}$$

MAPE 越小,说明模型的预测效果越好。它通常用于衡量预测模型在实际应用中的精确度。

> **注意**
>
> 模型返回 MAPE,对于包含零值的数据(如销售额中出现零销售额的情况)存在一定的限性,因为当分母为零时,会导致无穷大的百分比误差。

要计算模型在滚动时间序列中每个子集中的 MAPE,并且求其平均值,我们可以使用下面的代码。

```python
# Python 代码
# 这里使用 sklearn 中的 MAPE 计算工具
from sklearn.metrics import mean_absolute_percentage_error

# 创建空列表,准备存储每个时间序列子集的 MAPE
errors = []

for train_index, test_index in tscv.split(X):
    X_train, X_test = X[train_index], X[test_index]
    y_train, y_test = y[train_index], y[test_index]

    # 拟合模型
    model.fit(X_train, y_train)

    # 预测
    y_pred = model.predict(X_test)
    # 计算 MAPE
    errors.append(mean_absolute_percentage_error(y_test, y_pred))

average_mape = np.mean(errors)
print("每个子集中的 MAPE 分别为:", errors)
print("平均 MAPE 为:", average_mape)
```

运行这段代码,会得到如下所示的结果。

【代码运行结果】
每个子集中的 MAPE 分别为:[0.0075378566669294, 0.005178197631644281, 0.004429873575887037, 0.007623970528887603, 0.005594547661261918]
平均 MAPE 为:0.006072889212922048

【结果说明】这个结果是基于滚动时间序列交叉验证所计算的 MAPE。在这里,每个子集的 MAPE 分别约是 0.00754、0.00518、0.00443、0.00762 和 0.00559。这些值是每个交叉验证折叠(子集)的 MAPE。随后的"平均 MAPE 为:0.006072889212922048"是这些子集 MAPE 的平均值。

这意味着在所使用的线性回归模型中,预测的平均百分比误差约为 0.6%。在金融领域以及时间序列预测中,MAPE 值为 0.6% 通常是一个相对较低的误差水平。但是,是否可以将 0.6% 的 MAPE 视为较好的性能取决于具体的业务场景和预测需求。

一般而言,越低的 MAPE 值意味着预测误差越小。在一些应用场景中,如高频交易,0.6% 的 MAPE 可能是不可接受的。但是在一些长期投资决策的情景下,这个级别的 MAPE 值可能会被认为是可以接受的。

此外,评估模型性能不仅依赖于 MAPE,还取决于其他因素,如预测的时间跨度、金融产品的波动性、实际交易环境下的操作成本等。因此,需要结合具体的业务场景和实际需求来评估模型的性能,而不仅仅依赖于单一的平均百分比误差指标。

## 7.2 让 ChatGPT 协助进行特征工程

在金融时间序列数据分析中，特征工程是关键的一步，有助于提取模型所需的有效信息。特征工程的方法如下。

**技术指标提取：** 使用诸如移动平均线、相对强弱指标、布林带、MACD 等技术指标。这些指标提供了有关资产价格走势和波动性的信息。

**滞后特征（Lag Features）：** 将历史时间步的数据用于预测未来值。例如，将过去几个交易日的收盘价作为特征。

**波动性指标：** 计算价格或回报率的波动性指标，如历史波动率或滚动波动率。

**成交量指标（Volume Indicator）：** 利用成交量等信息来识别市场交易活动的特征。

**时间特征：** 时间数据本身可以提供重要的特征，如星期几、月份、季节等。这些特征可能影响资产价格的波动性。

**其他金融数据：** 整合其他金融数据，如利率、通货膨胀率、市场指数等作为特征。

**情绪分析数据：** 使用情绪分析数据来捕捉媒体报道情绪对市场的影响。

**缩放与归一化：** 对数据进行缩放或归一化，确保模型更好地收敛和训练。

特征工程的目标是为模型提供有意义的、相关的特征，以便提高模型的性能。这些特征通常可以帮助模型更好地理解数据的模式和关联。

在 7.1 节中，我们仅仅使用了前一天的收盘价，作为模型训练的特征。显然在大部分场景下，这是远远不够的。在本节中，我们将尝试进行一些特征工程后，再次训练模型，并对其性能进行评估。

### 7.2.1 添加均线特征并训练模型

现在我们开始尝试让 ChatGPT 协助进行最简单的特征工程，并用新的特征与原始收盘价一起进行模型的训练，可以使用提示词："继续使用黄金期货行情 DataFrame，需要做的工作是，首先进行特征工程，将新提取的特征保存在 DataFrame 的新列中，然后基于新的特征训练模型，仍然需要使用滚动时间序列交叉验证法，最后要输出预测结果的 MAPE，并将真实值和预测值进行可视化对比，请给出示例代码。"发送提示词后，会得到 ChatGPT 生成的代码，经过修改后的代码如下。

```
# Python 代码
# 继续使用黄金期货的行情数据进行实验
# 1. 进行特征工程
# 比如计算移动平均值作为新特征
df['5_day_mean'] = df['收盘价'].rolling(window=5).mean()

# 2. 定义模型和初始变量
model = LinearRegression()
```

```python
df = df.dropna()
features = ['收盘价','5_day_mean']
target = 'Next_Close'

# 3. 初始化列表用于存储MAPE值
mape_values = []

# 4. 开始滚动时间序列交叉验证
tscv = TimeSeriesSplit(n_splits=5)
for train_index, test_index in tscv.split(df):
    train, test = df.iloc[train_index], df.iloc[test_index]

    # 5. 拟合模型
    model.fit(train[features], train[target])

    # 6. 进行预测
    predictions = model.predict(test[features])

    # 7. 计算MAPE
    mape = mean_absolute_percentage_error(test[target], predictions)
    mape_values.append(mape)

# 8. 输出MAPE值
print("每个子集的MAPE:", mape_values)
print("平均MAPE:", sum(mape_values) / len(mape_values))
```

运行这段代码, 会得到以下结果。

【代码运行结果】每个子集的MAPE: [0.007640269109213066, 0.005226636526270279, 0.004501997603112195, 0.007680466814801 6475, 0.005559494337573852]
平均MAPE: 0.006121772878194208

【结果说明】可以看到, 在这个例子中, 得到的MAPE分别约是0.76%、0.52%、0.45%、0.77%、0.56%。平均MAPE约为0.61%。

同时, 下面的代码可视化了真实值与模型预测结果的对比。

```python
# Python 代码
plt.figure(dpi=300)
plt.plot(df.index[-len(predictions):],
         df['收盘价'].tail(len(predictions)),
         label='Actual', color='blue', alpha=0.5)
plt.plot(df.index[-len(predictions):],
         predictions, label='Predictions', color='red',
         ls='--', alpha=0.6)
```

```
plt.legend()
plt.xticks(fontsize=6)
plt.tight_layout()
plt.savefig('图 7-3.jpg', dpi=300)
plt.show()
```

运行这段代码，会得到如图 7-4 所示的结果。

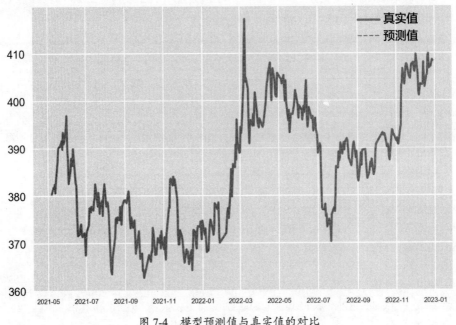

图 7-4　模型预测值与真实值的对比

【结果说明】在图 7-4 中，我们只绘制了最后一个测试集的真实收盘价数据与模型的预测值。其中，实线部分是真实的收盘价，虚线部分是模型的预测值。可以看到，整体上模型的预测值和真实值是比较吻合的。

### 7.2.2　添加滞后特征并训练模型

在金融时间序列建模中添加滞后特征的主要目的是，考虑先前的数据与当前观测值之间的关系。这种方法通过将之前时间点的观测值作为特征输入模型中，使模型能够考虑过去的价格或特征对当前值的影响。这有助于捕捉时间序列数据中的短期趋势和周期性，提高模型对数据的拟合能力。添加滞后特征的方法通常用于机器学习方法中，如线性回归、决策树或随机森林等。

ARIMA 和滞后特征模型都利用了历史数据来预测未来值，且两种方法都可以用来捕捉时间序列中的趋势和周期性。而不同之处在于，ARIMA 是基于时间序列数据自身的自回归模型，而滞后特征模型是一种基于特征和标签关系的机器学习方法。此外，ARIMA 模型要求时间序列数据是平稳的，而添加滞后特征的模型可以用于非平稳的数据，因为它基于机器学习方法，对数据平稳性的要求较低。

要让 ChatGPT 协助我们向时间序列数据添加滞后特征并训练模型，可以使用提示词："继续使用黄金期货行情 DataFrame，需要做的工作是，首先进行特征工程，这次添加前 5 个交易日的收盘价作为滞后特征，将新提取的特征保存在 DataFrame 的新列中，然后基于新的特征训练线性回归模型，仍然需要使用滚动时间序列交叉验证法，最后要输出预测结果的 MAPE，并将真实值和预测值进行可视化对比，请给出示例代码。"发送提示词后，会得到 ChatGPT 生成的代码，经修改后的代码如下。

```
# Python 代码
# gold_df 是黄金期货行情 DataFrame
gold_df = pd.read_excel('黄金连续.xlsx')

#将日期设置为 index，并只保留收盘价
gold_df.set_index('日期', inplace=True)
gold_df = gold_df[['收盘价']]
# 特征工程
for lag in range(1, 6):
    gold_df[f'lag_{lag}'] = gold_df['收盘价'].shift(lag)

# 删除包含 NaN 值的行
gold_df.dropna(axis=0, inplace=True)

# 为了使大家可以看到数据处理结果，我们检查以下内容
gold_df.tail()
```

运行这段代码，会得到如表 7-1 所示的结果。

表 7-1　添加了滞后特征的数据

| 日期 | 收盘价 | lag_1 | lag_2 | lag_3 | lag_4 | lag_5 |
|---|---|---|---|---|---|---|
| 2022-12-26 | 407.24 | 406.80 | 409.86 | 409.50 | 405.42 | 405.30 |
| 2022-12-27 | 407.96 | 407.24 | 406.80 | 409.86 | 409.50 | 405.42 |
| 2022-12-28 | 408.60 | 407.96 | 407.24 | 406.80 | 409.86 | 409.50 |
| 2022-12-29 | 408.36 | 408.60 | 407.96 | 407.24 | 406.80 | 409.86 |
| 2022-12-30 | 410.72 | 408.36 | 408.60 | 407.96 | 407.24 | 406.80 |

【结果说明】上面的代码涉及一个循环，根据黄金期货行情数据框中的"收盘价"列，创建了 5 个滞后特征。每个滞后特征都是对"收盘价"列向上移动（或称滞后）一定数量的时间步长（在这里是 1~5）来创建的，同时代码在数据框中创建了新的列存储这些滞后值。在表 7-1 中，"lag_1"字段代表前一天的收盘价，而"lag_2"代表往前第二天的收盘价，以此类推。

在添加了滞后特征后，就可以进行模型的训练了，使用的代码如下。

```python
# Python 代码
# 定义特征和标签
X = gold_df[['lag_1', 'lag_2', 'lag_3', 'lag_4', 'lag_5']]
y = gold_df['收盘价']

# 初始化模型
model = LinearRegression()

# 定义滚动时间序列交叉验证
tscv = TimeSeriesSplit(n_splits=5)

# 训练和评估模型
mape_scores = []
for train_index, test_index in tscv.split(X):
    X_train, X_test = X.iloc[train_index], X.iloc[test_index]
    y_train, y_test = y.iloc[train_index], y.iloc[test_index]
    
    # 训练模型
    model.fit(X_train, y_train)
    
    # 进行预测
    y_pred = model.predict(X_test)
    
    # 计算 MAPE
    mape = mean_absolute_percentage_error(y_test, y_pred)
    mape_scores.append(mape)

# 输出 MAPE 结果
print("每个子集的MAPE:", mape_scores)
print("平均MAPE:", sum(mape_scores) / len(mape_scores))
```

运行这段代码，会得到如下所示的结果。

【代码运行结果】每个子集的MAPE: [0.007610795441667617, 0.005198459360214657, 0.004462858111178286, 0.007729118022617081, 0.005567537086093379]

平均MAPE: 0.006113753604354204

【结果说明】在这段代码中，我们定义了特征和标签：x 包含了用作自变量的滞后特征，而 y 则是模型的目标变量（标签）。特征 x 由 5 个滞后特征（lag_1 至 lag_5）组成，而标签 y 是"收盘价"。这段代码的目的是通过使用滞后特征和线性回归模型，并结合滚动时间序列交叉验证法，对黄金期货行情数据进行预测。从代码运行结果来看，每个子集（根据滚动时间序列交叉验证划分的部分）的 MAPE 值分别约为 0.0076、0.0052、0.0045、0.0077、0.0056。而所有子集 MAPE 值的平均数约为 0.0061（即 0.61%）。

最后，我们继续使用可视化来观察最后一个时间序列子集中模型的预测情况，代码如下。

```python
# 将真实值和预测值进行可视化
plt.figure(dpi=300)
plt.plot(y_test.index, y_test.values, label='True', alpha=0.6)
plt.plot(y_test.index, y_pred, label='Predicted',
         ls = '--',lw=1,alpha=0.5,color='red')
plt.title(f'MAPE: {mape}')
plt.legend()
plt.xticks(fontsize=6)
plt.savefig('图7-4.jpg', dpi=300)
plt.show()
```

运行这段代码，我们会得到如图 7-5 所示的结果。

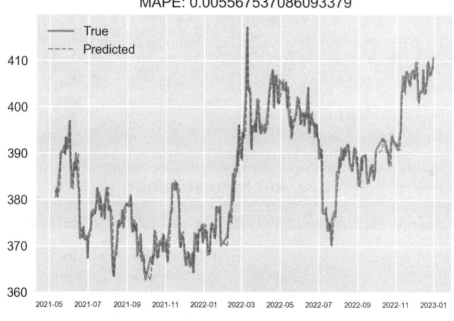

图 7-5　添加滞后特征训练模型所作出的预测

【结果说明】图 7-4 同样是用实线表示黄金期货行情的真实收盘价，用虚线表示模型预测的收盘价。可以看到，在最后一个时间序列子集的测试集中，模型的预测与真实值也是比较接近的，其 MAPE 也达到了约 0.56% 的成绩。

### 7.2.3　添加时间特征并训练模型

在金融数据中，季节性或月度变化可能是有意义的，比如季节性销售、特定月份的股票表现等。因此，将月份作为特征变量有助于模型捕捉这些潜在的周期性特征，提高模型对时间序列数据的预测性能。

那么我们该如何在原始的时间序列数据中添加时间特征呢？这里我们尝试将原始数据中的月份添加到数据中，可以向 ChatGPT 发送提示词："以日期为 index 的 DataFrame，包含每日的收盘价，现在需要将 index 中的月份提取出来，并转换为哑变量，作为新的特征保存到 DataFrame 中，然后检查添加的结果，请给出示例代码。"发送提示词后，会得到 ChatGPT 生成的代码，经修改后的代码如下。

```python
# Python 代码
# df 是黄金期货行情 DataFrame
df = pd.read_excel('黄金连续.xlsx')

# 将日期设置为 index, 并只保留收盘价
df.set_index('日期', inplace=True)
df = gold_df[['收盘价']]

# 特征工程
df['Month'] = df.index.month
dummies = pd.get_dummies(df['Month'], prefix='Month', dtype='int')
df = pd.concat([df, dummies], axis=1)

# 为了使大家可以看到数据处理结果，我们检查一下
df.tail()
```

运行代码，会得到如表 7-2 所示的结果。

表 7-2 将月份作为哑变量添加到特征中

| 日期 | 收盘价 | Month | Month_1 | Month_2 | …… | Month_11 | Month_12 |
|---|---|---|---|---|---|---|---|
| 2022-12-26 | 407.24 | 12 | 0 | 0 | …… | 0 | 1 |
| 2022-12-27 | 407.96 | 12 | 0 | 0 | …… | 0 | 1 |
| 2022-12-28 | 408.60 | 12 | 0 | 0 | …… | 0 | 1 |
| 2022-12-29 | 408.36 | 12 | 0 | 0 | …… | 0 | 1 |
| 2022-12-30 | 410.72 | 12 | 0 | 0 | …… | 0 | 1 |

【结果说明】在代码中，pd.get_dummies() 是 Pandas 中的一个函数，用于将分类变量转换为哑变量（也叫作虚拟变量）。在这段代码中，df['Month'] 代表 DataFrame 中的一个列，其包含了日期索引中的月份信息。pd.get_dummies(df['Month'], prefix='Month') 利用了这个月份列，将每个月份的数值转换为哑变量。参数 prefix='Month' 是用来为生成的哑变量列添加前缀，以区分不同的哑变量。例如，Month_12 这一列，表示该条数据的日期是否属于 12 月份，如果是，则表示为 1，否则表示为 0。

经过处理之后，我们的原始数据就被扩充了。下面我们可以尝试使用添加了时间特征的数据来

创建模型，并评估它的性能。可以使用提示词："现在我们使用上面添加了时间特征的 DataFrame 创建线性回归模型，并用滚动时间序列交叉验证法评估模型的 MAPE，最后将结果进行可视化，请给出示例代码。"发送提示词后，会得到 ChatGPT 生成的代码，经修改后的代码如下。

```python
# Python 代码
# 这里使用 X 和 y 表示特征和标签列
X = df[['Month_1', 'Month_2', 'Month_3', 'Month_4', 'Month_5',
        'Month_6', 'Month_7', 'Month_8', 'Month_9', 'Month_10', 'Month_11',
        'Month_12']]
y = df['收盘价']

# 初始化模型
model = LinearRegression()

# 创建空列表，用于存储模型预测结果
predictions = []

# 定义滚动时间序列交叉验证
tscv = TimeSeriesSplit(n_splits=5)

# 训练和评估模型
mape_scores = []
for train_index, test_index in tscv.split(X):
    X_train, X_test = X.iloc[train_index], X.iloc[test_index]
    y_train, y_test = y.iloc[train_index], y.iloc[test_index]

    # 训练模型
    model.fit(X_train, y_train)

    # 进行预测
    y_pred = model.predict(X_test)

    # 计算 MAPE
    mape = mean_absolute_percentage_error(y_test, y_pred)
    mape_scores.append(mape)
    predictions.extend(y_pred)

# 输出 MAPE 评估结果
print(f"每个子集的 MAPE: {mape_scores}")
print(f"平均 MAPE: {sum(mape_scores) / len(mape_scores)}")
```

运行代码，会得到如下结果。

【代码运行结果】
每个子集的 MAPE: [0.12176956911269604, 0.0752582199884807, 0.0668670724641858, 0.2863139176805048, 0.2487697657652035]
平均 MAPE: 0.15979570900221418

【结果说明】上面的代码运行结果表明,对模型进行滚动时间序列交叉验证后,平均 MAPE 约为 15.98%。这个结果比起我们用前一天收盘价或前 5 个交易日收盘价作为特征训练的模型表现要差很多。这是因为我们这一次没有添加任何与价格相关的信息,因此模型无法对价格作出良好的预测。为了直观查看模型的问题,我们可以使用下面的代码进行可视化。

```python
# Python 代码
# 可视化真实值和预测值
plt.figure(dpi=300)
plt.plot(df.index, df['收盘价'],
         label='真实值', alpha=0.8)
plt.plot(df.index, [None for _ in range(len(df) - len(predictions))] + predictions,
         label='预测值',
         color='red',ls='--',alpha=0.6)
plt.title('黄金期货真实收盘价与模型预测值')
plt.legend()
plt.savefig('图 7-5.jpg', dpi=300)
plt.show()
```

运行这段代码,会得到如图 7-6 所示的结果。

图 7-6　使用月份作为时间特征训练的模型性能

【结果说明】从图 7-6 可以看到,如果我们只用月份作为时间特征训练模型,模型确实在努力地去拟合不同月份的价格变化趋势,但由于我们在训练数据的特征中没有提供任何与价格相关的信息,模型无法捕捉具体价格变化的规律,因此无法作出准确的预测。要改善这种情况,读者朋友可以尝试用7.2.2小节中的方法,将若干个历史价格添加至训练数据中重新训练模型,并重新评估模型的性能。

## 7.3 让ChatGPT协助使用更多机器学习算法建模

金融时间序列建模并不仅限于使用线性回归算法,金融数据的特性使得多种机器学习算法能够被用于金融时间序列建模。例如,随机森林算法适合处理非线性关系和复杂特征,能够捕捉金融市场中非线性的行为。

随机森林是一种基于决策树的集成学习算法,可用于分类和回归问题。在金融时间序列数据建模中,随机森林算法有着广泛的应用。

### 1. 随机森林的原理

(1)决策树的集成:随机森林由多个决策树组成,每棵决策树都是基于不同的子样本和特征集合独立生成的。

(2)自助聚合(Bagging):通过自助采样的方式,从原始数据中有放回地随机选取样本来训练每棵决策树,以保证每棵树训练的数据集略有不同。

(3)特征随机选择:对于每个节点的特征选择,随机森林会随机选择特征的子集来进行分裂,以保证每棵决策树的差异性。

### 2. 随机森林的特点

(1)鲁棒性:随机森林对于噪声和过拟合具有较好的鲁棒性。

(2)高准确度:通常情况下,随机森林能够产生较高的准确度,对于大型数据集效果显著。

(3)特征重要性评估:随机森林可以衡量特征的重要性,帮助识别影响预测的主要特征。

### 3. 随机森林在金融时间序列数据中的应用

(1)风险评估:随机森林可以用于预测金融资产的风险,比如股票的波动性、债券违约风险等。

(2)市场趋势预测:随机森林能够通过历史数据预测金融市场的走势,从而为制定投资策略提供依据。

(3)信用评分:用于信用评分模型,如个人信用评估或贷款风险评估。

(4)异常检测:识别金融市场中的异常情况或潜在风险。

随机森林在特征选择和处理缺失数据方面表现出色,适用于处理金融数据中的复杂特征和大规模数据集。但同时也要注意,对于高度相关的特征,随机森林可能过于重视这些特征。因此在应用中需要小心对待,结合数据的特点进行合理的调参和模型评估。

要让ChatGPT协助我们使用随机森林算法对金融时间序列数据建模,可以使用提示词:"以日期为index的DataFrame,包含一列收盘价数据,需要使用其前5个交易日的收盘价作为特征,当日收盘价作为预测目标,用随机森林算法建模,并用滚动时间序列交叉验证评估模型,计算其MAPE,最后将真实值与预测值进行可视化,请给出示例代码。"发送提示词后,会得到ChatGPT

生成的代码，经修改后的代码如下。

```python
# Python 代码
# 导入 sklearn 中的随机森林算法
from sklearn.ensemble import RandomForestRegressor

# df 是黄金期货行情 DataFrame
df = pd.read_excel('黄金连续.xlsx')

# 将日期设置为 index，并只保留收盘价
df.set_index('日期', inplace=True)
df = df[['收盘价']]

# 创建特征：使用滞后期方法创建特征
lag = 5
for i in range(1, lag + 1):
    df[f'Lag_{i}'] = df['收盘价'].shift(i)

# 去除包含 NaN 的行
df.dropna(axis=0, inplace=True)

# 定义特征和目标
features = [col for col in df.columns if 'Lag' in col]
target = '收盘价'

# 初始化模型
model = RandomForestRegressor(n_estimators=10, random_state=42)

# 初始化时间序列交叉验证
tscv = TimeSeriesSplit(n_splits=5)

# 用于存储预测结果和真实值
predictions = []
actuals = []

# 开始交叉验证
for train_index, test_index in tscv.split(df):
    # 划分训练集和测试集
    train_data = df.iloc[train_index]
    test_data = df.iloc[test_index]

    # 训练模型
```

```
    model.fit(train_data[features], train_data[target])

    # 进行预测
    preds = model.predict(test_data[features])
    predictions.extend(preds)
    actuals.extend(test_data[target])

# 计算 MAPE
mape = mean_absolute_percentage_error(actuals, predictions)
print(f'MAPE: {mape}')
```

运行代码，会得到如下所示的结果。

【代码运行结果】
MAPE: 0.02207667576134082

此外，将结果可视化的代码如下。

```
# 可视化真实值和预测值
plt.figure(dpi=300)
plt.plot(df.index, df['收盘价'],
        label='真实值', alpha=0.8)
plt.plot(df.index, [None for _ in range(len(df) - len(predictions))] + predictions,
        label='预测值',
        color='red',ls='--',alpha=0.6,lw=0.5)
plt.title('随机森林模型预测')
plt.legend()
plt.savefig('图7-6.jpg', dpi=300)
plt.show()
```

运行代码，会得到如图 7-7 所示的结果。

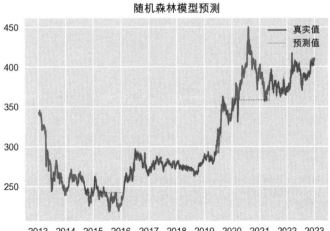

图 7-7　使用随机森林算法建模并作出预测

【结果说明】以上代码中，我们首先使用滞后期方法创建特征，然后根据创建的特征和目标进行随机森林模型的训练和预测。随后使用时间序列交叉验证对模型进行评估，计算 MAPE，最后通过可视化展示实际值与预测值。大家可以根据实际情况调整滞后期数、随机森林参数或其他设置，以获得更好的预测效果。

## 7.4 小结与习题

在本章中，我们主要探讨了机器学习算法在金融时间序列建模方面的应用。首先，我们学习了如何创建线性回归模型。随后我们了解了一些常见的特征工程方法，包括向数据中添加均线特征、滞后特征以及时间特征。最后，我们还在 ChatGPT 的帮助下，学习了如何使用其他机器学习算法创建模型。当然，除了线性回归和随机森林，还有很多可以用于金融时间序列建模的机器学习算法，如支持向量机（SVM）、梯度提升树等。感兴趣的读者朋友可以尝试修改本章中的提示词，让 ChatGPT 协助对更多的机器学习算法展开研究。

以下是本章的习题：

（1）使用接口获取数据或下载本书附赠的数据，使用支持向量机模型进行收盘价的预测。

（2）在 SVM 模型中使用不同的核函数（如线性核函数、多项式核函数、径向基核函数）进行预测，并比较它们的效果。

（3）使用梯度提升树（比如 XGBoost、LightGBM）预测某个金融指数的未来走势。

（4）尝试调整梯度提升树模型的超参数（例如学习率、树的深度、子样本比例等），观察其对模型性能的影响。

（5）探索更多的特征工程方法，例如技术指标（如 MACD、RSI）、外部数据（如天气数据）等，用以提升模型的预测能力。

# 第8章

## 让 ChatGPT 协助使用多因子模型

在金融领域中，多因子模型是一种用来解释资产收益或投资组合绩效的模型。它基于假设，认为资产的收益或者投资组合的绩效可以由多个因素（或者变量）来解释和预测。这些因素可以是市场因素、行业因素、风险因素、经济因素或其他资产特征。

多因子模型的目标是通过这些因素来解释资产收益的波动和特性，以更好地理解资产或投资组合的表现，帮助投资者做出更准确的投资决策。因此，多因子模型在资产定价、风险管理和资产配置等领域具有广泛的应用。在本章中，我们将一起学习一些经典的多因子模型。

本章的主要内容：

- CAPM 模型的基本原理与实现；
- 三因子模型的原理与实现；
- Carhart 四因子模型的原理与实现；
- Fama-French 五因子模型的原理与实现；
- 如何基于多因子模型调整投资组合。

## 8.1 让 ChatGPT 协助使用 CAPM 模型

CAPM（Capital Asset Pricing Model，资本资产定价模型）是最经典的多因子模型之一，它假设资产的预期回报与市场组合的回报呈线性关系。该模型的因子主要包括市场组合的回报和无风险利率。

### 8.1.1 CAPM 的基本原理

**1. CAPM 的基本假设**

（1）投资者行为：CAPM 假设投资者是理性的，追求最大化预期效用。

（2）风险和回报：投资者对于风险的厌恶度取决于投资组合的整体风险而非单个资产。

（3）市场的状态：CAPM 假设市场是完全有效的，投资者可以无风险借贷和融资，并且可以自由买卖任何数量的证券。

（4）时间点：CAPM 是单期模型，即假设投资者在一个投资周期内考虑投资。

**2. 公式**

CAPM 的核心方程是：

$$E(R_i) = R_f + \beta_i(E(R_m) - R_f)$$

其中，$E(R_i)$ 表示资产 $i$ 的预期回报率。

$R_f$ 表示无风险利率。

$\beta_i$ 表示资产 $i$ 的贝塔系数，用于衡量其相对于整个市场的风险。

$E(R_m)$ 表示市场整体的预期回报率。

### 3. 解释

CAPM 表达了资产的预期回报与其风险之间的线性关系。资产的预期回报率与无风险利率、市场整体风险溢价（市场回报率与无风险利率之差）以及资产与市场整体的相关性有关。

（1）如果资产 $i$ 的贝塔系数大于 1，则说明该资产相对于市场整体有更高的风险，预期回报率也应该更高。

（2）如果贝塔系数为 0，则意味着该资产的回报率不受市场风险的影响。

（3）如果贝塔系数为负值，则表明该资产的回报率与市场整体回报率呈负相关。

CAPM 在金融领域常被用来计算资产的预期回报率、评估投资风险以及确定投资组合的资产配置比例。然而，CAPM 也有一些局限性，例如，它基于多个假设，不完全适用于实际市场。

## 8.1.2 资产和指数数据的准备

若要演示使用 CAPM 模型，我们需要准备以下数据。

**（1）资产收益率数据。**

该数据指资产或投资组合的历史收益率数据。这些数据应该包含特定资产或组合的每期收益率，如每日、每周或每月的收益率数据。

**（2）市场收益率数据。**

该数据指所选市场指数（通常是整个市场或某个行业的代表指数）的相应历史收益率数据。这可以是股票市场的指数，如沪深 300、上证 50 指数等。

**（3）无风险利率数据。**

通常使用国债利率作为无风险利率。例如，可以使用短期国库券利率（如 3 个月、6 个月国库券利率）。

此外，数据的时间跨度应该足够长，以便进行对比分析和建模。一般而言，需要数年的数据来估计模型参数。

在示范 CAPM 时，我们会用到上述数据，通过统计分析和模型估计来计算资产的贝塔系数以及预期回报率。最后，我们可以使用 CAPM 模型来计算并解释资产的预期回报率，探讨不同市场风险条件下的投资表现。

接下来我们开始数据的准备工作，首先要准备资产收益率数据，如果使用接口获取数据，使用的代码如下。

```
# Python 代码
# 使用AKshare接口获取数据
df = ak.stock_zh_a_hist(symbol="000001",
                        period="daily",
                        start_date="20180101",
```

```
                            end_date='20221231',
                            adjust="hfq")
# 保存为 Excel 文件，方便读者下载
df.to_excel('000001 历史行情 .xlsx', index=False)
```

读者朋友如果下载本书附赠的 Excel 文件，可以使用下面的代码直接读取 Excel 文件。

```
# Python 代码
# 使用下载数据的读者用这行代码读取 Excel
df = pd.read_excel('000001 历史行情 .xlsx')
```

数据加载完成后，我们对其进行简单的处理。使用的代码如下。

```
# Python 代码
# 使用下载数据的读者用这行代码读取 Excel
df = pd.read_excel('000001 历史行情 .xlsx')

df = df[['日期', '收盘']]
df['日期'] = pd.to_datetime(df['日期'])
df.set_index('日期', inplace=True)
```

至此我们就准备好了资产的历史行情数据，接下来获取沪深 300 指数的历史行情数据。使用的代码如下。

```
# 获取沪深 300 指数数据
hs300 = ak.stock_zh_index_daily(symbol="sh000300")

# 保存为 Excel 文件方便读者下载
hs300.to_excel('沪深 300 指数 .xlsx', index=False)

# 使用 Excel 文件的读者用这行代码读取数据
hs300 = pd.read_excel('沪深 300 指数 .xlsx')

# 进行简单处理
hs300 = hs300[['date', 'close']]
hs300['date'] = pd.to_datetime(hs300['date'])
hs300.set_index('date', inplace=True)

# 选择和股票数据相同的时间范围
hs300 = hs300['2018-01-01':'2022-12-31']
```

运行完这段代码，我们就准备好了沪深 300 指数的历史数据，可以进行下一步的实验了。

### 8.1.3 使用 CAPM 计算股票的贝塔系数

现在开始让 ChatGPT 协助我们使用 CAPM 模型计算该股票的贝塔系数，使用的提示词可以是："现在我已经准备好了股票收益数据以及市场收益率数据，它们被分别存储在名为 df 的 DataFrame

和 Hs300 的 DataFrame 中，这两个 DataFrame 都是以日期为 index，包含的数据都是每日的收盘价，现在我需要使用 Python 创建 CAPM 模型，计算出该股票的贝塔系数，请给出示例代码。"发送提示词后，我们会得到 ChatGPT 生成的代码，经修改后的代码如下。

```python
# Python 代码
# 我们要用到 statsmodels
import statsmodels.api as sm

# df 是股票收益数据，Hs300 是沪深 300 指数收益数据
# 将两个数据框按照日期进行合并
merged_data = pd.merge(df, hs300, left_index=True, right_index=True)

# 计算每个资产和市场的日收益率
merged_data['returns_stock'] = merged_data['收盘'].pct_change()
merged_data['returns_market'] = merged_data['close'].pct_change()

# 删除 NaN 值
merged_data.dropna(inplace=True)

# 添加常数项
X = sm.add_constant(merged_data['returns_market'])

# 使用普通最小二乘法进行线性回归
model = sm.OLS(merged_data['returns_stock'], X)
results = model.fit()

# 提取回归系数
beta = results.params['returns_market']

print(f'股票的贝塔系数为：{beta}')
```

运行这段代码，会得到如下所示的结果。

【代码运行结果】
股票的贝塔系数为：1.067221124480358

【结果说明】在上面的代码中，我们执行了以下步骤。

（1）合并两个数据框，确保它们具有相同的日期索引。

（2）计算每个资产和市场的日收益率。

（3）删除 NaN 值，确保数据完整。

（4）使用普通最小二乘法（Ordinary Least Squares，OLS）进行线性回归。

（5）提取回归系数，即股票的贝塔系数。

在结果中我们可以看到，该股票的贝塔系数约为 1.067，暗示着该股票相对于整体市场有一定

的风险敞口，其波动相对于市场波动略高。也就是说，如果市场上涨1%，那么该资产的预期收益可能上涨1.067%。CAPM中的贝塔系数对投资者来说是一个重要的参考指标，因为它有助于评估资产的预期表现，并帮助构建更具风险平衡的投资组合。

需要特别解释一下的是，在我们的代码中，CAPM中的贝塔系数是通过线性回归来计算的，这是因为CAPM模型本身就是一个线性关系模型。前文中我们提过CAPM模型的基本方程是：

$$E(R_i) = R_f + \beta_i(E(R_m) - R_f)$$

其中，$E(R_i)$是资产$i$的预期回报率，$R_f$是无风险利率，$E(R_m)$是市场整体的预期回报，$\beta_i$是资产$i$的贝塔系数。

通过将这个方程做一些变换，我们可以得到：

$$R_i - R_f = \beta_i(R_m - R_f)$$

这就是一个线性关系的形式，类似于线性回归方程$y = mx + b$，其中$R_i - R_f$对应$y$，$R_m - R_f$对应$x$，而$\beta_i$对应斜率$m$。因此，我们可以使用线性回归来拟合这个关系，从而得到贝塔系数。

线性回归的数学原理是通过最小化残差平方和来找到最佳拟合直线，使得观测值与模型预测值之间的误差最小。在CAPM中，这就是为了找到最佳的贝塔系数，使得资产的超额收益与市场的超额收益之间的关系最为拟合。

因此在上述代码中，我们使用了statsmodels库进行普通最小二乘法线性回归。该库通过数学方法计算了最佳拟合直线的斜率，即贝塔系数。这个斜率表示资产相对于市场整体的风险敞口，可以用于解释资产的预期回报。

## 8.2 让ChatGPT协助使用三因子模型

三因子模型由经济学家尤金·法马（Eugene Fama）和肯尼斯·弗伦奇（Kenneth French）提出，该模型认为资产的收益除了与市场风险相关之外，还与市值因子和账面市值比因子有关。

### 8.2.1 三因子模型的基本原理

三因子模型于1993年提出，它是资本资产定价模型（CAPM）的扩展版本。与CAPM不同的是，三因子模型考虑了市值因子和账面市值比因子，因此能够更全面地解释股票的收益。

**1. 三因子模型的基本方程**

$$E(R_i) = R_f + \beta_{i,Mkt}(E(R_{Mkt}) - R_f) + \beta_{i,SMB} \cdot SMB + \beta_{i,HML} \cdot HML + \alpha_i$$

其中，$E(R_i)$是资产$i$的预期回报。

$R_f$是无风险利率。

$\beta_{i,Mkt}$是资产$i$相对于市场（市值加权的市场指数）的贝塔系数。

$E(R_{Mkt})$ 是市场的预期回报。

$\beta_{i,SMB}$ 是资产 $i$ 相对于小市值股票组合的贝塔系数（SMB 因子）。

$\beta_{i,HML}$ 是资产 $i$ 相对于高账面市值比股票组合的贝塔系数（HML 因子）。

$\alpha_i$ 是截距项，表示无法通过市场、规模和账面市值比因子解释的超额收益。

如果 $\alpha_i$ 显著不等于零，那么这可能表明资产或投资组合存在某种市场中无法解释的特定收益，这被称为"α 超额收益"。

### 2. 三个因子的解释

（1）**市场因子（Market Factor）**：$\beta_{i,Mkt}(E(R_{Mkt}) - R_f)$。

其衡量的是资产相对于整个市场的风险敞口。类似于 CAPM 的市场贝塔，表示资产相对于市场的敏感性。

（2）**规模因子（Small Minus big，SMB）**：$\beta_{i,SMB} \cdot SMB$。

其衡量的是资产相对于小市值股票组合的风险敞口。正值表示资产对小市值效应具有敏感性，负值表示相反。

（3）**账面市值比因子（High Minus low，HML）**：$\beta_{i,HML} \cdot HML$。

其衡量的是资产相对于高账面市值比股票组合的风险敞口。正值表示资产对价值股效应具有敏感性，负值表示相反。

### 3. 三因子模型的应用

（1）解释收益：三因子模型试图解释资产收益中与市场、规模和账面市值比变动有关的部分，从而更全面地分析股票收益。

（2）风险调整：通过引入额外的因子，三因子模型提供了一种较传统的 CAPM 更全面的风险调整方法。

（3）指导投资决策：投资者可以使用三因子模型来识别具有不同风险敞口的资产，并优化其投资组合。

三因子模型在解释股票收益方面相较于 CAPM 更为全面，它通过考虑市值和账面市值比等附加因子，更好地捕捉了市场中一些常见的风险因素。

## 8.2.2 三因子数据的准备

要演示三因子模型的使用，我们需要准备以下数据。

### 1. 股票收益数据

其包含不同股票或投资组合的历史收益率数据，这是模型的因变量。

### 2. 市场收益率数据

其通常使用市场指数，如沪深 300 指数或其他市值加权的市场指数。这是三因子模型中的市场因子。

### 3. 规模因子数据

SMB 因子反映了小市值股票组合相对于大市值股票组合的收益差异。我们需要计算或获取 SMB 因子的历史数据。

### 4. 账面市值比因子数据

HML 因子反映了高账面市值比股票组合相对于低账面市值比股票组合的收益差异。我们需要计算或获取 HML 因子的历史数据。

### 5. 无风险利率数据

其用于计算市场因子和三因子模型的截距项，通常使用短期国库券利率等无风险利率。

这些数据的时间跨度应该足够长，以便进行对比分析和建模。一般而言，需用数年的数据来估计模型参数。我们可以从金融数据供应商、在线数据库或相关研究论文中获取这些数据。

在使用这些数据时，我们可以运用统计工具或专业的金融分析软件（如 Python 的 Pandas、NumPy、statsmodels 等）来实施三因子模型。模型的基本思路是：通过线性回归拟合股票收益与市场因子、规模因子、账面市值比因子之间的关系，从而计算每个股票或投资组合的贝塔系数、SMB 因子贡献和 HML 因子贡献。

为了方便大家进行实验，本书已经准备好了三因子数据，供大家直接下载使用。各位可以在随书资源包中下载 Excel 文件"三因子数据 .xlsx"并保存到电脑中，然后使用下面的代码来读取。

```
# Python 代码
# 读取三因子数据的 Excel 文件
ff_df = pd.read_excel('三因子数据 .xlsx')# 这里要换成保存这个 Excel 文件的路径
ff_df.set_index('Date', inplace=True)

# 检查数据
ff_df.tail()
```

运行这段代码，可以得到如表 8-1 所示的结果。

表 8-1　三因子数据

| Date | Mkt-RF | SMB | HML | RF |
| --- | --- | --- | --- | --- |
| 2022-08-01 | −3.77 | 1.40 | 0.29 | 0.19 |
| 2022-09-01 | −9.35 | −0.81 | 0.05 | 0.19 |
| 2022-10-01 | 7.83 | 0.06 | 8.01 | 0.23 |
| 2022-11-01 | 4.60 | −3.52 | 1.38 | 0.29 |
| 2022-12-01 | −6.41 | −0.69 | 1.37 | 0.33 |

【结果说明】在表 8-1 中，按月度频率储存了三因子数据，其中 Mkt-RF 是市场因子数据，SMB 是规模因子数据，HML 是账面市值比因子数据，RF 是无风险利率数据。

准备好三因子数据之后，就该准备资产收益数据了。这次我们使用美股"特斯拉"的历史行情数据（使用美股数据的原因后面会讲），为了方便读者实验，本书也准备了特斯拉的历史行情数据 Excel 文件，供读者下载。下载后使用下面的代码读取数据。

```python
# Python 代码
# 读取特斯拉历史行情数据
tsla = pd.read_excel('特斯拉历史行情.xlsx') # 替换成你保存 Excel 的路径
tsla.set_index('Date', inplace=True)

# 检查数据
tsla.tail()
```

运行这段代码，会得到如表 8-2 所示的结果。

表 8-2 特斯拉股票历史行情数据

| Date | Open | High | Low | Close | Adj Close | Volume |
|---|---|---|---|---|---|---|
| 2022-12-23 | 126.370003 | 128.619995 | 121.019997 | 123.150002 | 123.150002 | 166989700 |
| 2022-12-27 | 117.500000 | 119.669998 | 108.760002 | 109.099998 | 109.099998 | 208643400 |
| 2022-12-28 | 110.349998 | 116.269997 | 108.239998 | 112.709999 | 112.709999 | 221070500 |
| 2022-12-29 | 120.389999 | 123.570000 | 117.500000 | 121.820000 | 121.820000 | 221923300 |
| 2022-12-30 | 119.949997 | 124.480003 | 119.750000 | 123.180000 | 123.180000 | 157777300 |

【结果说明】如果读者看到和表 8-2 相同的结果，说明数据读取成功，可以进行下一步的实验了。

### 8.2.3 三因子模型的创建

现在让 ChatGPT 协助我们创建三因子模型，可以使用提示词："现在我已经下载了三因子数据，以及特斯拉的股票历史行情数据，两份数据均为 DataFrame 格式。三因子数据以月度为频率，包括 Mkt-RF、SMB、HML 和 RF 列，而特斯拉股票数据是日频，其中 adj_close 列是调整后的收盘价，现在需要使用这两个 DataFrame 演示三因子模型的创建，请给出示例代码。"发送提示词后，会得到 ChatGPT 生成的代码，经修改后的代码如下。

```python
# Python 代码
# 三因子数据命名为 ff_df, 特斯拉股票数据命名为 tsla
# 将特斯拉的股票数据按月度聚合，计算每月的最后收盘价
tesla_monthly = tsla.resample('M').last()
ff_df = ff_df.resample('M').last().div(100)

# 合并两份数据
merged_data = pd.merge(tesla_monthly, ff_df, left_index=True, right_index=True)

# 计算每个月的超额收益（相对于无风险利率）
```

```
merged_data['Excess_Return'] = (
    merged_data['Adj Close'].pct_change() - merged_data['RF'])
# 构建三因子模型
merged_data = merged_data.dropna()
X = merged_data[['Mkt-RF', 'SMB', 'HML']]
X = sm.add_constant(X)
y = merged_data['Excess_Return']

# 使用普通最小二乘法进行线性回归
model = sm.OLS(y, X)
results = model.fit()

# 输出回归结果
print(results.params)
```

运行这段代码，会得到如下所示的结果：

【代码运行结果】
```
const      0.033325
Mkt-RF     2.124880
SMB       -0.211521
HML       -1.139972
dtype: float64
```

【结果说明】上述代码中，我们首先使用了 resample 函数将特斯拉的日频数据聚合为月度数据。同时计算了股票的超额收益，超额收益是指股票收益率减去无风险利率的收益率。然后使用 statsmodels 库进行线性回归。最后输出了回归结果，包括贝塔系数和截距项。

具体来说，回归结果提供了三因子模型中的系数估计，即贝塔系数和截距项。下面是对这个结果的解读。

（1）**截距项**：0.033325。

截距项代表三因子模型中无法被市场、规模因子和账面市值比因子解释的部分，即超过模型解释的残差。在这个例子中，截距项为正数，可能表示特斯拉的超额收益中有一部分无法通过市场、规模和账面市值比因子来解释。

（2）**市场因子**：2.124880。

这里表示特斯拉相对于市场的风险敞口。如果市场整体上涨 1%，特斯拉的超额收益可能上涨 2.124880%。

（3）**规模因子**：–0.211521。

这里表示特斯拉相对于小市值股票组合的风险敞口。SMB 贝塔系数为负意味着特斯拉相对于小市值股票组合的收益表现可能与整体市场相比较弱。当小市值股票整体上涨时，特斯拉的收益可能相对较低，反之特斯拉的收益可能相对较高。

**（4）账面市值比因子：–1.139972。**

这里表示特斯拉相对于高账面市值比股票组合的风险敞口。HML 贝塔系数为负，意味着特斯拉相对于高账面市值比股票组合的收益表现可能与整个市场相比较为弱。当高账面市值比股票整体上涨时，特斯拉的收益可能相对较低；相反当高账面市值比股票整体下跌时，特斯拉的收益可能相对较高。

这个结果的综合解读是，即使考虑了市场、规模和账面市值比因子，模型中的因子仍然无法完全解释特斯拉的超额收益，因为存在正的截距项。此外，特斯拉相对于市场、小市值股票和高账面市值比股票的风险敞口分别为正、负、负，这些系数提供了关于特斯拉在市场中的特殊表现的一些信息。

> **注意**
>
> 在业界有一种说法，认为三因子模型并不适用于中国市场，因原该模型的构建和验证主要基于美国市场的数据，其背后的理论和假设可能在其他国家或地区的市场中不成立，包括中国市场。故此这部分实验我们使用了美股的历史行情数据。

### 8.2.4 用三因子模型对投资组合进行滚动估计

在 8.2.3 小节中，我们使用特斯拉股票的历史行情数据演示了三因子模型的使用。在这一小节中，我们来学习如何使用三因子模型对一系列资产组合进行滚动估计，其中这些估计是在不断滚动的时间窗口内进行的。

具体来说，"滚动式" 意味着在一段时间内，如每个交易日、每个月或每个季度，模型的参数（可能包括贝塔系数、截距项等）都会被重新估计。这种方法可以帮助捕捉模型参数随时间的变化，从而更好地适应市场的动态性。

因此，"三因子模型" 是指使用三因子模型来解释资产收益的模型。模型中包括市场因子、规模因子和账面市值比因子。

下面我们开始实验用三因子模型对投资组合进行滚动估计。首先要创建一个虚拟的投资组合，假设我们持有亚马逊、谷歌、苹果、微软这四家上市公司的股票，而且持仓的比例是平均的，即每家公司股票的持仓比例都是25%。这里读者可以直接下载随书附赠的"投资组合月度收益.xlsx"文件，然后使用下面的代码读取数据。

```
# Python 代码
# 读取下载的 Excel 文件
asset_df = pd.read_excel('投资组合月度收益.xlsx') # 替换成你保存 Excel 的路径
asset_df.set_index('Date', inplace=True)

# 检查数据
```

```
asset_df.tail()
```
运行这段代码,会得到如表8-3所示的结果。

表8-3 投资组合中每只股票的月度收益数据

| Date | AAPL | AMZN | GOOG | MSFT |
|---|---|---|---|---|
| 2022-08-31 | −0.031208 | −0.060615 | −0.064215 | −0.066663 |
| 2022-09-30 | −0.120977 | −0.108622 | −0.119102 | −0.109267 |
| 2022-10-31 | 0.109551 | −0.093451 | −0.015497 | −0.003306 |
| 2022-11-30 | −0.033028 | −0.057595 | 0.071730 | 0.102223 |
| 2022-12-31 | −0.122273 | −0.129894 | −0.125382 | −0.060045 |

【结果说明】读者使用上面的代码读取下载的Excel文件并检查后,可以看到和表8-3相同的结果。其中,AAPL、AMZN、GOOG、MSFT分别代表苹果、亚马逊、谷歌、微软这四家上市公司。表中是已经计算好的这四家公司股票的月度收益。接下来我们可以使用三因子模型对这个投资组合进行滚动估计。

这部分工作也可以让ChatGPT协助完成,提示词是:"现在有一个Dataframe,名为asset_df,其中包含一个投资组合AAPL、AMZN、GOOG、MSFT的月度收益,持仓比例都是25%。另外一个DataFrame,名为factors,其中包含了月度三因子数据。DataFrame中包含的列有MKT-RF、SMB、HML和RF。需要使用这两个DataFrame演示三因子模型的滚动估计,并将结果进行可视化,请给出示例代码。"发送提示词后,会得到ChatGPT生成的代码,经修改后的代码如下。

```
# Python 代码
# asset_df 包含投资组合的月度收益, factors 包含三因子数据
# 计算加权投资组合收益
weights = np.array([0.25, 0.25, 0.25, 0.25])
portfolio_returns = asset_df[['AAPL', 'AMZN', 'GOOG', 'MSFT']].dot(weights)

# 合并投资组合收益和三因子数据
merged_data = pd.merge(pd.DataFrame(portfolio_returns,
                                    columns=['Portfolio_Returns']),
                       factors,
                       left_index=True,
                       right_index=True)

# 初始化一个列表来存储滚动估计的结果
rolling_results = []

# 定义滚动窗口大小
```

```python
window_size = 36

# 进行滚动估计
for i in range(len(merged_data) - window_size + 1):
    window_data = merged_data.iloc[i:i + window_size]

    # 提取因变量和自变量
    y = window_data['Portfolio_Returns']
    X = sm.add_constant(window_data[['Mkt-RF', 'SMB', 'HML']])

    # 进行线性回归
    model = sm.OLS(y, X)
    results = model.fit()

    # 提取估计的系数
    alpha, beta_mkt, beta_smb, beta_hml = results.params

    # 获取滚动窗口的中间日期
    date = window_data.index[window_size // 2]

    # 将结果添加到列表中
    rolling_results.append({'Date': date, 'Alpha': alpha,
                            'Mkt-RF': beta_mkt, 'SMB': beta_smb,
                            'HML': beta_hml})

# 将字典列表转换为 DataFrame
rolling_results_df = pd.DataFrame(rolling_results)

# 将 'Date' 列设为索引
rolling_results_df.set_index('Date', inplace=True)

# 可视化结果
plt.figure(dpi=300)
rolling_results_df.plot(title='投资组合的三因子模型滚动估计',
                        linewidth=2,
                        figsize=(15,10))
plt.ylabel('系数值',fontsize=20)
plt.xlabel('日期',fontsize=20)
plt.savefig('图8-1.jpg', dpi=300)
plt.show()
```

运行这段代码,会得到如图 8-1 所示的结果。

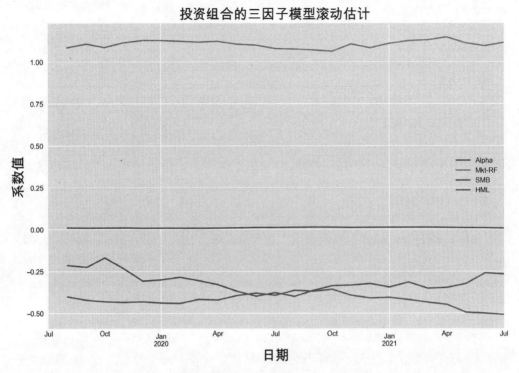

图 8-1 投资组合的三因子模型滚动估计结果

【结果说明】在这个代码示例中，我们用 window_size 定义了滚动窗口的大小，即每次用于估计模型参数的数据点数量。在每个窗口内，使用普通最小二乘法进行三因子模型的线性回归。最后，结果被可视化。

图 8-1 展示了使用滚动窗口的方式对投资组合进行三因子模型的估计，其中包括截距项（Alpha）、市场因子（MKT-RF）、规模因子（SMB）和账面市值比因子（HML）的系数随时间的变化。

其中，Alpha 曲线展示了投资组合的超额收益中无法通过市场、规模和账面市值比因子来解释的部分。如果 Alpha 曲线在整个时间范围内维持在零附近，表示投资组合的收益在很大程度上可以通过三因子模型解释。如果 Alpha 曲线出现波动，可能表明投资组合中存在某些无法通过三因子模型捕捉到的特殊特征。

MKT-RF、SMB、HML 系数曲线分别对应市场因子、规模因子和账面市值比因子的系数。它们表示投资组合在这些因子上的风险敞口。如果某个系数呈现稳定的趋势，说明投资组合在相应的因子上有持续的风险敞口。如果系数曲线发生波动，可能表示投资组合在这些因子上的风险敞口是随时间而变化的。

## 8.3 让 ChatGPT 协助使用其他多因子模型

除了三因子模型,还有一些扩展的多因子模型,如 Carhart 四因子模型和 Fama-French 五因子模型。这些模型在资本资产定价模型的基础上引入了更多的因子,以更好地解释资产或投资组合的收益。在这一节中,我们将学习这两种多因子模型的相关知识。

### 8.3.1 Carhart 四因子模型

Carhart 四因子模型是由经济学家马克·M. 卡哈特(Mark M. Carhart)提出的。该模型于 1997 年发表在《金融学刊》,在原有的三因子模型的基础上引入了动量因子(Mom)。该模型是投资组合绩效研究领域的一个经典模型,它对于解释共同基金绩效的持续性以及其他资产类别的超额收益具有重要意义。

Carhart 四因子模型的计算公式如下:

$$R_i = R_f + \beta_{mkt}(MKT-RF) + \beta_{smb} \cdot SMB + \beta_{hml} \cdot HML + \beta_{mom} \cdot Mom + \alpha_i$$

其中,$R_i$ 是资产或投资组合的超额收益率,$R_f$ 是无风险利率,$\beta_{mkt}$、$\beta_{smb}$、$\beta_{hml}$ 和 $\beta_{mom}$ 分别是市场、规模、账面市值比和动量因子的系数,$\alpha_i$ 是超额收益的截距项。

Carhart 四因子模型相较于传统的 CAPM,通过引入动量因子,试图更全面地解释投资组合的超额收益,并更好地捕捉市场上的各种风险敞口。

在 Carhart 四因子模型中,动量因子是基于股票的过去收益表现计算的。具体而言,动量因子反映了在过去一段时间内表现良好的股票是否在未来继续表现良好。通常,动量因子使用过去 12 个月(或其他时间窗口)的累积收益率来计算。

动量因子的计算步骤如下。

(1)选择时间窗口:选择一个时间窗口,通常为过去 12 个月。这个时间窗口表示我们关注的过去表现的期限。

(2)计算股票的累积收益率:对每只股票在选定的时间窗口内的收益率进行累积计算。这可以通过将每个月的收益率相乘来实现。

(3)标准化动量因子:目的是确保不同股票的动量因子具有可比性。这可以通过减去动量因子的均值并除以标准差来实现。

动量因子的计算可以表示为:

$$Mom = \frac{1}{N}\sum_{i=1}^{N}(\prod_{t=1}^{T}(1+R_{i,t})-1)$$

其中,$N$ 是股票数量,$T$ 是时间窗口的长度,$R_{i,t}$ 是股票 $i$ 在时间 $t$ 的收益率。

为了方便起见,读者可以下载随书附赠资源中的"动量因子数据.xlsx",并使用下面的代码读取和处理这个文件。

```
# Python 代码
# 读取下载好的 Excel 文件
mom_df = pd.read_excel('动量因子数据.xlsx')# 替换成你保存文件的路径
mom_df.set_index('Date', inplace=True)
mom_df = mom_df.resample('M').last()

# 检查数据
mom_df.tail()
```

运行这段代码，会得到表 8-4 所示的结果。

表 8-4 动量因子数据

| Date | Mom |
|---|---|
| 2022-08-31 | 2.04 |
| 2022-09-30 | 3.51 |
| 2022-10-31 | 3.96 |
| 2022-11-30 | −1.98 |
| 2022-12-31 | 4.55 |

【结果说明】通过上面的代码读取已经下载好的动量因子数据 Excel 文件，并进行简单的处理，即可得到和表 8-4 相同的结果。

接下来让 ChatGPT 协助我们进行实验，数据为之前用过的特斯拉股价数据、三因子数据和动量因子数据。提示词是："现在有 3 个 DataFrame，第一个名为 tesla_monthly，其中 Adj Close 列存储了特斯拉月度收盘价，第二个名为 factors，是月度三因子数据，包括的列为 Mkt-RF、SMB、HML、RF，第三个名为 mom_df，是月度的动量因子，需要使用这三个 DataFrame 演示 Carhart 四因子模型，请给出示例代码。"发送提示词后，会得到 ChatGPT 生成的代码，经修改后的代码如下。

```
# Python 代码
# tsla_monthly、factors、mom_df 是准备好的 3 个 DataFrame
# 合并三个 DataFrame，假设它们都有相同的日期索引
mom_df.columns = ['Mom']
merged_data = pd.concat([tesla_monthly['Adj Close'], factors, mom_df], axis=1)

# 计算超额收益
merged_data['Excess Return'] = (
    merged_data['Adj Close'].pct_change() - merged_data['RF']
)

merged_data['Mom'] = merged_data['Mom'].div(100)
```

```python
merged_data = merged_data.dropna()

# 准备回归所需的数据

X = sm.add_constant(merged_data[['Mkt-RF', 'SMB', 'HML', 'Mom']])
y = merged_data['Excess Return']

# 使用 OLS 进行回归
model = sm.OLS(y, X, missing='drop')
results = model.fit()

# 打印回归结果
print(results.params)
```

运行这段代码，会得到如下所示的代码。

【代码运行结果】
```
const      0.033877
Mkt-RF     2.094001
SMB       -0.237042
HML       -1.173431
Mom       -0.104692
dtype: float64
```

【结果说明】上述代码中，我们首先合并了三个 DataFrame，然后计算了每个月的超额收益。接下来，我们使用 statsmodels 库执行 OLS 回归，其中因变量是超额收益，自变量包括市场因子、规模因子、账面市值比因子和动量因子。在运行结果中可以看到，相比三因子模型，Carhart 四因子模型多出一个动量因子的贝塔系数，为 –0.104692。当投资组合或资产的动量因子贝塔系数为负时，意味着该资产在短期内对动量因子具有负的敞口。换句话说，该资产可能对过去表现良好的股票不够敏感，甚至可能在动量因子为负时表现更好。这可能反映了该资产的投资策略或特定因素，使其在短期内与动量因子的表现趋势相对独立或反向。

### 8.3.2 Fama-French 五因子模型

Fama-French 五因子模型也是由经济学家尤金·法马和肯尼斯·弗伦奇提出的，它在原有的三因子模型的基础上引入投资风格因子（CMA）和盈利能力因子（RMW）。该模型可以更全面地解释股票和投资组合的超额收益。

Fama-French 五因子模型的数学表达式为：

$$R_i = R_f + \beta_{MKT}(MKT-RF) + \beta_{SMB} \cdot SMB + \beta_{HML} \cdot HML + \beta_{RMW} \cdot RMW + \beta_{CMA} \cdot CMA + \alpha_i$$

其中，$\beta_{RMW}$ 表示盈利能力因子（高盈利能力公司相对于低盈利能力公司的收益差异）的贝塔系数。

$\beta_{CMA}$ 表示投资风格因子（保守型公司相对于激进型公司的收益差异）的贝塔系数。

在构建盈利能力因子时，一般采用高盈利公司组合和低盈利公司组合的方法。

具体步骤如下。

（1）选择盈利指标：通常选择公司的净利润或营业利润。这两个指标是衡量公司盈利能力的常见指标。

（2）按照盈利指标排序：将样本中的公司按照选定的盈利指标进行排序，然后将其从高到低分为两组，一组是高盈利公司，另一组是低盈利公司。

（3）计算盈利能力因子收益率：计算高盈利公司组合和低盈利公司组合的收益率。可以使用每个公司的股票收益率来计算组合的加权平均收益率。

（4）计算盈利能力因子：用高盈利公司组合的收益率减去低盈利公司组合的收益率。

例如，用营业利润作为盈利指标，计算盈利能力因子的步骤可能如下。

（1）将公司按照营业利润从高到低排序，分为两组：高盈利公司和低盈利公司。

（2）计算高盈利公司组合和低盈利公司组合的月度收益率。

（3）计算盈利能力因子，即用高盈利公司组合的月度收益率减去低盈利公司组合的月度收益率。

这样就得到了盈利能力因子的时间序列数据，接下来便可以将其用于 Fama-French 五因子模型中。请注意，实际应用中需要根据具体的研究目的和数据可用性来选择适当的盈利指标。

而投资风格因子通常使用账面市值比作为衡量投资风格的指标。投资风格因子反映了保守型公司相对于激进型公司的收益差异。在构建投资风格因子时，一般采用高账面市值比公司组合和低账面市值比公司组合的方法。

以下是计算投资风格因子的一般步骤。

（1）选择账面市值比指标：选择公司的账面市值比作为投资风格的指标。账面市值比是公司账面价值（净资产值）与市值的比率，是衡量公司价值型（保守型）与成长型（激进型）的指标之一。

（2）按照账面市值比排序：将样本中的公司按照选定的账面市值比进行排序，然后将其从高到低分为两组，一组是高账面市值比公司，另一组是低账面市值比公司。

（3）计算投资风格因子收益率：计算高账面市值比公司组合和低账面市值比公司组合的收益率。可以使用每个公司的股票收益率来计算组合的加权平均收益率。

（4）计算投资风格因子：用高账面市值比公司组合的收益率减去低账面市值比公司组合的收益率。

这样就得到了投资风格因子的时间序列数据，接下来便可以将其用于 Fama-French 五因子模型中。请注意，实际应用中需要根据具体的研究目的和数据可用性来选择适当的投资风格指标。

同样，读者可以下载随书附赠资源中的"五因子数据.xlsx"，并使用下面的代码读取数据进行简单的处理。

```python
# Python 代码
f5_df = pd.read_excel('5因子数据.xlsx')
f5_df.set_index('Date', inplace=True)
f5_df = f5_df.resample('M').last().div(100)
f5_df.tail()
```

运行这段代码，会得到如表8-5所示的结果。

表 8-5　五因子数据

| Date | Mkt-RF | SMB | HML | RMW | CMA | RF |
|---|---|---|---|---|---|---|
| 2022-08-31 | −0.0377 | 0.0152 | 0.0029 | −0.0475 | 0.0129 | 0.0019 |
| 2022-09-30 | −0.0935 | −0.0105 | 0.0005 | −0.0151 | −0.0080 | 0.0019 |
| 2022-10-31 | 0.0783 | 0.0189 | 0.0801 | 0.0334 | 0.0664 | 0.0023 |
| 2022-11-30 | 0.0460 | −0.0274 | 0.0138 | 0.0638 | 0.0318 | 0.0029 |
| 2022-12-31 | −0.0641 | −0.0015 | 0.0137 | 0.0025 | 0.0420 | 0.0033 |

【结果分析】从表8-5中可以看到，相比三因子数据，五因子数据多出了RWM和CMA两列，分别代表盈利能力因子和投资风格因子。如果读者也得到了与表8-5相同的结果，说明数据准备完成，可以继续开展实验了。

接下来，我们让ChatGPT协助使用Fama-French五因子模型进行估计，使用的提示词可以是："现在有2个DataFrame，第一个名为tesla_monthly，其中Adj Close列存储了特斯拉月度收盘价，第二个名为f5_df，是月度五因子数据，包括的列为Mkt-RF、SMB、HML、RMW、CMA、RF，需要用这两个DataFrame演示Fama-French五因子模型，请给出示例代码。"发送提示词后，得到ChatGPT生成的代码，经修改后的代码如下。

```python
# Python 代码
# 合并两个数据框架，确保日期对齐
merged_data = pd.merge(tesla_monthly,
                       f5_df,
                       left_index=True,
                       right_index=True)

# 计算超额收益
merged_data['Excess Return'] = (
    merged_data['Adj Close'].pct_change() - merged_data['RF']
)
merged_data = merged_data.dropna()

# 准备回归所需的数据
X = sm.add_constant(merged_data[['Mkt-RF', 'SMB', 'HML', 'RMW', 'CMA']])
```

```
y = merged_data['Excess Return']

# 使用OLS进行回归
model = sm.OLS(y, X)
results = model.fit()

# 打印回归结果
print(results.params)
```

运行这段代码,会得到如下所示的结果。

【代码运行结果】
```
const      0.039483
Mkt-RF     2.426406
SMB       -1.259304
HML       -0.706303
RMW       -1.508287
CMA       -0.087863
dtype: float64
```

【结果说明】这段代码首先合并了两个数据框架 tsla_monthly 和 f5_df,确保它们有相同的日期索引。然后计算了超额收益,即用特斯拉的月度收益减去无风险利率。接下来准备回归所需的数据,包括市场因子、规模因子、账面市值比因子、盈利能力因子、投资风格因子和超额收益。最后使用 OLS 进行回归分析,得到模型结果。

在上面 Fama-French 五因子模型的回归结果中,RMW 和 CMA 这两个因子贝塔系数,它们表示特斯拉相对于这两个因子的市场敞口。具体解读如下。

(1)盈利能力因子 –1.508287。

这个负值表示在考虑市场因子、规模因子、账面市值比因子的情况下,特斯拉对盈利能力因子呈现负的市场敞口。这样的市场敞口结果可能有多种解释,其中之一是特斯拉在盈利能力较低的公司中可能表现更好。这可能是因为在一些市场环境下,投资者可能更青睐盈利能力较低的公司,或者特斯拉在一些盈利能力较低的行业中具有竞争优势。

(2)投资风格因子 –0.087863。

同样,这个负值表示在考虑其他因子的情况下,特斯拉对投资风格因子呈现负的市场敞口。这可能表明特斯拉相对于保守型公司(较低的 CMA)有一定的市场敞口。这可能反映了特斯拉的经营或财务特征,使其在一些保守型行业或公司中表现较好。

需要注意的是,解读系数时要考虑统计显著性和实际市场环境。系数的显著性水平(通常用 $p$ 值来表示)越低,表示这个系数越可能不等于零,越具有统计显著性。此外,系数的具体解释可能还需要考虑其他因素,如模型的拟合优度和实际投资决策的背景。

### 8.3.3 基于多因子模型调整投资组合

在使用多因子模型估计了投资组合的阿尔法值和贝塔值后,投资者可以根据这些系数来调整投资组合。下面以 Fama-French 五因子模型为例,介绍一些调整投资组合的方法。

**1. 调整权重分配**

根据估计的阿尔法值,投资者可以调整投资组合中每个资产的权重,以更好地利用预期超额收益。如果某个资产的阿尔法值为正,可以考虑增加其权重;反之,如果阿尔法值为负,可以减少或剔除该资产。下面是一段示例代码,说明了如何基于阿尔法值调整投资组合中的持仓权重。

```python
# python
# 示例的 alpha 值
alpha = 0.02

# 原始权重
original_weights = {'Stock_A': 0.4, 'Stock_B': 0.3, 'Stock_C': 0.3}

# 调整后的权重
adjusted_weights = {'Stock_A': 0.4 + alpha, 'Stock_B': 0.3, 'Stock_C': 0.3 - alpha}
```

**2. 动态调整**

使用贝塔值来动态调整投资组合的权重,以适应市场波动。如果投资组合中某个资产的贝塔值较高,表明它对市场波动更为敏感,投资者可以根据市场预期进行动态调整。下面是一段示例的代码,演示了如何基于不同的贝塔系数调整投资组合中的权重。

```python
# python 代码
# 估计的 beta 值
beta_stock_A = 1.2
beta_stock_B = 0.8

# 原始权重
original_weights = {'Stock_A': 0.4, 'Stock_B': 0.6}

# 预期市场收益率
expected_market_return = 0.03

# 调整后的权重
adjusted_weights = {
    'Stock_A': original_weights['Stock_A'] * beta_stock_A / (beta_stock_A + beta_stock_B),
    'Stock_B': original_weights['Stock_B'] * beta_stock_B / (beta_stock_A + beta_stock_B)
```

}

### 3. 风险管理

这里指利用估计的因子敞口，进行更精细的风险管理。如果投资组合在某个因子上的敞口较大，可能需要调整以减少系统性风险。以下是示例的代码，演示了如何基于不同的因子敞口调整投资组合中的权重。

```python
# python 代码
# 估计的因子敞口
factor_exposure = {'Mkt-RF': 0.5, 'SMB': -0.2, 'HML': 0.3, 'RMW': -0.1, 'CMA': 0.2}

# 原始权重
original_weights = {'Stock_A': 0.4, 'Stock_B': 0.6}

# 预期因子收益
expected_factor_returns = {'Mkt-RF': 0.02, 'SMB': 0.01, 'HML': 0.005, 'RMW': 0.008, 'CMA': 0.004}

# 风险敞口调整后的权重
adjusted_weights = {}
for stock, weight in original_weights.items():
    adjusted_weights[stock] = (
        weight - sum(factor_exposure[fac] * expected_factor_returns[fac] for fac in factor_exposure
    )
```

需要说明的是，这些调整方法的实际应用需要根据投资者的投资目标、风险偏好以及市场预期进行定制。在调整投资组合时，投资者应该综合考虑阿尔法、贝塔和其他因子敞口，以确保调整是符合整体投资策略的。此外，实时监测市场和因子表现，及时进行调整以适应市场环境的变化也是关键。

## 8.4 小结与习题

在本章中，我们介绍了资本资产定价模型、Fama-French 三因子模型、Carhart 四因子模型和 Fama-French 五因子模型等的原理和应用，并了解了在中国市场中应用多因子模型的一些注意事项。整体而言，本章涵盖了一些比较常见的多因子模型，如从基础的 CAPM、三因子模型到它们的扩展。在下一章中，我们将研究如何使用 GARCH 类模型对波动率进行建模。

以下是本章的习题：

（1）请解释 CAPM 模型中贝塔的概念，并说明它如何衡量资产相对于市场的风险。

（2）请使用本书附赠的股票历史行情数据和各种因子数据的数据集，利用 Fama-French 三因子模型计算该股票的阿尔法值。

（3）在 Carhart 四因子模型中，动量因子的贝塔系数为什么会影响投资组合的超额收益？请解释其理论基础。

（4）在中国市场应用多因子模型时，需要特别注意哪些市场特点？请举例进行解释。

（5）假设你的投资组合在 Fama-French 五因子模型中的某一因子上有较大的正敞口，你会如何调整权重以降低这一因子的影响？

（6）在实际投资中，你认为在什么情况下应该考虑动态调整投资组合的因子权重？给出一个具体的案例。

（7）如果你的投资组合在某个因子上的风险敞口过大，你将采取什么措施来进行风险管理？

# 第9章

## 让 ChatGPT 协助使用 GARCH 建模

# 第 9 章 让 ChatGPT 协助使用 GARCH 建模

GARCH 模型是在金融领域常用的时间序列模型，主要用于建模和预测金融产品的波动性。金融市场中的波动性通常表现出明显的异方差性，即波动性在时间上变化。GARCH 模型能够捕捉到这种变化，因为它允许波动性的变化是过去波动性的函数。同时，对金融市场中资产价格波动性的准确建模对于风险管理至关重要，GARCH 模型提供了一种量化波动性并帮助投资者更好地理解和管理市场风险的方式。此外，金融市场中的价格波动性往往受到市场信息和事件的影响，GARCH 模型可以帮助分析这些影响，并通过对波动性的调整来更好地解释市场变化。因此，GARCH 模型的应用使得金融专业人士能够更好地理解和应对金融市场中的波动性，这对于投资决策、风险管理和金融衍生品定价等方面都具有重要意义。

本章的主要内容：
- ARCH 模型的原理及实现；
- GARCH 模型的原理及实现；
- 使用 GARCH 模型预测未来波动率；
- CCC-GARCH 模型的原理；
- 使用 CCC-GARCH 预测条件协方差矩阵。

## 9.1 让 ChatGPT 协助探索 ARCH 模型

在介绍 GARCH 之前，我们先来了解一下 ARCH 模型，这是理解 GARCH 模型的基础。ARCH 模型是 GARCH 模型的前身，它也是一种用于描述和建模时间序列数据中的异方差性（波动性变化）的模型。在这一节中，我们将一起学习 ARCH 的原理与其实现。

### 9.1.1 ARCH 模型的基本原理

首先，我们需要了解一下什么是异方差性。异方差性（Heteroskedasticity）是指一个随机变量序列的方差在时间或其他条件上发生变化的现象。在时间序列数据中，异方差性表示数据的波动性不是恒定的，而是随着时间的推移或其他条件的改变而变化。

具体来说，如果一个时间序列的方差是恒定的，我们称之为同方差性。但如果方差随着时间的变化而增加或减少，我们就说这个时间序列具有异方差性。

异方差性可能会对统计分析和模型的有效性产生影响，因为许多统计方法都基于同方差性的假设。在金融领域，异方差性是很常见的，因为金融市场中的波动性通常会随着时间的推移而变化。这正是 ARCH 模型被用来建模金融时间序列中异方差性的原因。

ARCH 模型由罗伯特·F. 恩格尔（Robert F. Engle）于 1982 年提出。该模型基于以下两个核心假设。

（1）**条件异方差性：**时间序列数据中的方差是条件异方差的，即它是过去观测值的函数。

（2）**自回归结构：**ARCH模型包含自回归结构，其中过去的平方残差用来预测当前时刻的条件方差。

ARCH(p)模型的条件方差可以表示为：

$$\sigma_t^2 = \alpha_0 + \sum_{i=1}^{p}\alpha_i \varepsilon_{t-i}^2$$

其中，$\sigma_t^2$是在时间$t$的条件方差，$\varepsilon_{t-i}^2$是在时间$t-i$的残差的平方，$\alpha_0, \alpha_1, \cdots, \alpha_p$是模型的参数。条件方差是指在给定一定信息或条件下，随机变量的方差。

正如我们前面所说，时间序列数据中观测值的方差（波动性）不是恒定的，而是与过去的观测值相关的，即它是过去观测值的函数。

具体来说，条件异方差性表示时间序列中的波动性是动态变化的，这种变化与过去观测值的情况有关。这反映了时间序列数据中的一种现象，即在某些时期，数据可能表现出更大的波动，而在其他时期则可能表现出较小的波动。

在金融市场中，这种异方差性很常见。例如，金融市场可能在某些时期经历剧烈的波动，如金融危机期间，而在相对平稳的时期则可能波动较小。这种动态的波动性与过去的市场状况和事件密切相关。

ARCH模型可以捕捉这种条件异方差性。在模型中，条件方差（波动性）的变化是过去的残差平方的函数。如果过去的残差平方较大，说明在那个时期发生了较大的波动，模型会对未来的波动性进行调整。

因此，我们要注意时间序列中波动性的非常规性，即波动性并非固定不变，而是随着时间的推移和过去观测值的变化而变化。这种动态特性是时间序列建模中要考虑的重要因素，尤其是在金融数据分析中。

此外，在金融时间序列中使用ARCH模型时，我们要关注序列中的残差，即观测值与模型预测值之间的差异。让我们详细解释一下"时间$t-i$的残差的平方"这个概念。

假设存在一个时间序列$X_t$，其中$t$表示时间。我们使用一个模型对这个时间序列进行建模，并在每个时间点$t$预测一个值$\widehat{X_t}$。那么，残差$\varepsilon_t$定义为观测值$X_t$与预测值$\widehat{X_t}$之间的差异：

$$\varepsilon_t = X_t - \widehat{X_t}$$

而残差的平方$\varepsilon_t^2$则是这个差异的平方，这个平方项表示预测误差的大小，即我们的模型在时间$t$对观测值$X_t$的预测与实际观测值之间的差异的平方。在ARCH模型中，我们关注的是残差的平方项在过去的某些时间点$t-i$的值。

所以，过去$t-i$时刻的观测值和模型预测值之间的差异的平方被用来衡量过去一段时间内的波动性，以及对当前时刻的条件方差的影响。

通俗地说，ARCH 模型能够帮助我们理解某个时间序列数据中的方差为什么会发生变化，特别是在金融领域，我们可以用它来预测股票或其他资产的波动性。

以每日股票收益为例，有时候股票价格可能相对稳定，而有时候可能会经历较大的波动。ARCH 模型就是为了解释这种波动性变化。

我们观察到股票收益的方差并不是一成不变的，有时候可能会增大。这就是异方差性或者 ARCH 效应。例如，在公司发布重要财报后，股票的波动性可能会显著增加。

ARCH 模型考虑了过去一段时间内的方差信息，尤其是之前的残差（收益变动）。它告诉我们，当前时刻的方差不仅取决于过去的方差，还取决于过去的残差。

ARCH 模型中有一些参数，其中 $p$ 表示过去 $p$ 期的方差对当前方差的影响。通过调整这些参数，我们可以更好地拟合实际数据。

一旦我们用 ARCH 模型拟合了数据，就可以用它来预测未来的方差。这对于风险管理和投资决策非常有用。如果模型预测未来方差将增大，投资者可能会采取一些风险控制的措施。

### 9.1.2 ARCH 模型的具体实现

要演示 ARCH 模型的实现，我们可以选择使用金融时间序列数据，如股票或期货的价格。这些数据通常具有波动性，适合展示 ARCH 模型捕捉波动性变化的能力。为了方便读者实验，本书附赠了相关的数据。这里大家可以下载"棉花十年行情数据 .xlsx"，新建一个 Jupyter Notebook，并用下面的代码读取、处理数据。

```
# Python 代码
# 读取下载的 Excel 文件并处理
df = pd.read_excel('棉花十年行情数据.xlsx')#换成你保存文件的路径
df = df[['日期', '收盘价']]
df.set_index('日期', inplace=True)

#检查数据
df.tail()
```

运行这段代码会得到如表 9-1 所示的结果。

表 9-1 棉花期货连续合约历史行情数据（部分）

| 日期 | 收盘价 |
| --- | --- |
| 2022-12-26 | 14025 |
| 2022-12-27 | 14220 |
| 2022-12-28 | 14230 |
| 2022-12-29 | 14180 |
| 2022-12-30 | 14260 |

【结果说明】在本书提供的"棉花十年行情数据.xlsx"文件中，存储的是从 2013 年 1 月 4 日至 2022 年 12 月 30 日的棉花期货连续合约的历史行情数据。上面的代码使用 Pandas 读取了这个 Excel 文件，保留了"日期"和"收盘价"这两列，并将日期设置为数据表的索引。当然，读者朋友也可以通过接口获取其他金融产品的价格数据来进行实验。

接下来，我们可以使用可视化的方法，来查看棉花期货每日的收益波动，使用的代码如下。

```python
# Python 代码
# 首先使用收盘价计算出每日的涨跌幅
returns = df['收盘价'].pct_change().dropna() * 100

# 将数据可视化
returns.plot(figsize = (15,10))
plt.title('棉花期货每日涨跌', fontsize=20)
plt.savefig('图9-1.jpg', dpi=300)
plt.show()
```

运行这段代码，会得到如图 9-1 所示的结果。

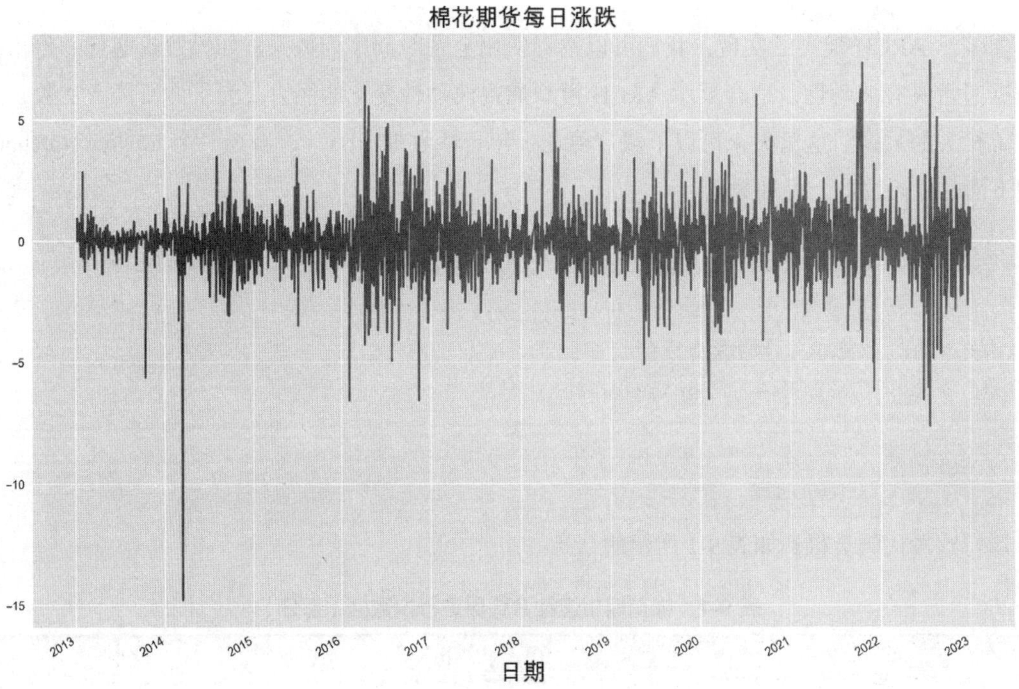

图 9-1　棉花期货每日涨跌（收益率）

【结果说明】上面的代码计算并可视化了棉花期货行情数据的每日收益率。首先用 .pct_change() 函数计算了相邻两个元素之间的百分比变化，即每日收益率。因为计算百分比变化会产生一个 NaN 值，所以我们用 dropna() 去除了计算百分比变化后的第一个 NaN 值。然后将收益率数据绘制成一个折线图，以便于直观地了解收益率的波动性和走势。

接下来，我们将使用 ARCH 模型描述棉花期货价格每日收益的波动性。在 Python 中，我们可以使用 arch 库来实现 ARCH 模型。arch 库是一个用于金融时间序列建模的 Python 库，它提供了许多实现条件异方差模型的工具。这个库主要用于 ARCH 和 GARCH 模型。要安装 arch 库非常简单，只需使用 pip install arch 命令即可。

安装完成之后，我们可以让 ChatGPT 协助我们拟合 ARCH 模型，使用的提示词是："现在有一个名叫 df 的 DataFrame，index 是日期，包含名叫收盘价的列，是期货每日的历史行情数据，请演示如何拟合 ARCH 模型。"发送提示词后，会得到 ChatGPT 生成的代码，经修改后的代码如下。

```python
# Python 代码
# 导入 ARCH 模型
from arch import arch_model

returns = df['收盘价'].pct_change().dropna() * 100    # 计算日收益率

# 拟合 ARCH 模型
model = arch_model(returns, mean="Zero",
                   vol="ARCH", p=1, q=0)
result = model.fit(disp="off")

# 查看模型 params
result.params
```

运行这段代码，会得到如下所示的结果。

【代码运行结果】
```
omega        1.278126
alpha[1]     0.288301
Name: params, dtype: float64
```

【结果说明】在上面的代码中，我们使用 arch_model 函数创建了一个 ARCH 模型。其中，参数 mean="Zero" 表示在模型中没有均值部分。在金融时间序列中，很多时候我们考虑的是相对收益，因此模型中不包含均值项。你也可以选择其他均值模型，如 "Constant" 或 "AR"，具体取决于你的需求。而参数 vol="ARCH" 表示使用 ARCH 模型来建模条件异方差性（波动性）。此外，参数 p=1, q=0 指定了模型的阶数。在这里，p=1 表示模型中 ARCH 阶数为 1，q=0 表示模型中没有 GARCH 项。

我们还通过 result.params 查看了模型的参数估计结果。

其中，omega 为 1.278126，这是 ARCH 模型中的常数项。它表示在模型中未观测到的异方差的基本水平。在条件异方差模型中，omega 可以被视为波动性的基准水平。

alpha[1] 为 0.288301，这是 ARCH 模型中的滞后项的权重。这个值越大，过去的残差平方对当前波动性的影响就越大，说明模型考虑了短期内的波动性变化。

> **注意**
> 
> ARCH 模型的阶数指的是模型中的自回归阶数（Autoregressive Order），通常用符号 $p$ 表示。在 ARCH 模型中，$p$ 表示用于描述条件异方差性（波动性）的滞后项数量。当 ARCH 模型的阶数 $p$ 为 1 时，即 ARCH(1) 模型，条件方差（波动性）的变化仅依赖于一个过去时刻的残差平方。

除了查看 ARCH 模型估计的参数之外，我们还可以对结果进行可视化，使用的代码如下。

```
# Python 代码
# 可视化模型估计结果
result.plot(annualize='D')
plt.savefig('图9-2.jpg',dpi=300)
plt.show()
```

运行这段代码，会得到如图 9-2 所示的结果。

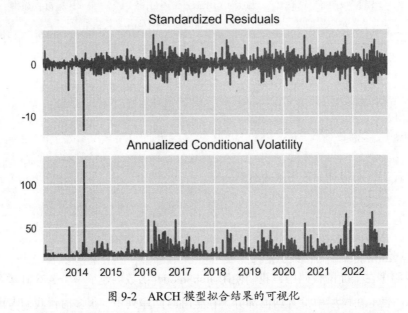

图 9-2 ARCH 模型拟合结果的可视化

【结果说明】代码中的 result.plot(annualize='D') 生成的图形主要包括两个部分：标准化残差（Standardized Residuals）和年化条件波动性（Annualized Conditional Volatility）。

（1）**标准化残差：** 表示 ARCH 模型的拟合残差，即观测值与模型预测值之间的差异，除以条件方差的平方根。标准化残差有助于检测模型是否成功捕捉到数据的变异性。在理想情况下，标准化残差应该接近于标准正态分布，即均值为 0，标准差为 1。如果标准化残差显示出一些明显的模式、异方差性或自相关性，那么模型可能需要进一步改进。

（2）**年化条件波动性：** 表示在 ARCH 模型中估计的条件方差的平方根，通常表示为波动性。这个图形展示了在时间序列中的波动性变化。图中一些时间点上波动性的显著变化，可能与市场中的特定事件相关。这个图形也可以帮助我们判断模型是否成功地捕捉到了数据的波动性特征。

## 9.2 让 ChatGPT 协助探索 GARCH 模型

虽然 ARCH 模型成功地描述了一些金融时间序列数据的波动性，但它有一个缺点，即它忽略了过去观测值之间的相关性。为了解决这个问题，GARCH 模型在 ARCH 模型的基础上引入了条件异方差的滞后项，从而使模型能够更好地捕捉到时间序列数据中的长期依赖关系。在引入了滞后项之后，模型能够更准确地建模金融产品的波动性。GARCH 模型的优点在于它既能够考虑过去的波动性，也能够捕捉到过去的观测值之间的相关性。在这一节中，我们将一起了解 GARCH 模型的原理及其实现方法。

### 9.2.1 GARCH 模型的基本原理

GARCH 模型也是一种用于建模时间序列波动性（条件异方差性）的经典模型。GARCH 模型是 ARCH 模型的扩展，它允许模型考虑更多过去时刻的信息。

GARCH(p, q) 模型的形式如下：

$$\sigma_t^2 = \omega + \sum_{i=1}^{p} \alpha_i \varepsilon_{t-i}^2 + \sum_{j=1}^{q} \beta_j \sigma_{t-j}^2$$

其中，$\sigma_t^2$ 仍然是在时间 $t$ 的条件方差。

$\omega$ 是模型中的常数项，表示波动性的基准水平。

$\alpha_0$，$\alpha_1$，$\cdots$，$\alpha_p$ 是 ARCH 项的权重，用于衡量过去残差平方对当前波动性的影响。

$\varepsilon_{t-i}^2$ 是在时间 $t$-$i$ 的残差的平方。

$\beta_0$，$\beta_1$，$\cdots$，$\beta_p$ 是 GARCH 项的权重，用于衡量过去条件方差对当前波动性的影响。

$\sigma_{t-j}^2$ 是在时间 $t$-$j$ 的条件方差。

相较于 ARCH 模型，GARCH 模型具有以下主要特点。

（1）**考虑长期和短期影响**：GARCH 模型包含 ARCH 部分和 GARCH 部分，同时考虑了过去残差平方和过去条件方差，从而能够捕捉到短期和长期波动性的影响。

（2）**适用于描述条件异方差性**：GARCH 模型适用于描述时间序列中的条件异方差性，即波动性在不同时期可能不同。

（3）**包括自回归结构**：GARCH 模型包含自回归结构，其中当前时刻的条件方差受到过去残差平方和过去条件方差的影响。

（4）**参数的解释更直观**：模型中的参数可以提供对波动性的直观解释。例如，$\alpha$ 和 $\beta$ 的大小表示过去残差平方和过去条件方差对当前波动性的相对重要性。

在金融时间序列中，波动性通常表现出来的是一种持续的、渐变的特性，而不是突然的、剧烈的变化。GARCH 模型的引入使得模型更能够捕捉到这种长期依赖的特性，从而更好地适应实际金融市场的波动性变化。

通俗地说，GARCH 能够帮助我们理解某个时间序列数据的波动为什么会发生变化，或者预测股票、其他资产的波动性。

假设我们关注的是某只股票每日的收盘价格。有时股票价格的波动比较小，有时候波动较大。与 ARCH 相比，GARCH 模型引入了过去一段时间内的波动性信息以及之前的残差信息（收益变动）。它告诉我们，当前时刻的波动性不仅取决于过去的波动性，还取决于过去的残差。

模型有一些参数，比如 $p$ 和 $q$，它们用来表示过去 $p$ 期的波动性和过去 $q$ 期的残差对当前波动性的影响。通过调整这些参数，我们可以更好地拟合实际数据。一旦我们用 GARCH 模型拟合了数据，就可以用它来预测未来的波动性。这对于风险管理和投资决策非常有用。例如，如果模型预测未来波动性将增大，投资者可能会采取一些措施，如分散投资来减轻风险。

总的来说，GARCH 模型是一种用来理解时间序列数据中波动性变化的重要工具，而在金融领域，了解资产的波动性对于做出明智的投资决策至关重要。

### 9.2.2 GARCH 模型的具体实现

为了演示 GARCH 的实现，我们可以继续使用已经准备好的棉花期货行情数据，并让 ChatGPT 来协助编写代码。使用的提示词是：“仍然使用前面的期货行情数据，演示 GARCH 模型的拟合，请给出示例代码。”发送提示词后，会得到 ChatGPT 生成的代码，经修改后的代码如下。

```python
# Python 代码
# 计算日收益率
returns = df['收盘价'].pct_change().dropna() * 100

# 拟合 GARCH 模型，这里假设使用 GARCH(1, 1) 模型
model = arch_model(returns, vol='Garch', p=1, q=1)
result = model.fit(disp='off')

# 查看模型估计的参数
result.params
```

运行上面的代码，会得到如下所示的结果。

【代码运行结果】
```
mu           0.005954
omega        0.082006
alpha[1]     0.112823
beta[1]      0.848774
Name: params, dtype: float64
```

【结果说明】在这个例子中我们使用了 GARCH(1, 1) 模型，大家可以根据需要调整模型的阶数。

运行代码后我们得到 GARCH 模型的参数估计结果。以下是对这些参数的解释。

**mu:** 0.005954，这是模型中的均值项。在 GARCH 模型中，均值项表示波动率的基准水平。这个值表明在该模型中，平均收益率的估计值为 0.005954。

**omega:** 0.082006，这是 GARCH 模型中的常数项。它表示条件方差的基准水平，即波动性的基准水平。在这里，模型估计的波动性的基本水平为 0.082006。

**alpha[1]:** 0.112823，这是 ARCH 项的权重，表示过去一个时刻的残差平方对当前波动性的影响。如果这个值较小，表明过去的残差平方对当前波动性的影响较小。

**beta[1]:** 0.848774，这是 GARCH 项的权重，表示过去一个时刻的条件方差对当前波动性的影响。如果这个值较大，说明过去的条件方差对当前波动性的影响较大，模型更注重长期波动性的变化。

> **注意**
>
> 这些参数的解释可能会因为数据的性质和具体模型的设定而有所不同。在解读这些参数时，关注它们的大小、符号以及与模型的假设是否一致，可以帮助我们理解模型对数据的拟合。此外，我们还可以结合标准差、$p$ 值等信息进行更全面的评估。

此外，我们也可以用可视化的方式观察 GARCH 模型的拟合结果，使用的代码如下。

```
# Python 代码
# 绘制条件方差的预测
result.plot(annualize='D')
plt.savefig('图 9-3.jpg',dpi=300)
plt.show()
```

运行这段代码，会得到如图 9-3 所示的结果。

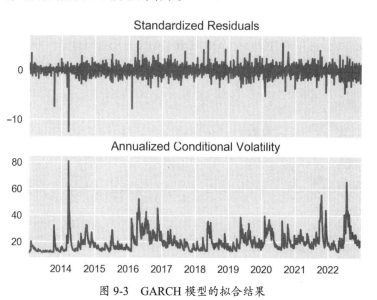

图 9-3　GARCH 模型的拟合结果

【结果说明】使用 plot(annualized='D') 方法可视化 GARCH 模型的结果时，同样会得到包含两个主要部分的图像：标准化残差和年化条件波动性。

### （1）标准化残差图。

水平线：水平线应该接近于零，表示模型对均值的拟合较好。如果出现明显的偏差，可能需要考虑调整模型的均值设定。

垂直波动：标准化残差的垂直波动应该均匀分布在零附近，没有明显的模式。如果存在模式，可能意味着模型未能捕捉到数据中的某些特征。

### （2）年化条件波动性图。

图中的线表示模型对未来波动性的估计。观察波动性的变化，尤其是是否在某些时间点上有明显的峰值，可以帮助我们识别市场中的潜在风险事件。

这些图形的目的是帮助我们评估模型对数据的拟合效果及其对未来波动性的预测能力。如果标准化残差图和年化条件波动性图表现出一些异常或不符合预期的模式，可能需要进一步调整模型的规范或者考虑其他模型。当然，观察模型拟合效果时，也要结合其他统计指标和模型诊断工具进行综合评估。

### 9.2.3 用 GARCH 模型预测未来波动率

使用拟合好的 GARCH 模型进行波动率预测通常涉及以下几个步骤。

（1）获取 GARCH 模型的参数：从拟合结果中获取模型的参数，包括均值项、ARCH 项和 GARCH 项的权重等。在上述的例子中，可以通过 result.params 属性获取这些参数。

（2）获取最后一期的条件方差：使用拟合结果中的参数，计算最后一期的条件方差。这可以通过 result.conditional_volatility 属性获取，该属性包含了拟合模型的每一期的条件方差。

（3）进行未来波动率的预测：使用模型的参数和最后一期的条件方差，进行未来波动率的预测。通常，下一期的条件方差可以通过模型的 ARCH 和 GARCH 项进行计算。

下面是一个简单的例子代码，演示如何使用已拟合的 GARCH 模型进行未来波动率的预测。

```python
# Python 代码
# 获取最后一期的条件方差
last_conditional_volatility = result.conditional_volatility.iloc[-1]

# 获取模型的参数
mu, omega, alpha, beta = result.params['mu'],\
result.params['omega'],\
result.params['alpha[1]'],\
result.params['beta[1]']

# 计算未来波动率的预测
```

```
future_volatility = (omega + alpha * returns.iloc[-1]2
                     + beta * last_conditional_volatility2)0.5

print("未来波动率的预测值: ", future_volatility)
```

运行这段代码，会得到如下所示的结果。

【代码运行结果】
未来波动率的预测值： 1.1021267822708183

【结果说明】上面的代码从已拟合的 GARCH 模型结果中获取了最后一期的条件方差以及模型的参数。result.conditional_volatility 包含了拟合模型的每一期的条件方差。iloc[-1] 表示获取最后一期的条件方差，这个值表示在模型拟合的时间范围内，最后一期观测值对应的条件方差。result.params 包含了拟合模型的参数估计结果，其中包括均值项 mu、常数项 omega、ARCH 项的权重 alpha[1] 和 GARCH 项的权重 beta[1]。通过这一行代码，参数估计结果的作用是将这些参数的值分别赋给对应的变量。这两步的目的是准备进行未来波动率的预测。获取最后一期的条件方差是为了在模型的条件下计算下一期的波动率。从代码运行结果中可以看到，通过这些参数，我们计算出下一期的波动率约为 1.102。

当然，这只是一个简单的演示，实际应用中可能需要更多的调整和细化，特别是在处理多步预测、置信区间等方面。在进行实际预测时，建议使用模型提供的预测方法，如 result.forecast()，以更方便地获取未来波动率的预测结果。

要使用 result.forecast() 方法对波动率进行预测，我们可以让 ChatGPT 协助完成这个工作。使用的提示词是："仍然使用上面的期货行情数据集，该数据集的时间范围是从 2013-01-01 至 2022-12-30，现在需要使用 2021-12-31 前的数据拟合 GARCH 模型，再用模型的 forecast() 方法对 2022 年的波动率作出预测，最后用可视化的方法展示模型预测的波动率，请给出示例代码。"发送提示词后，会得到 ChatGPT 生成的代码，经修改后的代码如下。

```
# Python 代码
# 划分拟合期和预测期
split = pd.to_datetime('2022-01-01')

# 计算拟合期的日收益率
returns = df['收盘价'].pct_change().dropna() * 100

# 拟合 GARCH 模型
model = arch_model(returns, vol="GARCH", dist='t',
                   p=1, q=1)
result = model.fit(last_obs=split, disp='off')

# 使用 forecast() 方法进行 2022 年波动率的预测
forecast_horizon = 3
```

```
            forecast_volatility = result.forecast(start=split,
                                                  horizon=forecast_horizon,
                                                  method='simulation',
                                                  reindex=False)

# 对模型预测结果进行可视化
forecast_volatility.variance.plot(figsize=(15,10))
plt.title('模型预测波动率', fontsize=20)
plt.savefig('图9-4.jpg', dpi=300)
plt.show()
```

运行这段代码，会得到如图 9-4 所示的结果。

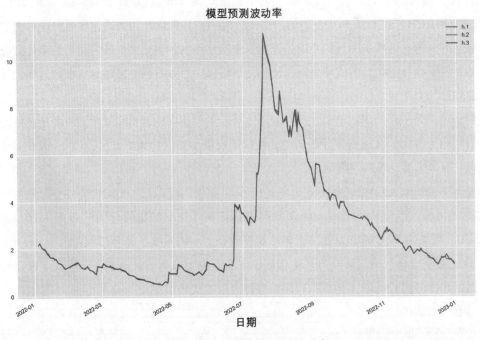

图 9-4　GARCH 模型预测的波动率

【结果说明】在上面的代码中，result.forecast() 方法中的 horizon 参数表示我们要预测的未来时期的数量，即预测的时间跨度。在 GARCH 模型中，这对应于未来时刻的波动率。因此，horizon 决定了我们想要从模型中获取的未来波动率序列的长度。

具体来说，如果 horizon=1，那么 result.forecast() 将给出下一期（未来一个时刻）的波动率预测；如果 horizon=5，那么 result.forecast() 将给出未来五个时刻的波动率预测。

在上面的示例代码中，forecast_horizon 被设置为 3，即预测期的长度，这样我们可以获取整个预测期的波动率序列。大家也可以使用下面的代码查看预测值的数据结构。

```
# Python 代码
# 查看预测值的前 5 条
```

```
forecast_volatility.variance.head()
```
运行这行代码，会得到如表 9-2 所示的结果。

表 9-2　查看模型预测值的结构

| 日期 | h.1 | h.2 | h.3 |
|---|---|---|---|
| 2022-01-04 | 2.168321 | 2.249231 | 2.229773 |
| 2022-01-05 | 2.255250 | 2.248675 | 2.231083 |
| 2022-01-06 | 2.168361 | 2.158481 | 2.148514 |
| 2022-01-07 | 2.067088 | 2.190593 | 2.197935 |
| 2022-01-10 | 1.986346 | 1.998123 | 1.999614 |

【结果说明】在表 9-2 中，可以看到 3 列数据，分别是 h.1、h.2 和 h.3。在 GARCH 模型中，result.forecast() 方法返回的 forecast_volatility 包含了对未来波动率的预测。其中的 variance 属性是一个 DataFrame，每一列对应不同的预测时期，列名为 h.i，其中 i 代表预测的时期。所以，h.1 对应第一个预测时期的波动率，h.2 对应第二个预测时期的波动率，以此类推。

在表 9-2 中，第一行的日期是 2022-01-04，那么 h.1 表示对 2022-01-04（第一个预测时期）的波动率的预测，h.2 表示对 2022-01-05（第二个预测时期）的波动率的预测，h.3 表示对 2022-01-06（第三个预测时期）的波动率的预测。

除了标准的 ARCH 和 GARCH 模型，还有一些 GARCH 模型的变体，其中一个比较常见的是 CCC-GARCH（Constant Conditional Correlation GARCH）模型。在下一节中，我们将一起学习 CCC-GARCH 模型的相关知识。

## 9.3　让 ChatGPT 协助探索 CCC-GARCH 模型

CCC-GARCH 是 GARCH 模型的扩展。在 GARCH 模型中，条件方差之间的相关性是固定的，不随时间的推移而发生变化。CCC-GARCH 模型通过引入常数相关性矩阵，可以更灵活地捕捉多个资产之间的波动性联动关系。这种模型常用于多变量时间序列数据。

在这一节中，我们将一起来探索 CCC-GARCH 模型。

### 9.3.1　CCC-GARCH 模型的原理

以下是 CCC-GARCH 模型的主要原理。

（1）**多变量时间序列**：CCC-GARCH 适用于包含多个相关金融资产的时间序列数据。假设有 $k$ 个资产，我们关注每个资产 $i$ 的收益率序列，将其表示为 $r_{i,t}$，其中 $t$ 表示时间。

（2）**条件方差模型**：对于每个资产 $i$，使用 GARCH 模型建模其条件方差。GARCH 模型的表达式见 9.2.1 小节。

（3）**条件相关性模型**：对于任意两个资产 $i$ 和 $j$，使用常数 $\rho_{i,j}$ 表示它们之间的条件相关性。具体而言，定义一个 $k \times k$ 的对角矩阵 $D_t$，其对角线元素为资产的条件方差，即

$$D_t = \mathrm{diag}(\sigma_{1,t}^2, \sigma_{2,t}^2, \cdots, \sigma_{k,t}^2)$$

那么，整个资产间的条件协方差矩阵可以写为

$$Q_t = D_t R_t D_t$$

其中，$R_t$ 是条件相关性矩阵，其元素为 $\rho_{i,j}$。CCC-GARCH 假设 $R_t$ 在整个时间序列内保持不变。

（4）**模型参数估计**：CCC-GARCH 模型的参数估计通常使用最大似然估计法。估计的参数包括每个资产的 GARCH 模型参数和条件相关性矩阵中的相关性参数。这些参数使得模型的似然函数最大化。

下面通过一个通俗易懂的例子来解释 CCC-GARCH 的原理。

（1）**假设场景**。

现有一个投资组合，其中包含股票 A 和股票 B。我们想要了解这两只股票之间的波动性关系，即它们的价格变动是如何相互影响的。

（2）**模型建立**。

我们可以使用 CCC-GARCH 模型来建模这两只股票的波动性。该模型假设每只股票的波动性由 GARCH 模型描述，而它们之间的波动性联动关系由一个常数相关性矩阵表示。

（3）**条件相关性**。

CCC-GARCH 模型假设股票 A 和 B 之间的条件相关性是常数，表示为 $\rho$。这个常数在整个时间序列内保持不变。

股票 A 和 B 之间的条件协方差矩阵可以表示为

$$Q_t = \begin{bmatrix} \sigma_{A,t}^2 & \rho \sigma_{A,t} \sigma_{B,t} \\ \rho \sigma_{A,t} \sigma_{B,t} & \sigma_{B,t}^2 \end{bmatrix}$$

（4）**模型估计**。

通过观察股票 A 和 B 的历史数据，我们可以使用最大似然估计法来估计 GARCH 模型和常数相关性 $\rho$。这就是 CCC-GARCH 模型的训练过程。

（5）**模型预测**。

一旦模型训练好，我们就可以使用它来预测未来的波动性。通过计算 GARCH 模型的条件方差和常数相关性，我们可以得到未来时期内股票 A 和 B 的波动性预测。

CCC-GARCH 模型可以帮助我们理解多个金融资产之间的波动性如何相互影响，并且对于投资者构建投资组合或进行风险管理具有重要的作用。

### 9.3.2 CCC-GARCH 模型的实现

要演示 CCC-GARCH 模型的实现，我们需要准备包含两个或更多金融资产的多变量时间序列数据。所以除了前面用过的棉花期货行情数据，我们还要再下载一份行情数据。读者可以使用本书附赠的数据资源，也可以通过接口获取其他数据进行实验。本小节将使用棕榈油期货连续合约行情数据进行演示。准备数据的代码如下。

```python
# Python 代码
# 读取棕榈油期货行情数据 Excel 文件
df2 = pd.read_excel('棕榈油十年行情数据.xlsx', index_col='日期')
df2 = df2['收盘价']

# df 是棉花期货的收盘价
# 将两个期货的收盘价合并进一个 DataFrame
df = df.join(df2, lsuffix='棉花', rsuffix='棕榈油')

# 检查结果
df.tail()
```

运行这段代码，会得到如表 9-3 所示的结果。

表 9-3 包含棉花和棕榈油期货收盘价的数据表

| 日期 | 棉花收盘价 | 棕榈油收盘价 |
| --- | --- | --- |
| 2022-12-26 | 14025 | 7894.0 |
| 2022-12-27 | 14220 | 8170.0 |
| 2022-12-28 | 14230 | 8174.0 |
| 2022-12-29 | 14180 | 8146.0 |
| 2022-12-30 | 14260 | 8338.0 |

【结果分析】上面的代码使用了 join 方法将两个 DataFrame（df 和 df2）的数据按照它们的索引进行合并。lsuffix 和 rsuffix 参数分别用于在列名上添加后缀，以区分两个期货的收盘价数据。结果是一个包含棉花和棕榈油收盘价数据的新 DataFrame（df）。df 包含两个列，分别是"棉花收盘价"和"棕榈油收盘价"。

接下来我们计算出两种期货的每日价格变动，并用可视化的方法进行直观观察，使用的代码如下。

```python
# Python 代码
# 计算两种期货的价格变动
returns = df.pct_change().dropna()*100

# 重命名列名
```

```
returns.columns = ['棉花期货涨跌', '棕榈油期货涨跌']

# 数据可视化
returns.plot(subplots=True, figsize=(15,10))
plt.title('两种期货的价格波动', fontsize=20)
plt.savefig('图9-5.jpg',dpi=300)
plt.show()
```

运行这段代码,会得到如图 9-5 所示的结果。

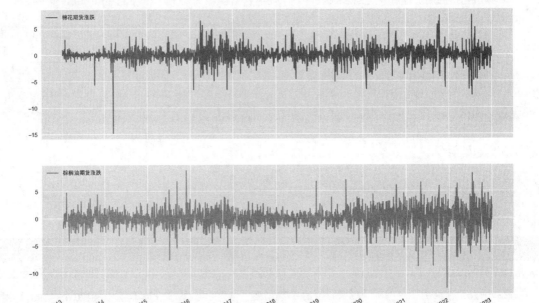

图 9-5 两种期货价格波动的可视化

【结果说明】这段代码主要用于计算两种期货产品(棉花和棕榈油)的价格变动,并通过数据可视化展示它们的涨跌情况。df.pct_change() 计算了每个期货产品的每日百分比变化,表示价格的涨跌情况。由于计算百分比变化后的 DataFrame 列名仍然是原始列名,这一行代码重新命名了列,以更清晰地表示涨跌情况。

接下来,我们可以让 ChatGPT 协助使用这个数据实现 CCC-GARCH 模型。我们需要分别用两种期货的行情数据来拟合 GARCH 模型,使用的提示词可以是:"使用上面的 returns DataFrame,分别用两种期货的行情数据拟合 GARCH 模型,并将模型的系数、条件波动性、标准化残差和模型本身保存在不同的列表中,请给出示例代码。"发送提示词后,会得到 ChatGPT 生成的代码,经修改后的代码如下。

```
# Python 代码
# 'returns' 包含 '棉花期货涨跌' 和 '棕榈油期货涨跌' 列
# 初始化空列表用于保存结果
```

```
model_coeffs = []
conditional_volatility = []
standard_resid = []
garch_models = []

# 提取列名,即两种期货的名称
columns = returns.columns

# 遍历每个期货,拟合 GARCH 模型并保存结果
for column in columns:
    # 创建 GARCH 模型
    model = arch_model(returns[column], vol='Garch', p=1, q=1)

    # 拟合模型
    result = model.fit(update_freq=0, disp="off")

    # 将结果保存到相应的列表中
    model_coeffs.append(result.params)
    conditional_volatility.append(result.conditional_volatility)
    standard_resid.append(result.std_resid)
    garch_models.append(result)


# 将模型系数转化为 DataFrame
coeffs_df = pd.DataFrame(model_coeffs, index=columns)
# 检查结果
coeffs_df
```

运行这段代码,会得到如表 9-4 所示的结果。

表 9-4 两种期货的 GARCH 模型拟合结果

|  | mu | omega | alpha[1] | beta[1] |
|---|---|---|---|---|
| 棉花期货涨跌 | 0.005954 | 0.082006 | 0.112823 | 0.848774 |
| 棕榈油期货涨跌 | −0.010134 | 0.004002 | 0.016791 | 0.982270 |

【结果说明】在上面的代码中,model_coeffs 包含了每个期货(在这个例子中是棉花和棕榈油)对应的 GARCH 模型的系数。具体而言,对于每个期货,model_coeffs 列表的一个元素是一个带标签的一维数据组,数据组中包含拟合 GARCH 模型后得到的模型系数。这些模型系数包括常数项($\omega$)、ARCH 部分的系数($\alpha$)、GARCH 部分的系数($\beta$)。

接下来,我们要计算恒定条件相关性矩阵(因为 CCC-GARCH 模型假设不同资产之间的波动

性关系是恒定的）。我们可以向 ChatGPT 发送提示词："现在要基于上面代码中的 standard_resid 计算恒定条件相关性矩阵，请给出示例代码。"随后得到 ChatGPT 生成的代码，经修改后的代码如下。

```
# 先将 'standard_resid' 转化为 DataFrame
std_resid_df = pd.DataFrame(standard_resid)
# 将 DataFrame 转置
std_resid_df = (
    std_resid_df.transpose().set_axis(returns.columns,axis="columns")
)
# 计算恒定条件相关性矩阵
constant_corr_matrix = std_resid_df.corr()
```

上述代码计算了 standard_resid 中两列之间的相关性，生成了一个恒定条件相关性矩阵。constant_corr_matrix 将是一个包含相关性值的 DataFrame。

### 9.3.3 用 CCC-GARCH 模型预测条件协方差矩阵

现在我们有了不同期货的 GARCH 模型系数和恒定条件相关性矩阵，接下来就可以让 ChatGPT 使用 CCC-GARCH 对期货下一个时刻的条件协方差矩阵作出预测，使用的提示词是："对上述两种期货的协方差矩阵作出预测，请给出示例代码。"发送提示词后，会得到 ChatGPT 生成的代码，经修改后的代码如下。

```
# Python 代码
# 下面要用到 NumPy
import numpy as np

# 定义资产列表
RISKY_ASSETS = ['棉花期货', '棕榈油期货']

# 定义对象列表
diag = []
D = np.zeros((len(RISKY_ASSETS), len(RISKY_ASSETS)))

# 遍历每个模型，获取对角线的条件标准差
for model in garch_models:
    diag.append(model.forecast(horizon=1, reindex=False).variance.iloc[-1, 0])

# 对对角线的标准差进行平方根操作，得到条件标准差
diag = np.sqrt(diag)
```

```
# 将对角矩阵的对角线填充为条件标准差
np.fill_diagonal(D, diag)

# 计算条件协方差矩阵
H = np.matmul(np.matmul(D, constant_corr_matrix.values), D)

# 显示结果
print("预测的条件协方差矩阵：")
print(H)
```

运行代码，会得到如下所示的结果。

【代码运行结果】
预测的条件协方差矩阵：
[[1.21392948 0.65004819]
 [0.65004819 5.58049992]]

【结果说明】这段代码的目的是计算基于 GARCH 模型预测的资产条件协方差矩阵。让我们逐步解释代码。

① diag = []：初始化一个空列表 diag，用于存储每个资产的条件方差。

② D = np.zeros((len(RISKY_ASSETS), len(RISKY_ASSETS)))：创建一个大小为（资产数量）×（资产数量）的零矩阵 D，该矩阵将用于构建对角矩阵。

③ for model in garch_models: diag.append(model.forecast(horizon=1, reindex=False).variance.iloc[-1, 0])：循环遍历每个 GARCH 模型，使用 forecast 方法预测未来时刻的波动率（方差），然后提取该时刻的方差值并添加到 diag 列表中。每个模型对应一个资产的 GARCH 模型。

④ diag = np.sqrt(diag)：对 diag 列表中的每个元素进行平方根操作，得到每个资产的条件标准差。这一步是因为方差的平方根即为标准差。

⑤ np.fill_diagonal(D, diag)：将 **D** 矩阵的对角线（即每个资产的自身位置）填充为 diag 列表中对应位置的标准差值，得到对角矩阵 **D**。

⑥ H = np.matmul(np.matmul(D, constant_corr_matrix.values), D)：计算条件协方差矩阵 **H**，通过将 **D** 与输入的条件相关性矩阵相乘，然后再与 **D** 相乘。最终得到的矩阵 **H** 反映了基于 GARCH 模型预测的资产之间的条件协方差。

最终，得到的条件协方差矩阵是一个二维矩阵，其中包含了两个资产（棉花和棕榈油）之间的条件协方差。现在让我们逐一解读这个结果。

第一行第二列元素和第二行第一列元素表示第一个资产和第二个资产之间的条件协方差。这里棉花和棕榈油之间的条件协方差约为 0.65。这个数值说明在未来时刻，棉花和棕榈油的收益变动之间存在条件关联性，这个关联性由协方差来衡量。由于协方差是正值，这说明棉花和棕榈油之间的条件关联是正向的。换句话说，它们的收益变动在未来时刻可能会同向变动，即一种商品的涨跌可能与另一种商品的涨跌同步。同时，协方差的数值大小表示关联的强度。0.65 的数值相对较小，但仍然表明这两种资产的收益变动之间存在一定程度的条件关联。

在实际应用中，协方差估计对于风险管理和投资组合构建非常重要。投资者可以利用协方差估计来更好地了解资产之间的关系，从而更有效地分散投资组合的风险。

> **注意**
> 
> CCC-GARCH 的常数相关性假设可能在某些情况下过于简单，因此在一些应用中，更复杂的模型，如 DCC-GARCH 可能更为合适。对 DCC-GARCH 模型感兴趣的读者，可以搜索相关资料，或者与 ChatGPT 交互，获得详细的信息。

## 9.4 小结与习题

本章主要介绍了金融领域中波动性建模的一些方法。首先我们介绍了 ARCH 和 GARCH 模型的基本原理以及它们在金融产品波动性建模中的应用。我们讨论了异方差性、条件方差、标准化残差等概念，并通过 Python 的 arch 库演示了如何拟合 ARCH 和 GARCH 模型。然后，我们还介绍了使用拟合好的模型进行波动率预测以及条件协方差矩阵预测的方法。最后，我们介绍了 GARCH 模型的扩展——CCC-GARCH 模型，以及如何使用该模型预测不同资产之间的条件协方差。通过这些，读者可以更好地理解和应用时间序列模型来分析金融市场中的波动性，并在风险管理和投资决策中做出更明智的选择。

下面是本章习题：

（1）解释什么是异方差性，在金融数据中为什么要考虑它？

（2）说明条件方差和标准化残差在时间序列分析中的作用。

（3）使用本书附赠的数据或通过接口下载数据，编写代码拟合 ARCH(1) 模型，并解释结果。

（4）使用本书附赠的数据或通过接口下载数据，拟合一个 GARCH(1, 1) 模型，并解释模型参数的含义。

（5）使用已拟合的 GARCH 模型预测未来时刻的波动率。

（6）基于已拟合的 GARCH 模型，编写代码计算并解释两种资产的条件协方差矩阵，特别是条件协方差矩阵中的元素。

第 10 章

让 ChatGPT 协助进行蒙特卡罗模拟

蒙特卡罗模拟（Monte Carlo Simulations）是一种基于概率统计，通过使用随机数来模拟系统的各种可能的状态，以便进行风险评估和决策分析的方法。在金融领域，蒙特卡罗模拟经常用于估计投资组合的风险、定价衍生品合同，以及进行资产定价等方面。首先，蒙特卡罗模拟的基本思想是通过生成大量随机样本，计算相应的结果，然后对这些结果进行统计分析。在金融数据分析中，这些结果可能是关于投资组合价值、回报率或其他与金融市场相关的指标。

在金融领域，蒙特卡罗模拟可以用于许多方面。例如，通过模拟可能的市场情景，评估投资组合在不同条件下的表现，从而更好地了解风险；通过模拟未来的资产价格，对期权进行定价；评估不同的市场情景下公司的资产负债状况；或者通过模拟不同的资产配置，找到最优的投资组合。

本章的主要内容：
- 几何布朗运动的原理及应用；
- 期权基础知识；
- 使用蒙特卡罗模拟对欧洲期权（European Options）定价；
- 使用最小二乘蒙特卡罗模拟（Least Squares Monte Carlo, LSMC）对美国期权（American Options）定价；
- 对投资组合的 VaR 进行估计。

## 10.1 让 ChatGPT 协助掌握几何布朗运动

要学习蒙特卡罗模拟，我们首先需要了解几何布朗运动。因为蒙特卡罗模拟通常使用几何布朗运动作为基础模型，通过多次模拟来估计金融衍生品的价格、风险以及其他关键指标。换言之，几何布朗运动模拟股票价格动态是蒙特卡罗模拟的一部分，用于在考虑随机性的情况下生成可能的金融市场演化路径，从而更好地理解和评估相关金融工具的性质。

在这一节中，我们将一起学习几何布朗运动的理论知识，以及如何将其应用在股票价格动态的模拟中。

### 10.1.1 几何布朗运动的基本原理

几何布朗运动的理论诞生可以追溯到 20 世纪初期。下面是几何布朗运动理论在金融领域的主要发展阶段和相关贡献者。

（1）**金融领域中引入布朗运动：** 布朗运动最早由法国数学家路易斯·巴舍利耶（Louis Bachelier）在 1900 年前后引入金融领域。他的博士论文《投机理论》首次使用了随机过程来描述股票价格的变化，并提出了使用布朗运动来模拟股票价格。然而，当时他的理论并未受到广泛关注。

（2）**伊藤清的贡献：** 在 20 世纪 50 年代，日本数学家伊藤清（Kiyoshi Ito）对随机微积分的发展做出了巨大贡献。他推广了布朗运动的概念，引入了后来被称为伊藤引理的数学工具，从而为更复杂的随机过程的建模提供了基础。这也使得几何布朗运动的理论更加完善。

**（3）布莱克 - 舒尔斯 - 默顿模型：** 1973年，费舍尔·布莱克（Fisher Black）、麦伦·斯科尔斯（Myron Scholes）在其合作文章中提出了著名的布莱克 - 斯科尔斯（Black-Scholes）期权定价模型。与此同时，他们对美式期权定价问题和标的资产价格存在跳跃情况下的欧式期权定价问题展开研究。因此，后人也将布莱克 - 斯科尔斯期权定价模型称为布莱克 - 斯科尔斯 - 默顿期权定价模型。这个模型使用几何布朗运动来描述股票价格的变化，并在金融衍生品定价方面产生了深远的影响。

**（4）随机微分方程的发展：** 随机微分方程的理论在几何布朗运动的建模中发挥了关键作用。随机微分方程为描述随机过程提供了强大的数学工具，使得我们可以更灵活、准确地建模金融市场的不确定性和波动。

几何布朗运动的理论发展为金融领域的定价和风险管理提供了强大的工具，同时也对概率论和随机过程的发展产生了积极影响。

以下是关于如何使用几何布朗运动来模拟股票价格动态的解释。

**几何布朗运动的基本形式：** 几何布朗运动是一种连续时间随机过程，关键特征是在任意时刻，其对数在未来的增量是正态分布的。几何布朗运动的基本形式如下：

$$dS = \mu S dt + \sigma S dW$$

其中，$dS$是股票价格的微小变化，$\mu$是股票价格的平均收益率，$\sigma$是股票价格的波动率，$dt$是微小时间间隔，$dW$是标准布朗运动的增量。

**模拟股票价格的动态过程：** 利用几何布朗运动的基本形式，可以模拟股票价格的动态过程。通过迭代的方式，在每个时间步上更新股票价格，得到一个时间序列。

$$S_{t+dt} = S_t \cdot e^{(\mu - \frac{\sigma^2}{2})dt + \sigma \sqrt{dt} Z}$$

其中，$S_t$是当前时刻的股票价格，$\mu$是平均收益率，$\sigma$是波动率，$dt$是时间步长，$Z$是标准正态分布的随机数。

假设我们希望通过模拟来预测未来的股票价格。为了简化起见，我们采用几何布朗运动来描述股票价格的变化。根据几何布朗运动，股票价格在未来的瞬间微小变化，可以看作是两部分的影响：

（1）趋势部分，代表平均收益率的影响。

（2）随机波动部分，代表股票价格的不确定性和波动。

首先我们可以假设一个已知的股票价格，比如100元。其次设定几个参数，比如平均收益率$\mu$和波动率$\sigma$。最后利用几何布朗运动的公式，模拟股票价格的未来路径。每一步的变化包括一个趋势和一个随机波动。通过不断迭代这个过程，我们可以生成多条可能的股票价格路径。而分析这些路径，我们可以得到未来股票价格的概率分布，以及关注的其他指标的期望值和风险。

假设股票的初始价格是100元，平均收益率是5%，波动率是20%，时间步长是1天。我们可以模拟未来 30 天的股票价格路径，得到多条可能的路径。通过这些路径，我们可以估计未来股票价格可能的范围，并计算出不同情景下的风险和回报。

这种基于几何布朗运动的模拟方法在期权定价、风险管理以及其他金融衍生品的定价和风险分析中被广泛使用。然而，需要注意的是，这只是一种模型，实际市场中股票价格的动态可能受到多种因素的影响，因此模拟结果仅供参考。

### 10.1.2 定义几何布朗运动模拟函数

为了演示如何在 Python 中使用几何布朗运动模拟股票价格变动，我们需要准备一个股票的历史行情数据。假设要用 2022 年全年的历史行情数据计算出其平均收益率和波动率，然后模拟出 2023 年 1 月该股票的价格变动，我们可以获取任意一只股票 2022 年 1 月 1 日至 2023 年 1 月 31 日的历史行情数据。当然，本书已经准备好实验数据供读者使用，大家可在随书资源包中找到"几何布朗运动实验数据.xlsx"文件，新建一个 Jupyter Notebook 文件，并用下面的代码进行读取。

```
# Python 代码
# 读取实验数据
df = pd.read_excel('几何布朗运动实验数据.xlsx')# 换成你保存数据的路径
df['日期'] = pd.to_datetime(df['日期'])
df.set_index('日期', inplace=True)
df = df[['收盘']]


# 检查结果
df.tail()
```

运行这段代码，会得到如表 10-1 所示的结果。

表 10-1 实验用的股票历史行情数据

| 日期 | 收盘价 |
|---|---|
| 2023-01-18 | 3500.71 |
| 2023-01-19 | 3509.87 |
| 2023-01-20 | 3513.80 |
| 2023-01-30 | 3449.65 |
| 2023-01-31 | 3475.83 |

【结果说明】如果读者得到了与表 10-1 相同的结果，说明数据已经准备好，可以进行下一步实验了。这里需要说明的是，因为在获取数据时，本小节使用了后复权的方式，所以该股票数据与大家直接在看盘软件中所看到的不一致，这是非常正常的。

接下来，我们要基于该股票的每日收盘价计算出其每日简单收益，使用的代码如下。

```
# Python 代码
# 使用 pct_change 计算出简单收益并去除空值
```

```
returns = df['收盘'].pct_change().dropna()

# 数据可视化
returns.plot(figsize=(15,10))
plt.title('股票每日价格变动', fontsize=20)
plt.xlabel('日期', fontsize=20)
plt.savefig('图10-1.jpg', dpi=300)
plt.show()
```

运行代码，会得到如图10-1所示的结果。

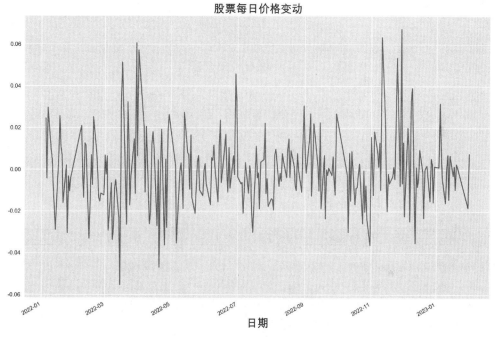

图10-1 某股票每日价格变动幅度

【结果说明】上面的代码计算了每日股票收盘价的变动百分比，并删除了任何包含缺失值的行，然后将结果存储在名为 returns 的变量中。最后我们使用可视化的方法，直观展示了股票价格的变动情况。

接下来，让 ChatGPT 协助我们实现几何布朗运动的模拟。使用提示词可以是："现在有一个名叫 returns 的 Pandas Series，存储的是某股票的每日简单收益，使用 Python 定义一个函数，用于模拟该数据的几何布朗运动，请给出示例代码。"发送提示词，会得到 ChatGPT 生成的代码，经修改后的代码如下。

```
# Python 代码
# 首先我们需要将数据拆分一下
train = returns['2022']
test = returns['2023']
```

```python
# 然后我们使用训练集计算相关参数
T = len(test)
N = len(test)
S_0 = df.loc[train.index[-1], "收盘"]# 初始的股票价格
N_SIM = 50 # 模拟的次数
mu = train.mean()# 公式中的mu
sigma = train.std()# 公式中的sigma

def geometric_brownian_motion(s_0, mu, sigma, n_sims, T, N, random_seed=42):
    """
    定义一个函数，用于模拟股票价格的几何布朗运动过程
    参数：
    s_0：股票的初始价格
    mu：预期年化收益率
    sigma：年化波动率
    n_sims：模拟次数
    T：模拟的总时间（以年为单位）
    N：时间步长数，即总时间被分割成的块数
    random_seed：随机种子，用于产生随机数（默认为42）
    返回值：
    模拟的股票价格序列，形状为(n_sims, N+1)，其中N+1是因为在模拟开始时插入了一个初始价格s_0
    """
    # 设置随机种子，确保每次运行产生的随机数相同
    np.random.seed(random_seed)
    # 计算时间步长，即每个时间块的大小
    dt = T/N
    # 生成N个标准正态分布的随机扰动项，每个扰动项的大小由时间步长决定
    dW = np.random.normal(scale=np.sqrt(dt),
                          size=(n_sims, N))
    # 对每行（每个模拟）的扰动项进行累加，得到W序列
    W = np.cumsum(dW, axis=1)
    # 创建一个从dt到T的时间步长序列，用于描述整个模拟时间区间
    time_step = np.linspace(dt, T, N)
    # 将时间步长序列扩展到(n_sims, N)的形状，以便每个模拟都有对应的时间步长
    time_steps = np.broadcast_to(time_step, (n_sims, N))
    # 定义一个表达式，描述股票价格的随机变化过程
    S_t = (
        s_0 * np.exp((mu - 0.5 * sigma2) * time_steps + sigma * W)
    )
```

```
    # 在 S_t 的每行的开头插入初始价格 s_0，形成完整的股票价格序列
    S_t = np.insert(S_t, 0, s_0, axis=1)
    # 返回模拟的股票价格序列
    return S_t
```

到这里，我们就完成了几何布朗运动函数的定义。下一步是使用这个函数，对已经准备好的股票收益数据进行模拟。

### 10.1.3 使用定义好的函数模拟股价变动

要让 ChatGPT 协助使用定义好的函数进行模拟，可以使用提示词："接下来使用上面定义好的几何布朗运动函数模拟 returns 数据，并将结果可视化，请给出示例代码。"发送提示词后，会得到 ChatGPT 生成的代码，经修改后的代码如下。

```
# 进行模拟
'''
调用 geometric_brownian_motion 函数，
传入股票的初始价格 S_0，预期年化收益率 mu，
年化波动率 sigma，模拟次数 N_SIM，
总时间 T 和时间步长数 N，得到模拟的股票价格序列
'''
gbm_simulations = geometric_brownian_motion(S_0, mu, sigma, N_SIM, T, N)

'''
将模拟的股票价格序列转化为 pandas DataFrame，
转置后作为 DataFrame 的行，
这样每行代表一个模拟结果，
列数为时间步长数 N+1（因为模拟开始时插入了初始价格 s_0）
'''
sim_df = pd.DataFrame(np.transpose(gbm_simulations),
                      index=train.index[-1:].union(test.index))

'''
计算每列（每个时间点）的均值，
得到一个 Series，
然后转化为 DataFrame，
这样每行代表一个时间点的模拟均值
'''
res_df = sim_df.mean(axis=1).to_frame()

'''
将这个 DataFrame 与原始 DataFrame 的 '收盘' 列合并，
得到每个时间点的模拟均值和实际收盘价
```

```
...
res_df = res_df.join(df['收盘'])

# 重命名列名为"模拟均值"和"收盘价"
res_df.columns = ["模拟均值", "收盘价"]

# 对结果进行可视化
ax = sim_df.plot(alpha=0.3,
                 legend=False,
                 figsize=(15,10))
res_df.plot(ax=ax, color = ["red", "blue"])
plt.title('模拟结果', fontsize=20)
plt.xlabel('日期', fontsize=20)
plt.savefig('图10-2.jpg', dpi=300)
plt.show()
```

这段代码较长，读者可以将其分段粘贴到 Jupyter Notebook 中不同的单元格逐步运行，或者直接下载本书资源包中的代码进行实验。运行这段代码，最终得到的结果如图 10-2 所示。

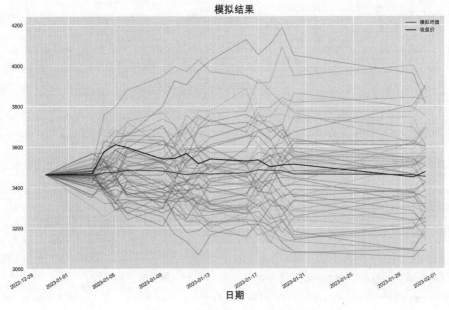

图 10-2　几何布朗运动模拟的结果

【结果说明】在上面的代码中，我们首先定义了一个函数，然后使用这个函数进行股票价格的几何布朗运动模拟，并计算模拟结果的均值，将其与实际的收盘价合并。最后，我们创建了一个图形并在这个图形上分别绘制了模拟的数据和真实的收盘价数据。其中，模拟的数据被绘制成了半透明的曲线（alpha 参数控制透明度），而真实的收盘价数据和模拟结果的均值被绘制成两条不透明的实线（读者在 Jupyter Notebook 中运行代码会看到不同的颜色）。

需要说明的是，我们使用上面定义好的几何布朗运动函数，对股价进行了 50 次模拟，并计算了每个交易日中这 50 次模拟结果的均值，这样做的目的是得到一个更稳定、更具代表性的估计值。在股票价格的模拟中，每次模拟的结果可能会受到随机性的影响，而计算均值可以将这些随机性带来的影响平均掉，从而得到一个更稳定的结果。此外，计算均值还可以提供一个更全面的估计值，因为它考虑了所有模拟结果，而不仅仅是最高或最低的模拟结果。

> **注意**
> 为了便于进可视化展示，这里我们只进行了 50 次模拟。在真实应用中，模拟的次数可能会更多，甚至达到成千上万次。进行多次模拟的目的是得到一个更稳定、更全面的估计值，更精确地计算股票价格的均值和其他统计指标，从而更好地了解股票价格的波动性和趋势。此外，通过模拟大量的路径，我们还可以更好地估计未来股票价格的不确定性，从而更好地管理风险和制定投资策略。

## 10.2 让 ChatGPT 协助进行期权定价

在金融领域，期权是一种金融衍生品，它赋予持有人（买方）在未来某个时间或在未来某个特定日期之前以特定价格购买或出售某个标的资产的权利，而无须承担任何附带义务。这个标的资产可以是股票、股指、外汇、商品等。在这一节中，我们将探讨期权的相关知识，以及使用模拟的方法为不同的期权定价。

### 10.2.1 期权基础知识

期权合约分为两种基本类型：看涨期权（Call Option）和看跌期权（Put Option）。如果要用通俗的语言来解释，可以将其比喻为购物中的购物券。想象一下，你得到了一张购物券，它给你在未来的某个日期以特定的价格购买某个商品的权利，但是你并不被迫购买。这就是期权的基本概念。

（1）看涨期权。

想象一下你拥有某公司的看涨期权，允许你在未来以 10 美元的价格购买一股该公司的股票。如果未来该公司股票的市场价格为 15 美元，你可以使用期权，以 10 美元的价格购头，然后在市场上以 15 美元的价格卖出，赚取 5 美元的利润。

（2）看跌期权。

再想象你拥有某公司的看跌期权，允许你在未来以 50 美元的价格卖出一股该公司的股票。如果未来该公司股票的市场价格为 40 美元，你可以使用期权，以 50 美元的价格卖出，然后在市场上以 40 美元的价格购买，赚取 10 美元的利润。

在这两种情况下，期权都为你提供了在未来以事先协商的价格进行交易的权利。这就是为什么期权有时被描述为一种金融衍生品，因为它的价值来自其他资产（比如股票）的变化。需要注意的是，购买期权的人通常需要支付一定的费用，这个费用叫作权利金。而出售期权的人则可能需要履行协议，具体取决于期权类型和市场价格的情况。

此外，期权可以根据行权方式和特殊条款的存在分为不同类型，其中包括欧洲期权、美国期权和障碍期权（Barrier Options）。

（1）欧洲期权。

欧洲期权只能在到期日当天行使权利，也就是说，只有在到期日时才能买入或卖出标的资产。

（2）美国期权。

与欧洲期权不同，美国期权可以在到期日之前的任何时间行使权利，即买方可以在合约期内任何时刻行使权利。

（3）障碍期权。

障碍期权具有一个特殊的障碍水平，当标的资产价格触及或突破这个水平时，期权的特殊条款就会生效。

障碍期权分为以下两类。

敲出期权（Knock-out Options）：一旦标的资产价格触及障碍水平，期权即失效。

敲入期权（Knock-in Options）：期权只有在标的资产价格达到或突破障碍水平时才生效。

假设你购买了一份美国看涨期权，行权价格为100美元，到期日为未来三个月。如果标的资产是股票，这意味着你可以在未来三个月的任何时间以100美元的价格购买这只股票。与此同时，如果这是一份欧洲看涨期权，你只能在未来三个月的到期日这一天行使权利。

如果你购买了一份敲出期权，设定了障碍水平为120美元，那么一旦股票价格达到或超过120美元，期权就会失效。而如果是敲入期权，只有在股票价格达到或超过120美元时，期权才会生效。

期权定价是金融领域的一个重要问题，而蒙特卡罗模拟作为一种常用的方法，在处理复杂期权合约时非常有用。期权定价背后的原理涉及随机过程和期望值的计算，蒙特卡罗模拟则通过模拟大量可能的未来路径，计算出期权合约的预期价值。期权定价的基本原理如下。

（1）随机过程：期权定价通常使用随机过程来模拟标的资产价格的未来变化。常用的随机过程之一是几何布朗运动，它考虑了资产价格的漂移（平均趋势）和波动（不确定性）。

（2）蒙特卡罗模拟：蒙特卡罗模拟通过生成大量随机路径，模拟未来可能的资产价格变化。每个路径都是一种可能的未来情景。通过计算这些路径上的期权支付，然后取平均值，可以得到期权的预期价值。

（3）折现：未来的支付通常需要折合为现值，考虑时间价值的影响。这是因为未来的一笔钱在现在的价值比未来的价值更高。

（4）计算期望值：对蒙特卡罗模拟生成的结果进行平均，得到期权的预期价值。这个平均值可以被认为是在随机模拟中所有可能情况下的期望值。

期权定价通常包括以下步骤。

（1）**确定随机过程**：选择适当的随机过程来模拟标的资产价格的未来变化，通常是几何布朗运动。

（2）**设定参数**：确定模型的参数，包括漂移率、波动率等。这些参数通常需要基于市场数据或历史数据进行估计。

（3）**生成路径**：利用选定的模型和参数，通过迭代生成大量可能的资产价格路径。

（4）**计算期权支付**：对于每个路径，计算期权在到期日的支付。这可能涉及行权价、标的资产价格等因素。

（5）**折现未来支付**：将未来的支付折合为现值，考虑时间价值的影响。

（6）**重复模拟**：多次重复上述步骤，生成大量路径，以得到更准确的期望值。

（7）**计算期望值**：对所有模拟生成的结果进行平均，得到期权的预期价值。

蒙特卡罗模拟的优势在于它的灵活性，可以适用于各种类型的期权合约。然而，需要注意的是，模拟的准确性和效率受到模型、参数选择，以及模拟的路径数量的影响。更复杂的期权合约可能需要更多的模拟路径来得到准确的结果。

### 10.2.2 使用蒙特卡罗模拟对欧洲期权定价

当我们谈论使用蒙特卡罗模拟对欧洲期权定价时，可以用一种简单的比喻来解释。假设你想知道一场摇骰子游戏的胜率，但这个游戏有点复杂，因为骰子有很多面，每个面的概率都不同。你可以用蒙特卡罗模拟来估算你在游戏中获胜的可能性。

具体步骤如下。

（1）**模拟投掷骰子**：你可以通过随机投掷骰子并记录结果来模拟游戏的进行。重复这个过程很多次，就好像你在实际游戏中玩了很多轮。

（2）**计算胜率**：每次投掷后，你都记录下你是否赢了。通过统计所有模拟游戏中获胜的次数，你可以计算出一个胜率的估计值。

使用蒙特卡罗模拟对欧洲期权定价的原理与此类似。只是这次，我们模拟的是标的资产的未来价格走势，而不是骰子的结果。具体步骤如下。

（1）**模拟资产价格路径**：随机生成未来资产价格的可能路径，就像投掷骰子一样。这些路径的生成基于某种随机过程，比如几何布朗运动。

（2）**计算期权支付**：对于每个模拟的路径，计算期权到期时的支付，就像在每一轮游戏后记录你是否获胜一样。对于欧洲期权，支付通常是标的资产价格和行权价格之间的差额，如果为负数则取零。

（3）**计算期望值**：对所有模拟游戏（或资产价格路径）中的支付进行平均，就像计算所有获胜次数的平均一样。这个平均值给出了期权的预期价值。

蒙特卡罗模拟通过考虑大量可能的情景，使我们能够更全面地理解期权的价值，尤其是在复杂的市场条件下。

如果要让 ChatGPT 协助我们用蒙特卡罗模拟对欧洲期权定价，可以使用提示词："需要演示使用模拟方法对欧洲期权进行定价，请给出示例代码。"发送提示词后会得到 ChatGPT 生成的代码，经修改后的代码如下。

```python
# Python 代码
# 定义一个欧洲看涨期权模拟的函数
def european_call_option_simulation(S, K, T, r,
                                    sigma,
                                    num_simulations=10000):
    """
    使用蒙特卡罗模拟定价欧洲看涨期权

    参数：
    - S: 当前资产价格
    - K: 期权的行权价格
    - T: 期权的到期时间（年）
    - r: 无风险利率
    - sigma: 资产价格的波动率
    - num_simulations: 模拟路径的数量

    返回：
    欧洲看涨期权的估计价格
    """
    np.random.seed(42)

    # 生成模拟路径
    simulations = np.zeros((num_simulations, 1))
    for i in range(num_simulations):
        # 使用几何布朗运动模拟资产价格路径
        path = S * np.exp(np.cumsum((r - 0.5 * sigma2)
                                    * T + sigma * np.sqrt(T)
                                    * np.random.normal(size=T)))
        simulations[i] = path[-1]  # 记录到期时的资产价格

# 计算期权支付
# 对于欧洲看涨期权，支付为标的资产价格与行权价格之差，最小为 0
    option_payoffs = np.maximum(simulations - K, 0)

    # 计算期权的预期价值
```

```
        option_price = np.exp(-r * T) * np.mean(option_payoffs)

    return option_price

# 示例参数
current_price = 100      # 当前资产价格
strike_price = 105       # 期权的行权价格
expiration_time = 1      # 期权的到期时间（年）
interest_rate = 0.05     # 无风险利率
volatility = 0.2         # 资产价格的波动率

# 调用函数进行模拟定价
option_price_estimate = european_call_option_simulation(current_price,
                                                        strike_price,
                                                        expiration_time,
                                                        interest_rate,
                                                        volatility)

# 打印结果
print(f"欧洲看涨期权的估计价格为：{option_price_estimate:.2f}")
```
运行这段代码，会得到如下所示的结果。

【代码运行结果】
欧洲看涨期权的估计价格为：8.02

【结果说明】这个估计价格（8.02）表示根据蒙特卡罗模拟，使用给定的模型参数和模拟路径数量，估算出的欧洲看涨期权的理论市场价值。在这个模拟中，我们使用了几何布朗运动来模拟资产价格的变化，计算了在到期时的资产价格，并计算了期权的支付。

在欧洲看涨期权情境下，期权的支付为标的资产价格与行权价格之差，最小值为 0。所以，如果到期时标的资产价格低于行权价格，那么期权支付为 0，因为此时期权不会被执行。

当然在实际交易中，市场价格可能与这个估计值有所不同。这个估计值对于投资者和金融分析师来说是一个参考，用于了解期权的潜在价值，但它并不是市场上真实交易的价格。市场价格会受到市场供需、期权流动性等因素的影响。

### 10.2.3 使用 LSMC 方法对美国期权定价

蒙特卡罗模拟在美国期权和欧洲期权的定价中都可以使用，但两者之间存在一些关键的区别。

**（1）行权时间的灵活性。**

欧洲期权：只能在到期日当天行使权利。蒙特卡罗模拟用于欧洲期权时，模拟路径会一直演变至到期日，然后计算期权的支付。

美国期权：可以在到期日之前的任何时间行使权利。在使用蒙特卡罗模拟时，需要考虑是否在每个时间点上行权，这使得模拟路径的计算变得更为复杂。

**（2）计算期权支付的时机。**

欧洲期权：期权支付在到期日时计算，即期权的支付是到期时的标的资产价格与行权价格之差。

美国期权：期权支付可能在合同期限内的任何时间点上计算。蒙特卡罗模拟需要在每个时间点上计算期权的支付，以找到最优的行权时机。

**（3）计算期望值的方法。**

欧洲期权：期望值的计算相对较简单，只需对所有模拟路径上的期权支付取平均。

美国期权：由于美国期权的灵活性，需要在每个时间点上选择最优的行权时机，因此期望值的计算可能涉及更复杂的方法，如动态规划。

**（4）计算效率和路径数量。**

欧洲期权：通常相对较多的模拟路径数量就足以得到较为准确的结果。

美国期权：由于需要在合同期限内的每个时间点上计算期权支付，可能需要更多的模拟路径和计算资源。

总体而言，使用蒙特卡罗模拟定价美国期权相对于欧洲期权更为复杂，因为需要考虑期权在合同期限内的灵活性。这就要求模拟路径更加细致，并需要在每个时间点上做出最优的行权决策。因此，在对美国期权定价时，通常使用最小二乘蒙特卡罗模拟。这种方法允许在模拟路径上通过回归的方式估计期权的内在价值，并在每个时间点上做出最优的行权决策。

具体来说，LSMC 方法的主要步骤如下。

**（1）生成模拟路径：** 使用蒙特卡罗模拟生成大量的可能未来路径，包括标的资产价格的变化。

**（2）计算期权支付：** 在每个时间点上计算期权的支付，这涉及比较当前标的资产价格与行权价格之差，并考虑时间价值的影响。

**（3）进行回归分析：** 对每个时间点上的期权支付进行回归分析，拟合一个回归模型，通常是多项式回归或其他函数形式。

**（4）确定最优行权时机：** 基于回归模型的估计，确定每个时间点上是否应该行权。这涉及选择最大化内在价值的行权时机。

**（5）计算期望值：** 通过模拟路径上的回归模型和行权决策，计算期权的预期价值。

使用 LSMC 方法的优势在于它能够在合同期限内的每个时间点上估计期权的内在价值，从而更好地捕捉美国期权的灵活性。然而，需要注意的是，LSMC 也可能对模型的选择和参数敏感，需要谨慎处理。

下面我们让 ChatGPT 协助演示使用 LSMC 方法对美国期权定价，可以使用提示词："现在需要用 LSMC 方法演示对美国期权定价，请给出示例代码。"发送提示词后，会得到 ChatGPT 生成的代码，经修改后的代码如下。

```python
# Python 代码
# 这里使用 sklearn 中的最小二乘法
from sklearn.linear_model import LinearRegression

# 定义 LSMC 函数用于美国期权定价
def lsmc_american_option(S, K, T, r, sigma,
                         num_simulations=1000,
                         num_time_steps=50):

    dt = T / num_time_steps  # 时间步长
    discount_factor = np.exp(-r * dt)  # 折现因子

    # 生成模拟路径
    paths = np.zeros((num_simulations, num_time_steps + 1))
    paths[:, 0] = S
    for i in range(1, num_time_steps + 1):
        # 使用几何布朗运动生成资产价格路径
        paths[:, i] = paths[:, i - 1] * np.exp((r - 0.5 * sigma2)
                                               * dt + sigma * np.sqrt(dt)
                                               * np.random.normal(
                                                   size=num_simulations
                                               ))

    # 计算期权支付
    option_payoffs = np.maximum(K - paths[:, -1], 0)

    # LSMC 回归估计
    for t in range(num_time_steps - 1, 0, -1):
        # 构建回归矩阵
        X = np.column_stack((np.ones(num_simulations),
                             paths[:, t],
                             paths[:, t] ** 2))

        # 使用最小二乘法进行回归
        reg = LinearRegression().fit(X,
                                     discount_factor * option_payoffs)

        # 计算内在价值
        intrinsic_value = np.maximum(K - paths[:, t], 0)
```

```python
    # 行权决策
    exercise_decision = np.where(intrinsic_value > reg.predict(X),
                                 intrinsic_value, 0)

    # 更新期权支付
    option_payoffs = np.where(exercise_decision > 0,
                              exercise_decision,
                              discount_factor * option_payoffs)

    # 计算期望值
    option_price = np.mean(option_payoffs) * np.exp(-r * T)

    return option_price

# 示例参数
current_price = 100     # 当前资产价格
strike_price = 105      # 期权的行权价格
expiration_time = 1     # 期权的到期时间（年）
interest_rate = 0.05    # 无风险利率
volatility = 0.2        # 资产价格的波动率

# 调用函数进行模拟定价
option_price_estimate = lsmc_american_option(current_price,
                                             strike_price,
                                             expiration_time,
                                             interest_rate,
                                             volatility)

# 打印结果
print(f"美国期权的估计价格为：{option_price_estimate:.2f}")
```

运行这段代码，会得到如下所示的结果。

【代码运行结果】
美国期权的估计价格为：8.37

【结果说明】这个估计价格（8.37）表示在给定的参数和模拟路径下，使用最小二乘蒙特卡罗模拟方法，估算出的美国期权的理论市场价值。这个值表示在合同期限内的每个时间点上，根据回归估计的内在价值和最优的行权决策，计算得到的期权支付的平均值。

💡 注意

使用最小二乘蒙特卡罗模拟方法对美国期权进行定价的代码相对复杂，因为它涉及在每个时间点上通过回归方法估计期权的内在价值，并根据回归结果做出最优的行权决策。上面实际上是一个简化的 Python

示例代码，演示了 LSMC 方法的基本思路。实际中可能需要更复杂的模型和更多的回归变量。

## 10.3 让 ChatGPT 协助估计 VaR

VaR（Value at Risk）是一种衡量金融风险的方法，它用于估计在一定置信水平下的最大可能损失。VaR 表示在给定的时间范围内，投资组合或资产价格可能的最大损失。通常，VaR 以货币单位表示，并与特定的置信水平（如 95% 或 99%）相关联。

VaR 的计算可以通过不同的方法，而蒙特卡罗模拟就是常用的方法之一。在本节中，我们将一起了解 VaR 的相关知识，以及如何使用蒙特卡罗模拟估计投资组合的 VaR。

### 10.3.1 VaR 的基本概念

VaR 一般翻译为风险价值。通俗来讲，想象你是一位投资者，拥有一份投资组合，里面包括股票、债券等不同类型的资产。你想知道在一段时间内，比如一天或一周，你的投资可能遭受的最大损失是多少。VaR 就是帮你估计这个最大可能损失的方法。

假设你有一份投资组合，总价值是 100 000 美元。你计算了 95% VaR，这意味着你想知道在正常市场条件下，有 95% 的概率该投资组合在一天内不会损失超过多少。

如果计算结果是 1 000 美元，那么在 95% 的情况下，你的投资组合在一天内的损失不会超过 1 000 美元。这个 1 000 美元就是你的 VaR。

VaR 的一个关键点是，它提供了一个置信水平，告诉你在多大程度上可以相信这个估计。在上述例子中，95% VaR 表示你相信在 95% 的时间里，损失不会超过计算得到的数值。

使用蒙特卡罗模拟来估计投资组合的 VaR 的大体步骤如下。

（1）**模拟未来路径**：针对每个资产，使用历史收益率数据和蒙特卡罗模拟方法生成多个未来可能的价格路径。

（2）**计算投资组合价值**：针对每个模拟路径，计算投资组合的价值变化。这涉及将每个资产的未来价格乘以其权重，然后将它们相加。

（3）**整理结果**：收集所有模拟路径下的投资组合价值变化，形成一个分布。

（4）**计算 VaR**：在分布中找到适当的百分位数。这就是在给定的置信水平下的 VaR。

接下来我们就准备一些数据并创建虚拟的投资组合，然后尝试使用蒙特卡罗模拟估计该投资组合的 VaR。

## 10.3.2 创建虚拟的投资组合

为了进行下一步的实验，本书附赠了两只股票的历史行情数据，分别是"VaR 实验数据 1.xlsx"和"VaR 实验数据 2.xlsx"。读者可以下载这两个数据文件，并使用下面的代码进行数据的读取和处理。

```
# Python 代码
# 分别读取两只股票的行情数据
df1, df2 = pd.read_excel('VaR 实验数据 1.xlsx'),\
pd.read_excel('VaR 实验数据 2.xlsx')# 换成你保存文件的路径

# 进行一些处理
columns = ['日期', '收盘']
df1, df2 = df1[columns], df2[columns]
df1['日期'], df2['日期'] = pd.to_datetime(df1['日期']),\
pd.to_datetime(df2['日期'])
df1.set_index('日期', inplace=True)
df2.set_index('日期', inplace=True)

# 将两个股票行情合并
df = df1.join(df2, lsuffix='_股票1', rsuffix='_股票2')

# 计算两只股票的简单收益
returns = df.pct_change().dropna()
returns.columns = ['股票1收益', '股票2收益']

# 检查结果
returns.tail()
```

运行这段代码，会得到如表 10-2 所示的结果。

表 10-2  虚拟投资组合中两只股票的简单收益

| 日期 | 股票1收益 | 股票2收益 |
| --- | --- | --- |
| 2022-12-26 | 0.014603 | 0.016204 |
| 2022-12-27 | 0.029085 | −0.015946 |
| 2022-12-28 | −0.017483 | −0.018074 |
| 2022-12-29 | 0.001186 | −0.015868 |
| 2022-12-30 | 0.014218 | 0.002257 |

【结果说明】这里我们创建了一个虚拟的投资组合，其中包含两只股票。表 10-2 中是两只股票的每日简单收益。如果大家也得到了类似的结果，说明数据的读取和处理都成功了。当然，大家也可以不使用本书附赠的数据，而是通过接口获取其他金融产品的行情数据，处理成与表 10-2 结

构相同的结果，并进行下一步实验。

现在我们可以使用可视化的方式，对投资组合中产品的简单收益进行对比，代码如下。

```
# Python 代码
# 两只股票收益数据可视化
returns.plot(figsize=(15,10))
plt.title('两只股票的每日收益', fontsize=20)
plt.xlabel('日期', fontsize=20)
plt.savefig('图10-3.jpg', dpi=300)
plt.show()
```

运行这段代码，会得到如图 10-3 所示的结果。

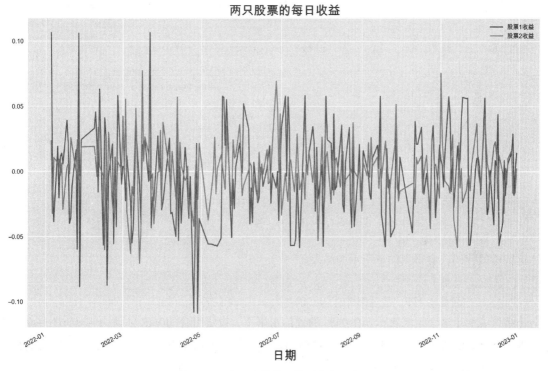

图 10-3　两只股票每日收益数据可视化

【结果说明】图 10-3 是虚拟投资组合中，两只股票的每日收益数据可视化。从图中我们可以大致看出两只股票每日收益的波动情况。

### 10.3.3　估计投资组合的 VaR

现在，我们可以让 ChatGPT 协助对这个投资组合的 VaR 进行估计，可以使用提示词："现有一个名为 returns 的 DataFrame，其中包含一个投资组合中两只股票的每日简单收益，两只股票的权重相同，现在需要演示 VaR 的估计，并且最后用直方图可视化 VaR 估计结果，请给出示例代码。"

发送提示词后，会得到 ChatGPT 生成的代码，经修改后的代码如下。

```python
# Python 代码
# 假设两只股票的权重相同
weights = np.array([0.5, 0.5])

# 投资组合每日简单收益
portfolio_returns = np.dot(returns, weights)

# 设置 VaR 的置信水平
confidence_level = 0.95

# 使用蒙特卡罗模拟计算 VaR
num_simulations = 1000
simulated_returns = np.random.choice(portfolio_returns,
                                     size=(num_simulations,
                                           len(portfolio_returns)))

# 计算 VaR
var_estimate = np.percentile(simulated_returns,
                             100 * (1 - confidence_level))

# 打印 VaR 估计结果
print(f"在 {confidence_level*100}% 置信水平下，投资组合的 VaR 估计为：\
{var_estimate:.4f}")
```

运行这段代码，会得到如下所示的结果。

【代码运行结果】
在 95.0% 置信水平下，投资组合的 VaR 估计为：-0.0367

【结果说明】这个结果表示，在 95% 的置信水平下，投资组合的 VaR 估计为 -0.0367。-0.0367 是投资组合可能的最大日损失金额。由于该值为负值，所示表示在未来的一天中，投资组合的日损失有 95% 的概率不会超过 -0.0367。

需要特别说明的是，在上面的代码中，使用了 np.random.choice() 来进行蒙特卡罗模拟，主要原因是为了生成多个未来可能的投资组合收益路径。这个方法的思路是通过从现有的历史收益率中有放回地抽取样本，构建多个模拟路径。

具体来说，我们有投资组合中每日的历史收益率数据，这是过去实际的数据。而通过有放回地从历史数据中抽取样本，我们可以创建多个未来可能的投资组合收益路径。这相当于假设未来的市场情况可能与过去的某些时期相似。然后，通过设置 num_simulations 参数，我们可以控制生成的模拟路径的数量。在每个模拟路径中，我们抽取了与历史数据相同数量的样本，构成了一条模拟路径。

这种方法虽然简化了模拟过程，但也有一些假设。例如，假设未来的市场情况可能类似于历史。在实际应用中，使用更复杂的模型和更多的市场因素可能会提高模拟的准确性，但这也会增加计算的复杂性。模拟方法的选择取决于具体的应用场景和可用的数据。

当然，ChatGPT 也生成了将 VaR 估计结果进行可视化的代码，如下。

```
# 可视化 VaR 估计结果
plt.figure(dpi=300)
plt.hist(simulated_returns, bins=50, alpha=0.7, label='模拟的投资收益')
plt.axvline(x=var_estimate,
            color='red', linestyle='--',
            linewidth=2,
            label=f'VaR ({int((1-confidence_level)*100)}%) 估计')

plt.title('模拟的收益分布')
plt.xlabel('投资组合收益')
plt.ylabel('频率')
plt.legend()
plt.savefig('图10-4.jpg', dpi=300)
plt.show()
```

运行这段代码，会得到如图 10-4 所示的结果。

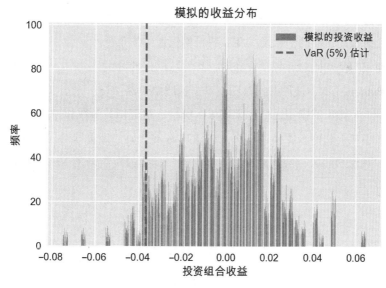

图 10-4　投资组合的 VaR 估计结果

【结果说明】图 10-4 可视化了蒙特卡罗模拟得到的投资组合收益路径的分布情况。它的横轴表示投资组合的日简单收益，这是投资组合每日收益的可能取值范围。纵轴表示每个收益区间内的频率，也就是说纵轴上的数值表示落在相应区间的模拟路径的数量。

直方图的形状展示了模拟路径中各种收益水平的相对频率。如果直方图呈现钟形曲线，说明投资组合的收益在模拟中更可能集中在某个区间。如果直方图呈现偏态或厚尾，说明可能存在一些极端的收益情况。

垂直的虚线表示在95%置信水平下计算得到的VaR估计。该线的位置表示在95%的情况下，投资组合的损失不会超过这个值。

通过观察直方图，我们可以对投资组合未来的收益分布有一个直观的了解。在这个例子中，如果直方图的左侧尾部很长，说明可能存在一些较大的损失情况；而如果直方图的右侧尾部很长，说明可能存在一些较大的收益情况。需要注意的是，VaR只是分布的一个百分位数，它并不能告诉我们在剩下的5%中会发生什么。因此在实际应用中，投资者可能会结合其他风险衡量方法，以更全面地了解他们的投资风险。

## 10.4 小结与习题

本章介绍了金融数据分析和风险管理中的几个重要概念，包括几何布朗运动、蒙特卡罗模拟、期权定价和VaR等。通过示例代码和解释，我们展示了如何使用几何布朗运动模拟股票价格，使用蒙特卡罗模拟和LSMC方法估计期权定价和投资组合的VaR，并通过直方图可视化了模拟结果。

下面是本章的习题：

（1）解释蒙特卡罗模拟的基本原理，并说明其在金融领域中的应用。

（2）介绍几何布朗运动的概念及其在股票价格模拟中的角色。

（3）解释期权的基本概念，包括看涨期权和看跌期权的区别。

（4）编写Python函数，使用几何布朗运动模拟股票价格动态。

（5）设计一个蒙特卡罗模拟，估计某期权的价格，给定相关参数和模拟路径的数量。

（6）使用最小二乘蒙特卡罗模拟方法，编写Python代码估计美国期权的价格。

（7）使用本书附赠的数据或通过接口下载数据，计算投资组合的VaR，然后通过直方图可视化模拟结果。

# 第 11 章

## 让 ChatGPT 协助进行资产配置

资产配置是一种投资策略，它通过在不同种类的资产之间分配投资组合中的资金，以实现投资目标并最小化风险。这些资产包括股票、债券、现金、房地产等不同的投资工具。不同资产类别之间存在不同的相关性，某些资产可能在特定时期表现较好，而其他资产则可能表现较差。资产配置的目标是通过优化不同资产类别的权重，使投资组合能够在不同市场条件下获得最佳回报。

一般来说，资产配置的决策是基于投资者的风险偏好、投资目标、时间视野等因素。例如，年轻的投资者可能更倾向于更多地投资于风险较高但潜在回报也较高的资产，而年长的投资者可能更注重保值和收入，倾向于较为保守的资产配置。

资产配置通常包括长期目标和战术调整。长期目标确定了不同资产类别的基本权重，而战术调整则允许在特定市场条件下进行调整，以适应短期的变化和机会。这种方法有助于投资者在长期和短期内实现投资目标。

本章的主要内容：

- 使用 QuantStats 对等权重投资组合进行评估；
- 使用蒙特卡罗模拟寻找投资组合的有效前沿；
- 使用优化算法寻找投资组合的有效前沿；
- 层次风险平价（HRP）的基本原理；
- 使用 pypfopt 实现层次风险平价。

## 11.1 让 ChatGPT 协助评估等权重投资组合

在等权重投资组合中，投资者会将资金平均分配给投资组合中的每个资产，而不考虑这些资产的市值或其他因素。具体来说，如果投资组合包括 $N$ 个不同的资产，那么每个资产的权重将是 $1/N$。这种方法的优势在于简单，因为它不需要进行复杂的资产评估或预测，只需将资金均匀分布在所有资产上。

评估等权重投资组合的表现，通常涉及比较其回报率和风险与其他投资组合或基准（如市场指数）的表现。这种方法有助于了解在相同的投资资金分布下，该投资组合相对于其他投资策略的表现如何。

在这一节中，我们来一起学习如何对这种简单的投资组合进行评估。

### 11.1.1 创建虚拟的投资组合

要评估一个等权重投资组合的表现，我们可能需要收集以下数据。

（1）**投资组合的资产列表**：列出构成等权重投资组合的所有资产，这包括股票、债券、现金等不同类型的资产。

（2）**每个资产的初始权重：** 计算每个资产在投资组合中的初始权重。在等权重投资组合中，每个资产的初始权重都是相等的，通常为 1/N，其中 N 是资产的数量。

（3）**每个资产的历史价格数据：** 收集每个资产的历史价格数据，这将用于计算投资组合的总回报率。

（4）**投资组合的历史权重数据：** 跟踪投资组合中每个资产的权重随时间的变化。这将有助于了解投资组合在不同时期内的构成。

（5）**市场指数数据：** 如果您计划将等权重投资组合的表现与整体市场进行比较，可能需要市场指数的历史数据，以便作为基准。

一旦我们收集了这些数据，就可以使用它们来计算投资组合的各种性能指标，如总回报率、年化回报率、波动性等。与其他投资组合或市场指数的比较，将有助于我们了解等权重投资组合相对于其他策略的表现。我们还可以使用图表来可视化这些数据，以更直观地理解投资组合的表现趋势。

接下来，我们就来创建一个虚拟的投资组合，并获取它们的历史行情数据。使用的代码如下。

```python
# Python 代码
# 获取股票代码
stock_codes = ["000001", "600000", "300001", "601001"]

# 创建一个空的 DataFrame，用于存储合并后的数据
merged_df = pd.DataFrame()

# 遍历股票代码，获取历史行情数据并合并
for code in stock_codes:
    # 获取历史行情数据
    stock_data = ak.stock_zh_a_hist(symbol=code,
                                    start_date='20200101',
                                    end_date='20221231',
                                    adjust="hfq")

    # 提取收盘价列，以股票代码作为列名
    close_series = stock_data[['日期','收盘']]
    close_series.set_index('日期', inplace=True)
    close_series.columns = [code]

    # 将收盘价列合并到空的 DataFrame 中
    merged_df = pd.concat([merged_df, close_series], axis=1)

# 查看合并后的 DataFrame
merged_df.head()
```

运行这段代码,会得到如表 11-1 所示的结果。

表 11-1　虚拟的投资组合中各资产的收盘价

| 日期 | 000001 | 600000 | 300001 | 601001 |
|---|---|---|---|---|
| 2020-01-02 | 2846.00 | 102.02 | 120.08 | 10.92 |
| 2020-01-03 | 2896.38 | 102.88 | 120.94 | 10.88 |
| 2020-01-06 | 2878.51 | 101.96 | 129.52 | 10.96 |
| 2020-01-07 | 2891.51 | 102.22 | 129.78 | 11.10 |
| 2020-01-08 | 2811.87 | 101.03 | 134.47 | 10.90 |

【结果说明】在这个例子中,stock_codes 是一个包含四个股票代码的列表,大家可以根据自己的需求替换成其他股票代码。ak.stock_zh_a_hist 函数用于获取股票的历史行情数据。pd.concat 函数用于将每只股票的收盘价合并到一个 DataFrame 中,结构如表 11-1 所示。如果读者在使用接口获取数据中遇到问题,也可以直接下载本书附赠的"资产配置实验数据.xlsx"文件进行实验。

数据准备完成后,我们就可以让 ChatGPT 协助计算这个投资组合的收益情况,使用的提示词可以是:"merged_df 中,包含一个投资组合中四只股票的每日收盘价,每只股票的权重相等,现在需要计算这个投资组合的收益,请给出示例代码。"发送提示词后会得到 ChatGPT 生成的代码,经修改后的代码如下。

```
# Python 代码
# 使用本书附赠数据的读者用这行代码读取数据
merged_df = pd.read_excel('资产配置实验数据.xlsx',
                         index_col='日期')

# 计算每只股票的日收益率
daily_returns = merged_df.pct_change().dropna()

# 计算等权重投资组合的日收益率
weights = 1 / len(stock_codes)    # 每只股票的权重相等
portfolio_returns = daily_returns.dot([weights] * len(stock_codes))

# 打印等权重投资组合的日收益率
portfolio_returns.tail()
```

运行代码,会得到如下所示的结果:

【代码运行结果】
日期
2022-12-26    0.005240
2022-12-27    0.010320

```
2022-12-28   -0.001717
2022-12-29   -0.010361
2022-12-30    0.003204
dtype: float64
```

【结果说明】在这段代码中，daily_returns 是包含每只股票的每日收益率的 DataFrame。dot 函数用于计算等权重投资组合的每日收益率。接下来，我们就可以进一步分析这些收益率，计算累积收益、夏普比率（Sharpe Ratio）等指标，根据需要进行更深入的投资组合分析。

### 11.1.2 使用 QuantStats 绘制业绩快照图

QuantStats 是一个用于量化金融分析的 Python 库。它提供了一组工具，用于分析和评估金融时间序列数据，尤其是用于评估投资组合的表现。

QuantStats 有以下功能。

（1）**投资组合表现分析：** 提供了用于计算投资组合回报率、波动性、夏普比率等常见指标的函数。

（2）**风险和收益分析：** 可以计算最大回撤、半方差等风险指标，并提供了一些工具，用于分析资产或投资组合的风险和收益。

（3）**时间序列分析：** 提供了处理和分析金融时间序列数据的功能，包括计算收益率、移动平均线等。

（4）**回测工具：** 提供了一些用于回测投资策略的工具，以评估策略的历史表现。

使用 QuantStats 可以方便地进行投资组合分析，特别是对于使用 Python 进行量化金融研究的人来说。接下来我们让 ChatGPT 协助使用 QuantStats 对投资组合进行初步的评估，可以使用提示词："我已经完成了投资组合的收益计算，即上述代码中的 portfolio_returns，现在需要用 QuantStats 绘制其基本的业绩评估，请给出示例代码。"发送提示词后，会得到 ChatGPT 生成的代码，经修改后的代码如下。

```
# Python 代码
# 导入 QuantStats
# 没有安装的话，使用 pip install quantstats 即可
import quantstats as qs
# 转换索引为日期类型，以解决 Timedelta 与字符串相加的问题
#portfolio_returns.index = pd.to_datetime(portfolio_returns.index)

# 使用 Quantstats 进行基本的业绩评估
fig = qs.plots.snapshot(portfolio_returns, mode='basic',
                        figsize=(12,8))
```

运行这段代码，会得到如图 11-1 所示的结果。

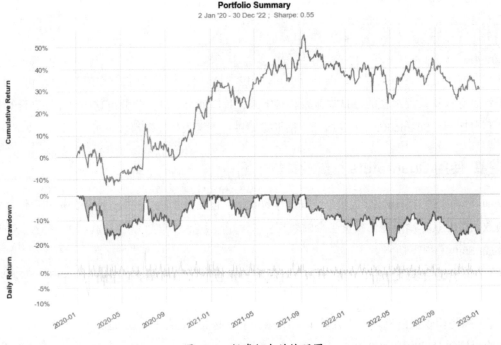

图 11-1 投资组合的快照图

【结果说明】图 11-1 是使用 QuantStats 库中的 plot.snapshot 函数绘制的投资组合的快照图,图中包含了投资组合的一些关键统计信息,如夏普比率、总回报、最大回撤、波动率等。这张图可以帮助我们更全面地了解投资组合的表现。例如,从图 11-1 中,可以看到投资组合夏普比率是 0.55,总回报约为 30%,最大回撤为 20% 左右。

> 💡 注意
>
> 考虑到 QuantStats 库可能会不定期进行更新,因此建议查阅 QuantStats 的官方文档以获取最新信息。

下面我们详细解释一下夏普比率、最大回撤等术语。

夏普比率是一种用于衡量投资组合风险调整收益的指标。它由诺贝尔奖获得者威廉·夏普(William Sharpe)于 1966 年提出,被广泛用于评估投资组合的绩效。

夏普比率的计算公式如下:

$$\text{Sharpe Ratio} = \frac{R_p - R_f}{\sigma_p}$$

其中,$R_p$ 是投资组合的预期收益率。

$R_f$ 是无风险利率,通常选择短期国债利率。

$\sigma_p$ 是投资组合的标准差(波动性),用于衡量投资组合的风险。

夏普比率通过投资组合的超额收益（即预期收益率与无风险利率的差值）与投资组合的风险之比进行计算。

夏普比率的解释如下。

如果夏普比率为正，说明投资组合的超额收益高于无风险利率，收益较为理想。

如果夏普比率为负，说明投资组合的超额收益低于无风险利率，收益可能不足以补偿投资组合的风险。

夏普比率越高，表示每单位风险所获得的超额收益越多，投资组合的绩效越好。

夏普比率是一种相对简单而广泛使用的衡量投资组合绩效的指标，但有批评意见认为它假设收益率服从正态分布，并且对于非正态分布的情况可能不太适用。

投资组合的最大回撤是指在特定时间段内，投资组合净值从峰值下降到最低点的最大百分比降幅。它用来衡量投资组合在某一时期内可能经历的最大损失程度，即投资组合价值的最大下跌幅度。

最大回撤的计算步骤如下。

（1）**找到峰值点：** 找到投资组合净值曲线上的最高点，表示投资组合价值的峰值。

（2）**找到谷底点：** 在峰值点之后的时间段内，找到净值曲线的最低点，表示最大回撤的结束点。

（3）**计算最大回撤：** 计算公式如下。

$$最大回撤 = \frac{峰值净值 - 谷底净值}{峰值净值} \times 100\%$$

最大回撤的百分比越小，表明投资组合在过去某一时期内的波动性和损失风险越低。这个指标对于投资者来说非常重要，因为它提供了一个实际衡量投资组合可能面临的最大损失的指标，有助于投资者更全面地了解他们的投资组合风险。

需要注意的是，最大回撤衡量的是过去的风险，它对于未来的市场表现并不能提供保证。投资者还应该结合其他指标和分析方法来综合评估投资组合的整体风险和收益。

### 11.1.3 使用 QuantStats 生成业绩评估报告

除了上述快照图中包含的一些统计信息之外，还可以利用 QuantStats 查看更多的评估指标。这里我们使用提示词："需要用 QuantStats 计算 portfolio_returns 的基础投资组合评估指标，benchmark 参数选择中国沪深 300 指数，请给出示例代码。"发送提示词后，会得到 ChatGPT 生成的代码，经修改后的代码如下。

```python
# Python 代码
# 我们选取沪深 300 指数作为基准
# 获取沪深 300 指数的历史行情数据
hs300 = ak.stock_zh_index_daily(symbol="sh000300")
hs300['date'] = pd.to_datetime(hs300['date'])
```

```python
hs300.set_index('date', inplace=True)
hs300 = hs300['2020-01-01':'2022-12-31']

# 计算出沪深 300 指数的简单收益
hs300_returns = hs300['close'].pct_change().dropna()

# 使用 QuantStats 计算基础投资组合评估指标
qs.reports.metrics(portfolio_returns,
                   benchmark=hs300_returns)
```

运行这段代码，会得到如下所示的结果。

【代码运行结果】

```
                     Benchmark     Strategy
                     ---------     --------
Start Period         2020-01-03    2020-01-03
End Period           2022-12-30    2022-12-30
Risk-Free Rate       0.0%          0.0%
Time in Market       100.0%        100.0%

Cumulative Return    -6.76%        23.66%
CAGR%                -1.6%         5.02%

Sharpe               -0.01         0.42
Prob. Sharpe Ratio   49.07%        76.2%
Sortino              -0.02         0.6
Sortino/√2           -0.01         0.43
Omega                1.07          1.07

Max Drawdown         -39.59%       -28.56%
Longest DD Days      681           473

Gain/Pain Ratio      -0.0          0.07
Gain/Pain (1M)       -0.01         0.38

Payoff Ratio         0.92          1.0
Profit Factor        1.0           1.07
Common Sense Ratio   1.03          1.15
CPC Index            0.47          0.54
Tail Ratio           1.03          1.07
Outlier Win Ratio    3.68          2.88
Outlier Loss Ratio   3.71          3.26
```

```
MTD                0.48%     -3.64%
3M                 1.16%     -5.2%
6M                -12.43%   -11.81%
YTD               -21.63%    -8.17%
1Y                -20.72%    -8.62%
3Y (ann.)          -0.79%     4.3%
5Y (ann.)          -1.6%      5.02%
10Y (ann.)         -1.6%      5.02%
All-time (ann.)    -1.6%      5.02%

Avg. Drawdown      -6.81%    -5.52%
Avg. Drawdown Days   74        47
Recovery Factor     0.02      1.05
Ulcer Index         0.19      0.14
Serenity Index     -0.0       0.14
```

【结果说明】qs.reports.metrics 是 QuantStats 库中的一个功能，用于计算投资组合的一系列性能指标，并与指定的基准进行比较。qs.reports.metrics 主要包括以下参数。

returns：投资组合的日收益率时间序列。

benchmark（可选）：用作比较基准的时间序列数据，通常是另一个资产、指数或投资组合的收益率。

trading_year_days（可选）：一个整数，表示每年的交易日天数，默认为 252。

risk_free（可选）：无风险利率，用于计算夏普比率。

从代码运行结果可以看到，该函数返回了一个 Pandas DataFrame，其中包含多个投资组合性能指标，如复合年均增长率（CAGR）、累积收益、夏普比率、索提诺比率等。接下来我们对一些指标进行解释。

复合年均增长率：在 QuantStats 生成的报告中，CAGR 表示投资组合的复合年均增长率，是一种衡量投资组合年化收益的指标。

具体而言，CAGR 表示在投资期间内，若投资组合每年以相同的复合增长率增长时，它所达到的年化增长率。CAGR 的计算公式如下

$$CAGR = \left(\frac{终值}{初始值}\right)^{\frac{1}{投资年限}} - 1$$

其中，终值是投资期间结束时的投资组合价值，初始值是投资期间开始时的投资组合价值，投资年限是投资期间的年数。

CAGR 提供了一个以单一数字表示的投资组合年化增长率，用于比较不同投资组合或资产之间的表现。较高的 CAGR 表示投资组合在整个投资期间内获得了更高的年均增长率，而较低的 CAGR 则表示增长率较低。这是一个很有用的指标，因为它考虑了投资的复利效应。

索提诺比率是一个衡量投资组合风险调整收益的指标，是夏普比率的一个变体。索提诺比率更侧重于下行风险（负偏差）而非总体波动性，因此被认为对投资者更有实际意义。

索提诺比率的计算基于投资组合的收益和一个事先定义的目标收益水平，通常将目标收益设置为零或无风险利率。其计算公式为：

$$\text{Sortino Ratio} = \frac{R_p - R_f}{\text{Downside Deviation}}$$

其中，$R_p$ 是投资组合的预期年化收益率。

$R_f$ 是无风险利率，通常选择零，表示无风险投资或者选择短期国债利率。

Downside Deviation 是投资组合下行风险的标准差，只考虑负收益。

索提诺比率的分子是投资组合的超额收益，分母是负收益的标准差。相较夏普比率，索提诺比率更专注于投资组合下行风险，因此对于那些关心投资组合在不利市场条件下的表现的投资者来说，索提诺比率可能更为有用。

在 qs.reports.metrics 生成的报告中，索提诺比率越高，说明在承担相同风险的情况下，获得的预期收益越高，是一个积极的信号。

由于篇幅所限，我们无法详细展开解释每一个指标的含义。感兴趣的读者可以自行搜索，或者与 ChatGPT 交互，获得更多指标的详细解释。

## 11.2 让 ChatGPT 协助构建有效前沿

有效前沿（Efficient Frontier）是由美国经济学家哈里·马科维茨（Harry Markowitz）提出的，是现代投资组合理论（Modern Portfolio Theory，MPT）的核心概念之一。有效前沿描述了在给定风险水平下，投资组合可以实现的最大预期收益。

有效前沿的概念强调了风险和收益之间的权衡，通过有效地分散资产，可以在一定风险水平下获得更高的预期收益，或在一定预期收益水平下降低风险。

通过构建有效前沿，投资者可以更好地理解投资组合的优势和劣势，以及如何在风险和收益之间做出最理性的选择。这为投资者提供了一种理论基础，帮助他们制定最佳的资产配置策略，以满足他们的风险偏好和预期收益目标。

### 11.2.1 使用蒙特卡罗模拟寻找有效前沿

蒙特卡罗模拟是一种构建有效前沿常用的方法。这种方法利用随机抽样技术，通过对投资组合的不同资产权重进行多次模拟，来估计有效前沿上的投资组合。以下是使用蒙特卡罗模拟构建有效前沿的基本步骤。

（1）**定义资产的预期收益和协方差矩阵：** 首先，需要确定投资组合中每个资产的预期收益率和它们之间的协方差矩阵。这些参数可以基于历史数据或其他预测方法得到。

（2）**生成随机权重：** 使用蒙特卡罗模拟，随机生成一组权重，这些权重表示投资组合中每个资产的占比。可以在 [0, 1] 范围内生成随机权重，并确保它们的总和为 1。

（3）**计算投资组合收益和风险：** 对于每一组随机权重，计算投资组合的预期收益和标准差（或方差，取决于使用的风险度量）。这可以通过使用资产的预期收益和协方差矩阵进行计算。

（4）**重复步骤 2 和步骤 3：** 通过多次生成随机权重和计算投资组合的收益和风险，形成一个蒙特卡罗模拟的样本集。

（5）**绘制有效前沿：** 根据模拟得到的样本集，绘制投资组合的收益和风险，形成蒙特卡罗模拟的有效前沿。

蒙特卡罗模拟可以帮助投资者更好地了解投资组合在不同风险水平下可能实现的预期收益。注意，模拟结果取决于模拟的次数和随机生成的权重，因此可以通过增加模拟次数来提高模拟的精度。

Python 中的 NumPy 和 Matplotlib 等库提供了进行蒙特卡罗模拟的工具和绘图功能，可用于实现上述步骤。为了让 ChatGPT 协助我们完成这项工作，可以使用提示词："现在需要使用前面准备好的 daily_returns，演示如何使用蒙特卡罗模拟构建有效前沿，并把结果可视化，请给出示例代码。"发送提示词后会得到 ChatGPT 生成的代码，经修改后的代码如下。

```
# Python 代码
# 为了便于读者理解，我们重新读取一下数据
merged_df = pd.read_excel('资产配置实验数据.xlsx',
                          index_col='日期')

# 计算每只股票的日收益率
daily_returns = merged_df.pct_change().dropna()

# 使用历史数据估计资产的预期收益和协方差矩阵
expected_returns = daily_returns.mean() * 252   # 年化收益
cov_matrix = daily_returns.cov() * 252   # 年化协方差矩阵

# 设置蒙特卡罗模拟的参数
num_portfolios = 5000   # 模拟次数
pf_weights = []

# 初始化数组以存储结果
results = np.zeros((3, num_portfolios))

for i in range(num_portfolios):
    # 生成随机权重
```

```python
        weights = np.random.random(daily_returns.shape[1])
        weights /= np.sum(weights)   # 确保权重总和为1
    pf_weights.append(weights)

        # 计算投资组合预期收益和标准差
        portfolio_return = np.sum(weights * expected_returns)
        portfolio_volatility = np.sqrt(np.dot(weights.T,
                                        np.dot(cov_matrix, weights)))

        # 存储结果
        results[0,i] = portfolio_return
        results[1,i] = portfolio_volatility
        # 计算夏普比率（假设无风险利率为0）
        results[2,i] = portfolio_return / portfolio_volatility

# 将结果转换为 DataFrame
results_df = pd.DataFrame(results.T,
                        columns=['Return', 'Volatility', 'Sharpe Ratio'])

# 找到最大夏普比率的投资组合
max_sharpe_ratio_portfolio = results_df.loc[results_df['Sharpe Ratio'].idxmax()]

# 找到最小波动性的投资组合
min_volatility_portfolio = results_df.loc[results_df['Volatility'].idxmin()]

# 绘制蒙特卡罗模拟的有效前沿
plt.figure(dpi=300)
plt.scatter(results_df.Volatility,
            results_df.Return,
            c=results_df['Sharpe Ratio'],
            cmap='viridis',
            marker='o', s=15, alpha=0.3,
            edgecolors='k')
plt.colorbar(label='Sharpe Ratio')
plt.scatter(max_sharpe_ratio_portfolio.Volatility,
            max_sharpe_ratio_portfolio.Return,
            marker='*', color='r', s=200,
            label='Max Sharpe Ratio')
plt.scatter(min_volatility_portfolio.Volatility,
            min_volatility_portfolio.Return,
            marker='*', color='b', s=200,
```

```
                    label='Min Volatility')
plt.title('蒙特卡罗模拟-有效前沿')
plt.xlabel('波动性')
plt.ylabel('收益')
plt.legend()
plt.savefig('图11-2.jpg', dpi=300)
plt.show()
```

运行这段代码，会得到如图 11-2 所示的结果。

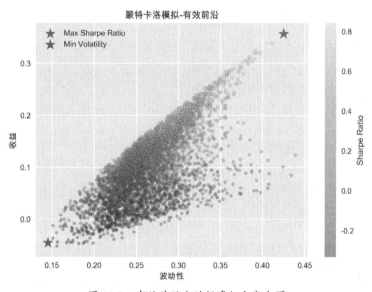

图 11-2　有效前沿上的投资组合散点图

【结果说明】图 11-2 展示了通过蒙特卡罗模拟生成的投资组合在风险（标准差或波动性）和预期收益之间的权衡。以下是对这个散点图的解读。

（1）有效前沿：散点图上的点形成了一个曲线，这就是有效前沿。有效前沿上的每个点都代表一个通过不同权重分配的资产构建的投资组合。在这个图上，我们看到一条曲线，它表示在给定风险水平下，可以实现的最大预期收益。

（2）散点的颜色：散点的颜色表示夏普比率，颜色越浅，夏普比率越高。夏普比率是一种衡量风险调整后的收益的指标，我们可以通过颜色的深浅来识别相对于风险而言的收益优势。

（3）星号标记的点：在图中，有两个星号标记的点，分别表示最大夏普比率的投资组合和最小波动性的投资组合。这两个点是有效前沿上的特殊点，它们在理论上提供了最佳的风险和回报平衡。

（4）x 轴和 y 轴：x 轴表示风险（标准差或波动性），y 轴表示预期收益。你可以观察到在风险较低区域的投资组合的预期收益相对较低，而风险较高区域的投资组合可能获得更高的预期收益。

通过这个图，我们可以更好地了解投资组合在风险和收益之间的权衡，以及在不同的投资目标下可能的投资组合选择。选择投资组合时，投资者通常会根据自己的风险偏好和预期收益目标，在有效前沿上选择最适合自己需求的点。

当然，我们还可以使用下面的代码查看夏普比率最高的投资组合权重，使用的代码如下。

```python
# Python 代码
# 将所有的权重转化为 DataFrame
pf_weights_df = pd.DataFrame(pf_weights)
pf_weights_df.columns = daily_returns.columns

# 将权重和计算结果拼接
pf_weights_df = pf_weights_df.join(results_df)

# 查看夏普比率最大的权重
pf_weights_df.loc[pf_weights_df['Sharpe Ratio'].idxmax()]
```

运行这段代码，我们会得到如下所示的结果。

【代码运行结果】
```
000001              0.019077
600000              0.098797
300001              0.051289
601001              0.830836
Return              0.357310
Volatility          0.424603
Sharpe Ratio        0.841516
Name: 3817, dtype: float64
```

【结果说明】这个结果表示最大夏普比率的投资组合的权重分配，以及相应的投资组合性能指标。可以看到，当夏普比率最大时，在这个投资组合中，第一个资产"000001"占总投资约 1.91%，第二个资产"600000"占总投资约 9.88%，第三个资产"300001"占总投资约 5.13%，第四个资产"601001"占总投资约 83.08%。

这个结果表明，在我们的资产池中，通过给予"601001"更高的权重，构建的投资组合在风险调整后的收益上表现最好。夏普比率约为 0.84，表明该投资组合相对于单位风险承受能力来说，获得了相对较高的回报。

### 11.2.2 使用优化算法寻找有效前沿

通过优化算法，也可以找到在风险与收益之间取得最佳平衡的权重分配。这里我们要使用一个名叫 SciPy 的科学计算库，其中包含了用于优化问题的模块，可以帮助找到最优解。使用 SciPy 中的优化工具，我们可以定义一个优化问题，目标是最大化投资组合的预期收益，同时限制风险（通常用标准差或波动性来表示）。通过调整资产的权重，优化算法试图找到在约束条件下最大化目标函数的解，即最优的资产配置，从而形成有效前沿。

这种方法相较蒙特卡罗模拟更直接，因为它尝试通过数学优化找到最佳解，而不是通过随机抽样。这可以在相对较短的时间内更精确地找到有效前沿。SciPy 中的优化工具通常用于处理这类问题。

在使用 SciPy 中的优化工具寻找有效前沿时，通常采用数学规划中的约束优化方法。这个问题可以形式化为一个优化问题，其中目标是最大化（或最小化）一个目标函数，同时满足一些约束条件。

这个问题的数学原理可以用如下的形式来表达。

### 1. 目标函数

通常，我们希望最大化投资组合的夏普比率，因为夏普比率是衡量风险调整后的收益的指标。夏普比率的目标函数可以表示为：

$$目标函数 = -\frac{预期收益率}{标准差}$$

由于 SciPy 中的 minimize 函数默认是最小化目标函数，我们在这里取负号。

### 2. 约束条件

为了确保找到的最优解是有效前沿上的投资组合，通常需要加入以下约束条件。

**权重之和为 1：** 这是一个全投资的约束，确保投资组合完全投资于资产。

$$约束条件 1: \sum_{i=1}^{n} w_i = 1$$

**权重在 0~1 之间：** 每个资产的权重应该在 0~1 之间。

$$约束条件 2: 0 \leq w_i \leq 1, \text{for} i = 1, 2, \cdots, n$$

这两个约束条件通常可以表示为等式和不等式的形式。

### 3. 优化方法

SciPy 提供了多种优化方法，其中一种常用的方法是 SLSQP。这是一个适用于有约束的优化问题的序列最小二乘二次规划算法。

在上述问题中，我们通过使用 scipy.optimize.minimize 函数，将目标函数和约束条件传递给该函数，然后选择适当的方法（如 SLSQP）进行优化。该函数会返回一个包含最优解的对象，其中包括最优权重分配以及对应的最优目标函数值。

这样，通过数学规划和优化方法，我们可以找到在给定资产池中，最大化夏普比率的投资组合。

如果要让 ChatGPT 协助我们用 SciPy 中的优化工具寻找有效前沿，可以使用提示词："现在有一个名叫 daily_returns 的 DataFrame，包含四只股票的每日简单收益，需要演示如何使用 SciPy 寻找有效前沿，并将结果可视化，请给出示例代码。"发送提示词后，会得到 ChatGPT 生成的代码，经修改后的代码如下。

```
# Python 代码
# 导入 SciPy 的优化工具
```

```python
from scipy.optimize import minimize

# 计算预期收益率和协方差矩阵
expected_returns = daily_returns.mean() * 252  # 年化收益率
cov_matrix = daily_returns.cov() * 252  # 年化协方差矩阵

# 定义目标函数(负夏普比率)
def objective(weights, expected_returns, cov_matrix):
    portfolio_return = np.sum(weights * expected_returns)
    portfolio_volatility = np.sqrt(np.dot(weights.T,
                                          np.dot(cov_matrix, weights)))
    sharpe_ratio = -portfolio_return / portfolio_volatility
    return sharpe_ratio

# 定义约束条件
constraints = ({'type': 'eq',
                'fun': lambda weights: np.sum(weights) - 1},  # 权重之和为1
               {'type': 'ineq',
                'fun': lambda weights: weights})  # 权重在0~1之间

# 初始权重
initial_weights = np.ones(len(expected_returns)) / len(expected_returns)

# 优化
result = minimize(objective, initial_weights,
                  args=(expected_returns, cov_matrix),
                  method='SLSQP',
                  constraints=constraints)

# 提取最优权重
optimal_weights = result.x

# 计算最优投资组合的夏普比率
optimal_sharpe_ratio = -result.fun

# 生成不同权重的投资组合点
num_portfolios = 1000
random_weights = np.random.random((num_portfolios,
                                   len(expected_returns)))
random_weights /= random_weights.sum(axis=1,
                                     keepdims=True)
```

```
portfolio_returns = np.dot(random_weights,
                          expected_returns)
portfolio_volatilities = np.sqrt(
    np.array([np.dot(np.dot(w.T, cov_matrix), w) for w in random_weights])
)

# 输出最优权重和最优夏普比率
print("Optimal Weights:")
print(optimal_weights)
print("Optimal Sharpe Ratio:")
print(optimal_sharpe_ratio)
```

运行这段代码,会得到如下所示的结果。

【代码运行结果】
```
Optimal Weights:
[ 6.50521303e-19 -6.56664079e-17  3.46563338e-02  9.65343666e-01]
Optimal Sharpe Ratio:
0.8738863370333698
```

【结果说明】这个结果就是我们用 SciPy 优化后,找到的投资组合中每只股票的权重,以及该组合的夏普比率。四只股票的最优权重分配为 6.50521303e-19、-6.56664079e-17、3.46563338e-02、9.65343666e-01。这意味着在这个最优投资组合中,第三只股票的权重约为 3.47%,第四只股票的权重约为 96.53%。值得注意的是,由于计算机浮点数的精度问题,权重可能会有极小的非零值。

同时,最优投资组合的夏普比率约为 0.874。这是一个相对较高的夏普比率,表明这个投资组合在风险调整后的回报上表现良好。

当然,我们也获得了将结果进行可视化的代码,如下。

```
# 可视化
plt.figure(dpi=300)
plt.scatter(np.sqrt(np.diag(cov_matrix)),
            expected_returns,
            label='Individual Stocks',
            color='blue')
plt.scatter(np.sqrt(np.dot(optimal_weights.T,
                           np.dot(cov_matrix, optimal_weights))),
            np.sum(optimal_weights * expected_returns),
            label='Optimal Portfolio',
            marker='*', color='red', s=200)
plt.scatter(portfolio_volatilities,
            portfolio_returns,
            label='Random Portfolios',
            color='gray', alpha=0.5)
```

```
plt.title('优化算法对比随机权重的有效前沿')
plt.xlabel('波动性')
plt.ylabel('收益')
plt.legend()
plt.savefig('图11-3.jpg', dpi=300)
plt.show()
```

运行这段代码,我们会得到如图11-3所示的结果。

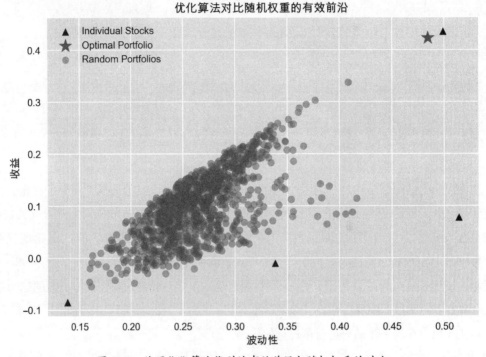

图11-3 使用优化算法找到的有效前沿与随机权重的对比

【结果说明】图11-3表示了风险和回报之间的权衡。横轴表示风险(标准差或波动性),纵轴表示回报率(简单收益率)。

三角形点显示了每只股票的风险和回报的情况。投资者可以通过选择这四只股票中的一只或多只来构建投资组合。

圆形散点形成了一个分布,代表随机生成的投资组合。这些点提供了在给定股票池中,可能的多种风险和回报的组合。

星号标记了通过优化找到的最优投资组合,它处于有效前沿上,提供了在给定风险水平下可能获得的最大回报。

无论是使用蒙特卡罗模拟,还是优化算法,我们的目标都是找到夏普比率最大的投资组合。除此之外,还有一些更加注重风险平衡的方法,在下一节中,我们将重点讨论这种方法。

## 11.3 让 ChatGPT 协助最大化风险平衡

最大化整体投资组合的风险平衡意味着在构建投资组合时，追求一种权衡，使得整个投资组合在各种市场条件下都能够保持相对均衡的风险分布。

在投资组合理论中，通常有两个主要目标：最大化收益和最小化风险。而在追求最小化风险时，强调的是风险的均衡分布，而不是简单地追求风险的绝对最小值。这种均衡的风险分布有助于投资组合在不同市场条件下都能够有稳健的表现，减小对特定市场环境的过度敏感性。

通过追求这种整体的风险平衡，投资者可以更好地应对市场波动，降低整体投资组合的波动性，并提高对各种市场条件的适应能力。这也符合现代投资组合理论中的风险平价思想，即将资产配置到整体风险贡献基本相等的水平。而在最大化整体投资组合的风险平衡中，层次风险平价（Hierarchical Risk Parity，HRP）是常用的方法之一。

### 11.3.1 层次风险平价的基本原理

层次风险平价是一种投资组合优化方法，旨在最大化整体投资组合的风险平衡。HRP 方法不同于传统的均值-方差优化，它主要关注资产之间的风险联系，以更均等地分配整体投资组合的风险。

HRP 的关键思想是通过层次聚类将资产分组，然后在不同层次上进行风险配置。这样，相关性更高的资产将被放置在同一组，以更好地考虑它们之间的风险联系。通过将资产划分为不同的组，HRP 可以确保在构建投资组合时更均等地分配整体风险。

HRP 的具体步骤如下。

（1）**计算协方差矩阵**：计算资产之间的协方差矩阵以反映资产之间的风险联系。

（2）**进行层次聚类**：将资产进行层次聚类，形成不同的组。

（3）**计算组合权重**：在不同的层次上，通过考虑每个组的协方差和方差，计算每个组的权重，从而均等地对整个投资组合进行风险平价配置。

（4）**计算最终权重**：将每个组的权重与属于该组的个体资产的权重相结合，形成最终的资产权重。

（5）**构建投资组合**：利用计算得到的最终权重构建整体投资组合。

HRP 方法的优势在于能够更好地考虑资产之间的风险联系，而不仅仅关注单个资产的期望收益和风险。这种方法旨在提供更平衡的整体风险分布，从而改善投资组合的表现。

下面让我们通过一个简单的例子来解释 HRP 的基本原理。

假设我们有三只股票：A、B 和 C。我们想要构建一个投资组合，以最大限度地平衡风险。首先，我们需要计算这三只股票之间的协方差矩阵，以反映它们之间的关联程度。

例子中的协方差矩阵如表 11-2 所示。

表 11-2　示例中的协方差矩阵

|   | A | B | C |
|---|---|---|---|
| A | 0.04 | 0.02 | 0.01 |
| B | 0.02 | 0.03 | 0.015 |
| C | 0.01 | 0.015 | 0.02 |

这个矩阵告诉我们每对股票之间的协方差。其次，我们使用层次聚类方法将这些股票进行分组，形成一个层次树。

层次树可能如下所示。

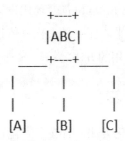

在这个树状结构中，ABC 代表整个投资组合，[A]、[B]、[C] 分别代表股票 A、B、C。通过层次聚类，我们将股票 A 和股票 B 分为一组，而股票 C 为另一组。

接下来，我们通过递归地应用风险平价原则，计算每个节点（组合）的权重，以确保每个节点的风险贡献相对均衡。例如，如果组合 [A, B] 的风险贡献比组合 [C] 高，HRP 会分配更多的资金给组合 [C]，以平衡整个投资组合的风险。

最后，我们得到了每个资产的最优权重，形成了一个整体投资组合。这个投资组合的构建考虑了资产之间的关联性，通过平衡不同资产组合的风险贡献，实现了更加均衡的风险分布。

### 11.3.2　层次风险平价的实现

接下来，我们使用 Python 中的第三方库 pypfopt 来实现层次风险评价。pypfopt 是一个用于投资组合优化的 Python 库，它提供了各种工具和算法，使用户能够根据不同的优化目标和约束条件构建和优化投资组合。

pypfopt 主要包括以下功能。

（1）**预定义的优化目标**：pypfopt 支持多种预定义的优化目标，包括最小化风险、最大化夏普比率、最大化收益等。

（2）**约束条件**：用户可以定义多种约束条件，如权重总和为 1、最小和最大权重、目标风险水平等。

（3）**不同的优化算法**：pypfopt 实现了多种优化算法，如马科维茨均值-方差优化、层次风险平价、最小跟踪误差优化等。

（4）**对股票和加密货币的支持：** pypfopt 能够处理股票和加密货币等不同类型的资产。

（5）**风险模型：** 提供了用于估计协方差矩阵的不同方法，包括历史协方差、指数加权协方差等。

（6）**自定义优化目标和约束：** 允许用户定义自己的优化目标和约束条件。

pypfopt 的安装很简单，只需要用一行命令即可：pip install PyPortfolioOpt。

为了进行实验，我们先创建一个虚拟投资组合。为方便起见，大家可以下载本书附赠的数据文件 "HRP 实验数据 .xlsx"，并使用下面的代码读取这个文件。

```
# Python 代码
# 读取实验数据 Excel
merged_df = pd.read_excel('HRP 实验数据 .xlsx',# 换成你保存数据的路径
                          index_col='日期')

# 将 index 转换为 datetime 格式
merged_df.index = pd.to_datetime(merged_df.index)

# 检查一下
merged_df.head()
```

运行这段代码，会得到如表 11-3 所示的结果。

表 11-3　投资组合中股票的每日收盘价

| 日期 | 600519 | 000858 | 600036 | 000001 | 000002 | 601318 | 000651 | 600276 | 002415 | 601633 |
|---|---|---|---|---|---|---|---|---|---|---|
| 2022-01-04 | 10792.41 | 3689.58 | 214.70 | 2876.56 | 3636.05 | 126.03 | 6721.48 | 2407.07 | 1011.28 | 151.57 |
| 2022-01-05 | 10655.59 | 3692.55 | 217.44 | 2956.19 | 3725.07 | 128.17 | 6913.15 | 2432.02 | 991.84 | 146.17 |
| 2022-01-06 | 10445.65 | 3625.78 | 213.92 | 2951.32 | 3709.36 | 126.63 | 6855.78 | 2393.89 | 967.36 | 142.06 |
| 2022-01-07 | 10243.56 | 3597.31 | 217.44 | 2964.32 | 3819.32 | 129.91 | 7055.27 | 2430.14 | 965.56 | 143.74 |
| 2022-01-10 | 10364.15 | 3555.09 | 218.14 | 2962.70 | 3854.67 | 130.19 | 7072.22 | 2441.43 | 972.94 | 148.93 |

【结果说明】在表 11-3 中，价格数据采用了后复权的方式，所以和大家在炒股软件中看到的价格不一样，这是非常正常的。当然，读者也可以自己通过接口获取不同的股票行情数据进行实验。

接下来，我们使用这个投资组合的行情数据，让 ChatGPT 协助进行层次风险平价的实现。使用的提示词可以是："现在我有 10 只股票的每日收盘价，保存在一个 DataFrame 中，需要使用这个数据演示如何实现 HRP，并要求层次聚类的部分有可视化，请给出示例代码。" 发送提示词后，会得到 ChatGPT 生成的代码，经修改后的代码如下。

```
# Python 代码
# 导入所需的模块和函数
from pypfopt.expected_returns import returns_from_prices
```

```python
from pypfopt.hierarchical_portfolio import HRPOpt
from pypfopt import plotting

# 将价格数据转换为每日简单收益率数据
rtn_df = returns_from_prices(merged_df)

# 创建层次风险平价优化对象，并传入收益率数据
hrp = HRPOpt(returns=rtn_df)

# 执行层次风险平价优化
hrp.optimize()

# 获取最优权重
weights = hrp.clean_weights()

# 输出最优权重
print("最优权重：")
print(weights)
```

运行这段代码，会得到如下所示的结果。

【代码运行结果】
最优权重：
OrderedDict([('600519', 0.07609), ('000858', 0.05407), ('600036', 0.0402), ('000001', 0.04024), ('000002', 0.10413), ('601318', 0.13789), ('000651', 0.27025), ('600276', 0.10496), ('002415', 0.11173), ('601633', 0.06044)])

【结果说明】这个结果是优化后的投资组合权重，这些权重指示了在构建最优投资组合时，每只股票在整个组合中所占的比例。例如，在最终构建的投资组合中，格力电器（000651）的权重最大，约为27.03%，而招商银行（600036）的权重最小，为4.02%。这些权重的计算是通过层次风险平价优化方法得出的，该方法考虑了股票之间的风险联系，以实现整体投资组合的风险平衡。

此外，我们还可以使用下面的代码对层次聚类的结果进行可视化。

```python
# Python 代码
# 层次聚类可视化
fig, ax = plt.subplots(dpi=300)
plotting.plot_dendrogram(hrp, ax=ax)

# 使用 pypfopt 的 plotting 模块中的
# plot_dendrogram 函数绘制层次聚类的树状图
ax.set_title("层次聚类树状图")
plt.savefig('图11-4.jpg', dpi=300)
plt.show()
```

运行这段代码，会得到如图11-4所示的结果。

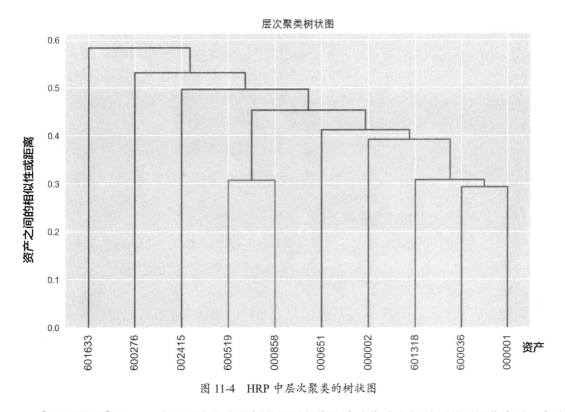

图 11-4　HRP 中层次聚类的树状图

【结果说明】图11-4中的层次聚类的树状图是投资组合中资产之间关系的可视化表示。在这个图像中，横轴表示资产，纵轴表示资产之间的相似性或距离。树状图的结构显示了层次聚类的形成过程。

图中的每个叶子节点代表一个资产，内部节点代表聚合的资产组合。通过观察树状结构，可以识别资产之间的关联性和聚类。而分支的长度表示资产之间的距离或者相似性。短的横向分支表示两个资产相似性较高，它们被聚合到一起的可能性较大。

此外，树状图的纵向高度越高，表示聚合的层次越高。在图的底部，每个资产是一个单独的叶子节点，而在图的顶部，整个投资组合被聚合成一个节点。树状图的合并点表示资产或资产组合的合并。这些合并点的高度越低，表示在层次聚类的过程中，这些资产或组合更早被合并。根据树状图的结构，可以将资产划分为不同的簇，这些簇代表在层次聚类中形成的资产组合。

图11-4提供了对资产之间关系的一种直观的可视化，帮助理解资产之间的相似性和聚类结构。在投资组合优化中，这种图形有助于选择合适的资产组合，以实现风险平衡和收益最大化。

当然，除了层次风险平价之外，pypfopt还提供了一些其他的功能和模块，如马科维茨均值-方差优化、最小跟踪误差优化、最小下行风险优化等，感兴趣的读者可以查阅其官方文档了解更详细的信息。

## 11.4 小结与习题

在本章中,我们介绍了资产配置和投资组合优化的概念和一些方法,并展示了如何使用 Python 库进行实际操作,包括使用 QuantStats 评估投资组合的业绩表现,使用蒙特卡罗模拟和 SciPy 中的优化工具寻找投资组合的有效前沿,以及使用层次风险平价构建风险平衡的投资组合。这些工具和方法可以帮助投资管理人员更好地管理风险和追求理想的投资业绩。

以下是本章习题:

(1)什么是资产配置?为什么它对投资组合管理如此重要?

(2)解释投资组合优化的基本原理。

(3)什么是投资组合的有效前沿?

(4)使用本书提供的投资组合数据,或通过接口获取其他资产的历史行情数据,利用 QuantStats 库对投资组合的业绩进行基本评估。

(5)使用 SciPy 中的优化工具寻找一个投资组合的有效前沿。

(6)使用 pypfopt 库进行层次风险平价优化,构建一个风险平衡的投资组合。

(7)结合所学知识,提出一个自定义的投资组合优化问题,并尝试用代码来解决这个问题。

交易策略是一套规则和决策过程，用于指导在金融市场上买卖资产的行为。这套规则通常基于市场分析、技术分析、基本面分析或它们的组合。交易策略的目标是在不同市场条件下实现盈利。交易策略通常包括入场规则、出场规则、头寸管理、市场选择、时间框架、策略参数等要素。

交易策略可以是人工制定的，也可以是基于算法的自动化策略。无论是手工还是自动化，回测都是评估和优化交易策略的关键步骤之一，以确保其在过去的市场条件下表现良好，并具备潜在的适应性和稳健性。在本章中，我们将一起探索一些常见的交易策略，以及如何对其进行回测。

本章的主要内容：

- 如何生成交易信号；
- 计算交易策略的收益；
- 如何在策略中添加交易成本；
- 使用 backtrader 编写策略；
- 设计并回测基于 RSI 的多空策略。

## 12.1 让 ChatGPT 协助进行向量化回测

向量化回测是指使用向量化操作来加速回测过程。这种方法通常被用于如 NumPy 等库的高级编程语言中。

在回测中，通常需要对历史价格数据执行各种操作，如计算指标、生成信号、模拟交易等。使用向量化操作，我们可以一次性对整个价格数据数组执行这些操作，而无须使用显式的循环。这通常比逐个元素处理效率更高，因为现代计算机和编程语言对向量化操作进行了优化，可以更有效地利用硬件资源。在本节中，我们将在 ChatGPT 的协助下，了解如何使用 Python 对交易策略进行向量化回测。

### 12.1.1 交易信号的生成

生成交易信号是指通过对市场数据进行分析，确定何时应该进行买入、卖出或持有某个金融资产的决策过程。交易信号的生成通常基于交易策略，该策略可能包括各种技术分析、基本面分析或其他市场分析方法。

交易信号的生成通常涉及以下步骤。

（1）**数据收集：** 获取市场数据，这可以是股票价格、外汇汇率、商品期货价格等，具体取决于交易者关注的市场。

（2）**进行市场分析：** 使用各种技术分析指标、图表模式、基本面数据等进行市场分析。这些分析方法可以用于识别趋势、反转点、超买/超卖条件等。

（3）**定义交易信号的生成规则**：这是交易策略的核心部分。例如，根据移动平均线的交叉、相对强弱指数的水平、布林带的压力等条件来生成信号。

（4）**指定信号执行条件**：指定生成信号后的执行条件，即何时应该执行实际的交易。这可能包括确认信号的持续时间、交易成本、滑点等因素。

（5）**进行风险管理**：考虑资金管理和风险控制，确保交易信号的执行是在合适的风险水平下进行的。

（6）**定义在获得信号后应该采取的行动**：包括设定止损和获利目标、动态调整仓位大小等。

交易信号的生成是交易策略的核心，而交易策略则是交易者在市场中采取的一系列规则和决策，目的是在不同市场条件下获取利润。生成有效的交易信号，需要深入的市场理解和技术分析的知识，以及对风险管理的认识。同时，交易者通常会通过回测来评估和优化他们的交易信号生成方法。

接下来，我们开始进行数据收集的工作。为了便于实验，大家可以直接下载本书附赠的"601001双均线策略实验数据.xlsx"文件，并在新建的 Jupyter Notebook 中使用下面的代码读取文件并进行处理。

```python
# Python 代码
# 读取下载好的数据
# 把路径换成你保存数据的位置
price = pd.read_excel('601001策略回测实验数据.xlsx',
                     index_col='日期')

# 将 index 转换成 datetime 格式
price.index = pd.to_datetime(price.index)

# 保留收盘价
price = price[['收盘']]

# 查看数据
price
```

运行这段代码，会得到如表 12-1 所示的结果。

表 12-1　准备好的实验数据

| 日期 | 收盘价 |
| --- | --- |
| 2018-01-02 | 14.72 |
| 2018-01-03 | 14.70 |
| 2018-01-04 | 15.08 |
| 2018-01-05 | 14.92 |
| 2018-01-08 | 15.50 |

续表

| 日期 | 收盘价 |
|---|---|
| …… | …… |
| 2022-12-26 | 27.00 |
| 2022-12-27 | 27.48 |
| 2022-12-28 | 27.48 |
| 2022-12-29 | 26.88 |
| 2022-12-30 | 26.84 |

【结果说明】在上面的代码中，我们先从 Excel 文件中读取数据，文件名为"601001 双均线策略实验数据 .xlsx"，并将"日期"列作为索引列；然后我们将索引列转换成 datetime 格式，以便后续使用日期相关的功能；最后，保留数据中的收盘价列，删除其他不需要的列，这是因为我们要实验的交易策略只关心收盘价。

下面，我们可以让 ChatGPT 协助使用这个数据生成交易信号，可以使用提示词："在名叫 price 的 DataFrame 中，保存了某只股票的每日收盘价。现在需要基于长短期均线生成交易信号，具体为当 20 日均线上穿 100 日均线时买入，否则卖出，最后将收盘价、长短期均线和根据交易信号发生的仓位变化进行可视化，仓位变化需要以子图的形式显示在下方，请给出示例代码。"发送提示词后，会得到 ChatGPT 生成的代码，经修改后的代码如下。

```
# Python 代码
# 计算 20 日均线和 100 日均线
price['short_mavg'] = price['收盘'].rolling(window=20, min_periods=1).mean()
price['long_mavg'] = price['收盘'].rolling(window=100, min_periods=1).mean()

# 生成交易信号
price['signal'] = 0.0
price['signal'][price['short_mavg'] > price['long_mavg']] = 1.0

# 绘制收盘价和均线
plt.figure(dpi=300)

plt.subplot(2, 1, 1)
plt.plot(price['收盘'], label='收盘价',lw=1)
plt.plot(price['short_mavg'], label='20 日均线',lw=1)
plt.plot(price['long_mavg'], label='100 日均线',lw=1)
plt.title('收盘价和均线')
plt.legend()
```

```
# 绘制仓位变化
plt.subplot(2, 1, 2)
plt.fill_between(price.index, price['signal'],
                 color='green', #alpha=0.5,
                 where=(price['signal'] == 1.0))
plt.fill_between(price.index, price['signal'],
                 color='red', #alpha=0.5,
                 where=(price['signal'] == 0.0))
plt.title('仓位变化')
plt.tight_layout()
plt.savefig('图12-1.jpg', dpi=300)
plt.show()
```

运行这段代码，会得到如图 12-1 所示的结果。

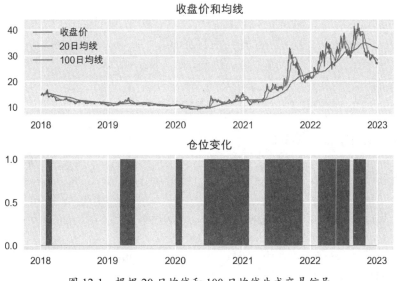

图 12-1　根据 20 日均线和 100 日均线生成交易信号

【结果说明】上面的代码首先计算了 20 日均线和 100 日均线。然后基于 20 日均线上穿 100 日均线的条件，生成了交易信号。当 20 日均线上穿 100 日均线时，信号为 1.0，否则信号为 0.0。最后使用 Matplotlib 库绘制了两个子图，第一个子图显示了收盘价、20 日均线和 100 日均线，第二个子图显示了交易信号导致的仓位变化。在第二个子图中，实体柱状表示在仓位中持有该股票。

## 12.1.2　交易策略的收益计算

前面我们使用双均线策略生成了交易信号，接下来可以让 ChatGPT 协助计算这个策略的收益，并与被动持有该股票的收益进行对比。使用的提示词是："基于上面的代码,将持仓的收益与该股票被动持有的收益进行对比,并将对比结果可视化,请给出示例代码。"发送提示词后,会得到 ChatGPT 生成的代码,经修改后的代码如下。

```python
# Python 代码
# 计算每日收益
price['daily_returns'] = price['收盘'].pct_change()

# 计算策略收益
price['strategy_returns'] =\
price['daily_returns'] * price['signal'].shift(1)

# 计算被动持有的收益(假设一直持有该股票)
price['benchmark_returns'] = price['daily_returns']

# 计算累积收益
price['cumulative_strategy_returns'] =\
(1 + price['strategy_returns']).cumprod()

price['cumulative_benchmark_returns'] =\
(1 + price['benchmark_returns']).cumprod()

# 绘制累积收益曲线
plt.figure(dpi=300)
plt.plot(price['cumulative_strategy_returns'],
        label='策略收益', lw=1)
plt.plot(price['cumulative_benchmark_returns'],
        label='被动持有收益', lw=1, ls='--')
plt.title('策略收益与被动持有收益对比')
plt.legend()
plt.savefig('图 12-2.jpg', dpi=300)
plt.show()
```

运行这段代码,会得到如图 12-2 所示的结果。

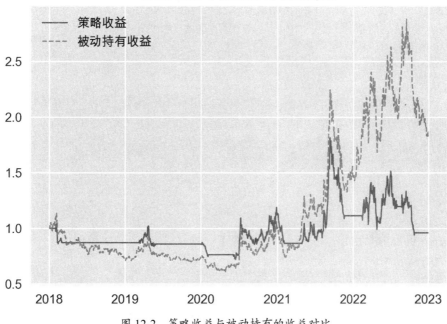

图 12-2　策略收益与被动持有的收益对比

【结果说明】图 12-2 显示了策略收益和被动持有收益的累积变化，可用于对策略的相对表现进行初步的定性和定量分析。折线图上的两条线分别表示策略收益和被动持有的累积收益。通过比较这两条线，我们可以看到它们在整个回测期间的相对走势。策略收益的累积曲线位于下方，说明我们需要进一步调整交易策略。

现在我们将交易策略调整为当收盘价突破 20 日均线即买入，跌破 20 日均线则卖出，再来观察策略收益与被动持有收益的对比。修改策略后的代码如下。

```python
# Python 代码
# 计算 20 日均线
price['short_mavg'] = price['收盘'].rolling(window=20,
                                     min_periods=1).mean()

# 生成交易信号
price['signal'] = 0.0
price['signal'][price['收盘'] > price['short_mavg']] = 1.0

# 计算每日收益
price['daily_returns'] = price['收盘'].pct_change()

# 计算策略收益
price['strategy_returns'] =\
price['daily_returns'] * price['signal'].shift(1)
```

```python
# 计算被动持有的收益（假设一直持有该股票）
price['benchmark_returns'] =\
price['daily_returns']

# 计算累积收益
price['cumulative_strategy_returns'] =\
(1 + price['strategy_returns']).cumprod()

price['cumulative_benchmark_returns'] =\
(1 + price['benchmark_returns']).cumprod()

# 绘制累积收益曲线
plt.figure(dpi=300)
plt.plot(price['cumulative_strategy_returns'],
        label='策略收益', lw=1)
plt.plot(price['cumulative_benchmark_returns'],
        label='被动持有收益', ls='--',lw=1)
plt.title('策略收益与被动持有收益对比')
plt.legend()
plt.savefig('图12-3.jpg', dpi=300)
plt.show()
```

运行这段代码，会得到如图12-3所示的结果。

图12-3　修改策略后的收益情况

【结果分析】从图12-3可以看到，当我们将策略调整为收盘价大于20日均线时买入，否则卖出后，策略的收益最终超过了被动持有的收益。但是也不要乐观，因为我们没有在策略中考虑交易成本。接下来我们将交易成本考虑进来，看策略收益是否还会高于被动持有的收益。

### 12.1.3 在交易策略中添加交易成本

交易成本是指在进行股票交易时，除了买卖双方约定的成交价格外，交易参与者还需要支付的一些额外的费用。这些额外的费用构成了总体的交易成本。常见的交易成本包括佣金费用、印花税、过户费等，这些交易成本会对投资者的实际收益产生影响。在制定交易策略时，投资者通常会考虑这些成本，并选择合适的券商和交易时机以最小化交易成本。此外，交易成本也是评估交易策略效果的一个重要因素。

现在我们尝试让 ChatGPT 协助将交易成本考虑进来，可以使用提示词："现在需要在前面的代码中，添加 0.5% 的交易成本，然后将考虑交易成本的策略收益和被动持有收益进行对比，并进行可视化，请给出示例代码。"发送提示词后，会得到 ChatGPT 生成的代码，经修改后的代码如下。

```python
# Python 代码
# 添加交易成本（0.5%）
transaction_cost_rate = 0.005  # 0.5%
price['transaction_cost'] = abs(price['signal'].diff())\
 * transaction_cost_rate

# 计算每日收益
price['daily_returns'] = price['收盘'].pct_change()

# 计算策略收益（考虑交易成本）
price['strategy_returns'] = price['daily_returns']\
 * price['signal'].shift(1) - price['transaction_cost']

# 计算被动持有的收益（假设一直持有该股票）
price['benchmark_returns'] = price['daily_returns']

# 计算累积收益
price['cumulative_strategy_returns'] =\
 (1 + price['strategy_returns']).cumprod()
price['cumulative_benchmark_returns'] =\
 (1 + price['benchmark_returns']).cumprod()

# 绘制累积收益曲线
plt.figure(dpi=300)
plt.plot(price['cumulative_strategy_returns'],
         label='考虑交易成本的策略收益',
         lw=1)
```

```
plt.plot(price['cumulative_benchmark_returns'],
         label='被动持有收益',
         lw=1, ls='--')
plt.title('考虑交易成本的策略收益与被动持有收益对比')
plt.legend()
plt.savefig('图12-4.jpg', dpi=300)
plt.show()
```

运行这段代码，会得到如图12-4所示的结果。

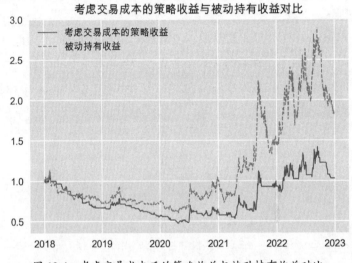

图12-4　考虑交易成本后的策略收益与被动持有收益对比

【结果说明】在这个示例中，我们添加了一个名为 transaction_cost 的列，该列表示每次交易的成本。这样，我们就可以在考虑交易成本的情况下，比较策略收益和被动持有收益的累积变化。从图12-4中可以看到，考虑了交易成本后，每次买卖操作都会产生额外的费用，这些费用直接从策略收益中扣除。即使策略在市场趋势变化时做出了正确的决策，交易成本也会对收益产生一定的影响。为了更好地理解策略的表现，我们还需要进一步分析策略的交易频率、具体的交易成本等因素。此外，我们也可以通过优化策略参数、调整交易规则等方式来改进策略，以期在考虑成本的情况下取得更好的收益。

## 12.2　让 ChatGPT 协助使用 backtrader 回测

backtrader 是一个流行的用于交易策略回测的 Python 库。它提供了丰富的功能和灵活性，允许用户轻松地设计、测试和部署交易策略。backtrader 包括以下主要特点和功能。

事件驱动模型：backtrader 使用事件驱动的模型，通过定义和处理事件来模拟交易决策和执行。

内置数据处理：backtrader 支持多种数据源，包括本地数据、在线数据以及各种数据格式。它还提供了内置的数据处理工具，方便用户进行数据预处理和分析。

交易策略开发：用户可以定义自己的交易策略，并通过 backtrader 提供的 API 来实现策略中的各种行为，如生成交易信号、执行订单等。

交易执行模拟：backtrader 允许用户在历史数据上模拟交易执行，以评估策略的性能。它考虑了手续费、滑点等因素，更贴近实际交易情况。

内置分析工具：backtrader 内置了丰富的分析工具，帮助用户评估策略的风险和收益，包括资金曲线、最大回撤、夏普比率等。

可视化：backtrader 内置了可视化工具，支持绘制资金曲线、交易信号、买卖点等图表，方便用户对策略的表现进行直观的分析。

灵活性：backtrader 具有很高的灵活性，用户可以根据自己的需求定制各种组件、扩展功能，或进行定制化的策略开发。

### 12.2.1 小试 backtrader

接下来，我们一起学习 backtrader 的基本使用方法。安装 backtrader 的方法很简单，只需要用命令 pip3 install backtrader 即可。安装完成之后，我们可以尝试使用 backtrader 读取本地数据，使用的代码如下。

```python
# Python 代码
# 导入 backtrader
importbacktraderas bt

# 读取本地 Excel 文件
df = pd.read_excel('601001策略回测实验数据.xlsx',
                    index_col='日期')   # 假设 '日期' 是日期列
df.index = pd.to_datetime(df.index)
df = df[['开盘','收盘','最高','最低','成交量']]
# 创建一个继承自 bt.feeds.PandasData 的数据类
class MyData(bt.feeds.PandasData):
    params = (
        ('open', '开盘'),
        ('high', '最高'),
        ('low', '最低'),
        ('close', '收盘'),
        ('volume', '成交量'),
        ('openinterest', None),   # 由于我们没有 Open Interest 数据，设置为 None
    )

# 创建 backtrader 的 Cerebro 引擎
```

```python
cerebro = bt.Cerebro()

# 将数据添加到 Cerebro 引擎中
data = MyData(dataname=df)
cerebro.adddata(data)
```

在这段代码中,我们创建了一个继承自 bt.feeds.PandasData 的 MyData 类,并加载了本地 Excel 数据。然后,我们将这个数据添加到 Cerebro 引擎中。接下来,我们可以创建一个简单的策略,让 backtrader 打印出行情数据中的最后 5 条收盘价。使用的代码如下。

```python
# Python 代码
# 创建一个继承自 bt.Strategy 的策略类
class PrintLast5Close(bt.Strategy):
    def __init__(self):
        self.data_close = self.data.close
        self.close_list = []

    def next(self):
        self.close_list.append(self.data_close[0])

        # 保持列表长度不超过 5
        if len(self.close_list) > 5:
            self.close_list.pop(0)

    def stop(self):
        print(f"最后 5 条收盘价: {self.close_list}")

# 添加策略
cerebro.addstrategy(PrintLast5Close)

# 运行回测
cerebro.run()
```

运行这段代码,会得到如下所示的结果。

【代码运行结果】
最后 5 条收盘价: [27.0, 27.48, 27.48, 26.88, 26.84]

【结果说明】在这个示例中,我们创建了一个简单的策略 PrintLast5Close 来输出最后 5 个交易日的收盘价。具体的实现方法是:在每个 next 方法中,将当前的收盘价添加到列表,并确保列表长度不超过 5。在 stop 方法中,输出最后 5 条收盘价。

在 backtrader 中,我们是通过继承它的 Strategy 类来编写的策略。但其中我们定义的 __ini__、next、stop 又分别代表什么意思呢?接下来我们进行详细的了解。

### 12.2.2 backtrader 中的 Strategy 类

在 backtrader 中,Strategy 是一个用于定义和执行交易策略的基本类。创建一个 Strategy 实例,我们需要定义一个继承自 bt.Strategy 的类,并在子类中实现一些关键的方法和属性。以下是 Strategy 类的主要组成部分。

\_\_init\_\_ 方法:这是策略类的初始化方法,在创建策略实例时调用。你可以在这里设置策略中的一些参数、变量等。示例代码如下。

```python
# Python 代码
# 继承 Strategy 创建交易策略
# 定义初始化方法
class MyStrategy(bt.Strategy):
    def __init__(self):
        self.sma = bt.indicators.SimpleMovingAverage(
            self.data.close, period=20
        )
```

next 方法:这是策略的核心方法,用于定义每个时间步骤(如每个交易日)的操作。在这个方法中,我们可以编写策略的主要逻辑,如生成交易信号、执行交易等。下面是示例代码。

```python
# Python 代码
# 继承 Strategy 创建交易策略
# 定义初始化方法
class MyStrategy(bt.Strategy):
    def __init__(self):
        self.sma = bt.indicators.SimpleMovingAverage(
            self.data.close, period=20
        )
    # 定义每个时间步骤的操作
    def next(self):
        if self.data.close > self.sma:
            # 生成买入信号
            self.buy()
        elif self.data.close < self.sma:
            # 生成卖出信号
            self.sell()
```

另外一个比较关键的是 stop 方法,这个方法在策略执行结束时调用。我们可以在这里进行一些清理工作或输出最终的策略统计信息。示例代码如下。

```python
# Python 代码
# 继承 Strategy 创建交易策略
# 定义初始化方法
class MyStrategy(bt.Strategy):
```

```python
    def __init__(self):
        self.sma = bt.indicators.SimpleMovingAverage(
            self.data.close, period=20
        )
    # 定义每个时间步骤的操作
    def next(self):
        if self.data.close > self.sma:
            # 生成买入信号
            self.buy()
        elif self.data.close < self.sma:
            # 生成卖出信号
            self.sell()
    def stop(self):
        print("Strategy Execution Complete")
```

通过上述代码，我们就编写了一个最简单的交易策略：当收盘价突破20日均线时买入，否则卖出。接下来，我们可以尝试完善这个策略，并对其进行回测。

### 12.2.3 用 backtrader 回测均线策略

现在尝试让 ChatGPT 协助我们使用 backtrader 读取本地数据、编写策略并执行回测。使用的提示词可以是：“现在我需要用 backtrader 读取本地行情数据，然后继承 Strategy 类编写交易策略。具体策略是，初始资金为10万元，当收盘价突破20日均线时买入，跌破20日均线时卖出，并且要用日志记录交易情况。最后，要输出日志，并将买卖点和资产变化情况进行可视化。”发送提示词后，会得到 ChatGPT 生成的代码，经修改后的代码如下。

```python
# Python 代码
# 首先编写策略
import backtrader as bt
class MyStrategy(bt.Strategy):
    params = (
        ("short_period", 20),
        ("initial_balance", 100000),
    )

    def __init__(self):
        self.sma = bt.indicators.SimpleMovingAverage(
            self.data.close, period=self.params.short_period
        )
        self.initial_balance = self.params.initial_balance
        self.current_balance = self.initial_balance
```

```python
def next(self):
    if self.data.close > self.sma:
        if self.position:
            # 如果已持有仓位，不执行操作
            pass
        else:
            # 买入
            self.buy(
                size=self.broker.get_cash() // self.data.close[0]
            )
            self.log(
                "Buy: Close={}, SMA={}".format(
                    self.data.close[0], self.sma[0]
                )
            )
            self.current_balance -= self.data.close[0] *\
                (self.broker.get_cash() // self.data.close[0])

    elif self.data.close < self.sma:
        if self.position:
            # 卖出
            self.sell(size=self.position.size)
            self.log(
                "Sell: Close={}, SMA={}".format(
                    self.data.close[0], self.sma[0]
                )
            )
            self.current_balance += self.data.close[0] *\
                self.position.size

def log(self, txt, dt=None):
    dt = dt or self.data.datetime[0]
    dt = bt.num2date(dt)   # 将 float 转换为 datetime
    print(f"{dt.isoformat()}: {txt}")

def stop(self):
    self.log(
        "Final Balance: {:.2f}".format(
            self.current_balance
        )
    )
```

在这段代码中，我们使用了 SimpleMovingAverage 指标来计算收盘价的 20 日均线。next 方法用于判断收盘价是突破均线还是跌破均线，并执行买入或卖出操作。log 方法用于输出日志信息，方便我们观察交易情况。stop 方法用于输出最终的资产变化情况。

接下来，我们将使用 PandasData 类来加载本地行情数据，并将 MyStrategy 类应用于这个数据。使用的代码如下。

```python
# Python 代码
# 读取本地数据
class MyData(bt.feeds.PandasData):
    params = (
        ("open", "开盘"),
        ("high", "最高"),
        ("low", "最低"),
        ("close", "收盘"),
        ("volume", "成交量"),
        ("openinterest", None),  # 由于我们没有 Open Interest 数据，设置为 None
    )

# 创建 Cerebro 引擎
cerebro = bt.Cerebro()

# 将数据添加到 Cerebro 引擎中
data = MyData(dataname=df)
cerebro.adddata(data)

# 添加策略
cerebro.addstrategy(MyStrategy)

# 设置初始资金
cerebro.broker.set_cash(100000)

# 打印初始资金
print("Starting Portfolio Value: {:.2f}".format(cerebro.broker.getvalue()))

# 运行回测
cerebro.run()

# 打印最终资产
print("Ending Portfolio Value: {:.2f}".format(cerebro.broker.getvalue()))
```

运行这段代码，会看到程序输出的日志及资产的变化，下面是结果中的最后几条输出。

【代码运行结果】
```
2022-12-05T00:00:00: Buy: Close=30.14, SMA=29.982999999999997
2022-12-06T00:00:00: Sell: Close=29.8, SMA=29.872000000000003
2022-12-30T00:00:00: Final Balance: 152440.00
Ending Portfolio Value: 151720.00
```

【结果说明】在代码运行结果中可以看到最后的策略交易情况：2022-12-05 价格突破 20 日均线，发出买入信号，买入 3000 股；2022-12-06 价格跌破 20 日均线，发出卖出信号，卖出 3000 股；2022-12-30 回测结束，输出最终资产 151720。这个修改后的策略根据价格突破和跌破 20 日均线执行每次固定买入 3000 股的操作，最终资产相较于初始资金有一定的增长。

最后，我们还可以使用可视化的方法观察策略的交易及资产的变动情况，代码如下。

```
# 可视化交易结果
cerebro.plot()
plt.show()
```

运行这段代码，会得到如图 12-5 所示的结果。

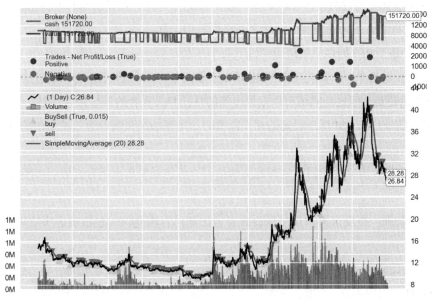

图 12-5　可视化交易结果

【结果说明】图 12-5 是策略的可视化和回测结果的分析。从图中可以看到策略净值为一条累积的线，表示策略的总值随时间的变化，并且这条线是稳定上升的，表示策略正在盈利。同时，图形上标记了策略的买入和卖出点。这些点可以帮助我们理解策略何时进入和退出市场。

除了简单的均线策略之外，backtrader 还提供了丰富的技术指标和功能，我们可以利用这些工具来制定各种复杂的交易策略并进行回测，如下一节所涉及的多空策略。

## 12.3 让 ChatGPT 协助回测多空策略

多空策略是一种同时涉及多头（做多）和空头（做空）头寸的交易策略。多头头寸是指投资者预期资产价格上涨，希望通过买入资产实现盈利；而空头头寸则是指投资者预期资产价格下跌，希望通过卖空资产（借入并卖出，再在价格下跌时买入归还）实现盈利。

多空策略的目标是通过同时参与多头和空头市场，从不同方向的价格变化中获利。这种策略通常基于对市场或特定资产未来走势的不同观点，即认为某些资产会上涨，而另一些则会下跌。

多空策略的优势在于，即使市场整体趋势不明朗，投资者仍然有机会从市场中获利。然而，多空策略也需要更为复杂的风险管理和监控，因为同时参与多个方向的市场可能带来更大的波动和潜在的风险。

### 12.3.1 基于 RSI 设计多空策略

基于 RSI（Relative Strength Index，相对强弱指标）的多空策略在金融市场中是比较常见的一种技术分析策略。RSI 通过测量市场的超买和超卖情况，为投资者提供判断市场强度的指标。许多交易者和投资者将 RSI 视为确定买入和卖出时机的有用工具。

一般而言，基于 RSI 的多空策略包括以下几个基本要素。

（1）超买和超卖水平：确定 RSI 的超买和超卖阈值。常见的设定是 RSI 超过 70 表示超买，RSI 低于 30 表示超卖，但这些阈值可以根据市场的特性和投资者的偏好进行调整。

（2）买入信号：当 RSI 低于设定的超卖阈值时，可能触发买入信号，表明市场可能过度卖出，有望反弹。

（3）卖出信号：当 RSI 超过设定的超买阈值时，可能触发卖出信号，表明市场可能过度买入，有望下跌。

（4）仓位管理：在发出买卖信号后，需要考虑如何管理仓位，包括确定头寸规模、设定止损和止盈等。

这种策略的优势在于相对简单，易于理解和实施。然而，需要注意的是，单一指标的策略可能在不同市场条件下表现不佳。因此，投资者可能会考虑结合多个指标或采用更复杂的模型来改进策略的性能。

现在我们让 ChatGPT 协助编写一个基于 RSI 的多空策略。使用的提示词是："现在需要使用 backtrader 编写一个基于 RSI 的多空策略，只需要写出策略部分，请给出示例代码。"发送提示词后，就会得到 ChatGPT 生成的代码，经修改后的代码如下。

```
# Python 代码
# 编写策略
class RsiSignalStrategy(bt.SignalStrategy):
```

```python
# 定义类的默认参数，包括RSI的计算周期、上带、下带和中带值
params = dict(rsi_periods=14,
              rsi_upper=70,
              rsi_lower=30,
              rsi_mid=50)


def __init__(self):
    # 创建一个RSI指标对象
    rsi = bt.indicators.RSI(period=self.p.rsi_periods,
                            upperband=self.p.rsi_upper,
                            lowerband=self.p.rsi_lower)

    # 创建一个长线信号，当RSI从下向上穿过rsi_lower时触发
    rsi_signal_long = bt.ind.CrossUp(rsi,
                                     self.p.rsi_lower,
                                     plot=False)

    # 将长线信号添加到策略中
    self.signal_add(bt.SIGNAL_LONG,
                    rsi_signal_long)

    # 当RSI值超过rsi_mid时，添加一个长线退出信号
    self.signal_add(bt.SIGNAL_LONGEXIT,
                    -(rsi > self.p.rsi_mid))

    # 创建一个短线信号，当RSI从上向下穿过rsi_upper时触发
    rsi_signal_short = -bt.ind.CrossDown(rsi,
                                         self.p.rsi_upper,
                                         plot=False)

    # 将短线信号添加到策略中
    self.signal_add(bt.SIGNAL_SHORT,
                    rsi_signal_short)

    # 当RSI值低于rsi_mid时，添加一个短线退出信号
    self.signal_add(bt.SIGNAL_SHORTEXIT,
                    rsi < self.p.rsi_mid)
```

运行这段代码，我们就完成了策略的主题部分。接下来我们准备一些实验数据，并对策略进行回测。这里我们使用期货的行情数据进行实验。请读者下载"PVC期货多空策略实验数据.xlsx"，并使用下面的代码读取和处理数据。

```python
# Python 代码
# 读取数据，路径换成你保存数据的目录
df = pd.read_excel('PVC期货多空策略实验数据.xlsx',
                   index_col='日期')

df.index = pd.to_datetime(df.index)

df = df[['开盘价', '最高价', '最低价', '收盘价', '成交量']]
```

运行这段代码后，我们就完成了数据的准备工作，接下来可以继续进行下一步的实验。

### 12.3.2 执行多空策略的回测

本小节我们将再次定义 backtrader 的数据读取方法并执行回测，使用的代码大家应该已经不再陌生，如下所示。

```python
# Python 代码
# 定义数据读取方法
class MyData(bt.feeds.PandasData):
    params = (
        ("open", "开盘价"),
        ("high", "最高价"),
        ("low", "最低价"),
        ("close", "收盘价"),
        ("volume", "成交量"),
        ("openinterest", None),
    )
data = MyData(dataname=df)

# 创建一个 Cerebro 引擎实例
cerebro = bt.Cerebro()

# 向 Cerebro 引擎中添加 RsiSignalStrategy 策略
cerebro.addstrategy(RsiSignalStrategy)

# 向 Cerebro 引擎中添加数据
cerebro.adddata(data)

# 设置经纪人的初始现金为 10000.0
cerebro.broker.setcash(10000.0)

# 设置经纪人的手续费率为 0.001
cerebro.broker.setcommission(commission=0.001)
```

```python
# 添加一个观察者，用于记录策略的价值变化
cerebro.addobserver(bt.observers.Value)

# 打印初始资金，即策略开始时的资金量，保留两位小数
print(f"初始资金：{cerebro.broker.getvalue():.2f}")

# 运行 Cerebro 引擎，开始策略的回测
cerebro.run()

# 打印最终资金，即策略运行结束后的资金量，保留两位小数
print(f"最终资金：{cerebro.broker.getvalue():.2f}")
```

运行这段代码，会得到如下所示的结果。

【代码运行结果】
初始资金：10000.00
最终资金：7856.87

【结果说明】在这个特定的回测中，我们的最终资金小于初始资金，说明策略在这个市场环境下可能导致亏损。针对这个结果，我们应该进一步分析策略的交易记录、交易信号以及其他性能指标，以找出导致亏损的原因。分析和改进的工作作为习题留给读者朋友进行实操练习，这里就不再赘述了。

同样我们可以使用可视化的方法查看回测的结果，使用的代码如下。

```python
# Python 代码
cerebro.plot(iplot=True, volume=False)
```

运行代码，会得到如图 12-6 所示的结果。

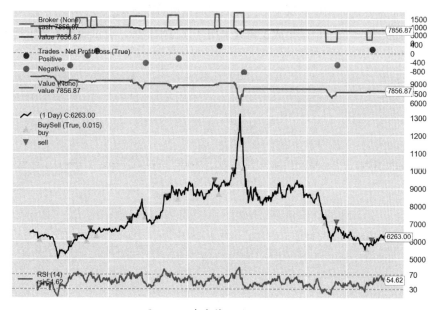

图 12-6　多空策略的回测结果

【结果说明】图 12-6 显示了策略生成的买卖信号，在价格图上用箭头标识。同时显示了策略在回测期间的持仓状态，包括买入和卖出的时机。此外图 12-6 还显示了策略的资金曲线，反映了回测期间资金的变化。通过观察这个图，我们可以更容易地识别策略的强项和弱项，找到潜在的改进空间。

## 12.4 小结与习题

在本章中，我们学习了金融交易策略回测的相关知识。首先我们学习了向量化回测的相关知识，向量化回测是通过使用矢量化操作来提高回测效率的方法。它利用数据框和数组运算，避免了逐条迭代的低效率。然后我们讨论了如何使用 backtrader 进行简单的均线策略回测，包括生成交易信号、可视化结果等。最后我们演示了使用 backtrader 编写基于 RSI 的多空策略，并执行了空策略的回测。

以下是本章的习题：

（1）什么是回测？它有什么优点和不足？

（2）解释向量化回测的概念及其优势。

（3）设计一个简单的移动平均线交叉策略。当短期均线上穿长期均线时买入，下穿时卖出。

（4）设计一个基于 RSI 的交易策略。

（5）使用 backtrader 编写一个简单的均线策略回测，包括生成交易信号和可视化结果。

（6）如何在 backtrader 中添加交易成本？

（7）如果一个策略在回测中表现不佳，应如何对其进行改进？

（8）通过调整参数、改进信号生成逻辑或采用其他技术指标，尝试改进本章示例中的策略。

# 第 13 章

## 深度学习的基础知识

近年来，深度学习在金融领域的应用一直在迅速发展。金融领域对于高效的预测、风险管理和投资决策的需求，推动了对深度学习在金融中的研究和开发的投资。许多金融机构和科技公司都在不断探索深度学习技术的应用。而随着硬件和计算能力的提高，特别是图形处理单元（GPU）的广泛应用，深度学习模型的训练变得更加高效。这使得金融机构能够更快速地应用复杂的深度学习模型来处理大规模数据。同时，深度学习模型具有处理非线性关系和高度复杂模式的能力。金融市场和经济系统通常具有非线性特性，深度学习的灵活性使得模型能够更好地适应这些复杂性。

可以说，深度学习在金融领域的应用之所以迅速发展，是由于技术、数据和需求的多方面因素共同作用的结果。这些技术的进步和应用带来了更准确、高效和自动化的金融决策和预测方法。在本章中，我们将一起了解深度学习的一些基本概念。

本章的主要内容：
- 神经网络与神经元的基本概念；
- 神经网络中的激活函数；
- 神经网络中的损失函数；
- 反向传播和梯度下降的基本概念；
- 如何训练一个简单的神经网络；
- 一些特殊的神经网络——RNN、LSTM和CNN。

## 13.1 深度学习的一些基本概念

深度学习是一种机器学习方法，它涉及使用深度神经网络来从大量数据中学习复杂的模式和关联性，以做出预测和决策。深度学习是AI的一个分支，其核心是构建多层次的神经网络结构，这些网络可以自动从数据中提取高级的特征表示。在这一节中，我们先来了解一些与神经网络有关的基本概念。

### 13.1.1 神经网络与神经元

神经网络是一种受人类大脑结构启发而设计的计算模型。它由大量的人工神经元（或称为节点）组成，这些神经元通过连接进行信息传递。神经网络被广泛应用于机器学习和深度学习任务，包括图像识别、自然语言处理、语音识别等。

以下是与神经网络有关的一些基本概念。

**神经元（Neuron）**：神经网络的基本单元，模拟人脑中的神经元。每个神经元接收输入，对输入进行加权和，并通过激活函数产生输出。

**权重**：与每个连接（也称为边）相关的参数，表示输入在传递过程中的相对重要性。神经网络通过学习调整这些权重来适应数据。

**激活函数（Activation Function）**：位于神经元输出端，用于引入非线性特性。常见的激活函数包括 Sigmoid、ReLU（Rectified Linear Unit）、Tanh（双曲正切）等。

**层次结构（Layer）**：神经网络由层次结构组成，包括输入层、隐藏层和输出层。输入层接收外部输入，输出层产生模型的最终输出，而隐藏层则位于输入层和输出层之间。

**前向传播（Forward Propagation）**：信息从输入层经过隐藏层传递到输出层的过程。在前向传播中，输入通过权重和激活函数计算并传递到下一层。

**反向传播（Back Propagation）**：神经网络通过反向传播算法来进行学习，该算法通过比较模型的输出与实际标签的差异，然后反向传播这个差异，从而调整权重以减小误差。

**损失函数（Loss Function）**：用于衡量模型输出与实际标签之间的差异。

**优化器（Optimizer）**：它是一种最小化损失函数的算法。常见的优化算法包括梯度下降（Gradient Descent）及其变体，如随机梯度下降（Stochastic Gradient Descent，SGD）。

神经网络的设计可以根据任务的不同而有所变化。例如，卷积神经网络（CNN）常用于图像处理，循环神经网络（RNN）适用于序列数据。深度学习中的深度神经网络具有多个隐藏层，使其能够学习更复杂的特征和表示。

神经网络最基本的结构通常包含输入层、隐藏层和输出层。图 13-1 是一个最基本的神经网络示意图。

```
+---------------+      +---------------+      +---------------+
|  Input Layer  |      |  Hidden Layer |      |  Output Layer |
+---------------+      +---------------+      +---------------+
|   Input 1     |      |   Neuron 1    |      |   Output 1    |
|   Input 2     | ---> |   Neuron 2    | ---> |   Output 2    |
|   Input 3     |      |   Neuron 3    |      |   Output 3    |
+---------------+      +---------------+      +---------------+
```

图 13-1　一个最基本的神经网络示意图

在图 13-1 中，Input Layer（输入层）包含输入神经元，每个神经元代表输入特征。Hidden Layer（隐藏层）包含隐藏神经元，负责学习和提取输入特征中的模式。在示例中，只展示了一个隐藏层，并包含三个神经元。Output Layer（输出层）包含输出神经元，负责生成模型的最终输出。

当然这只是一个简单的示例，实际中的神经网络可能包含多个隐藏层和更多的神经元。这种结构通过权重连接各层的神经元，形成一个前向传播的过程，其中信息从输入层经过隐藏层传递到输出层。

在神经网络中，神经元是基本构建块，它是一个受生物神经元启发的数学模型。在神经网络中，每个神经元负责接收输入、进行加权求和、通过激活函数产生输出。神经元的集合构成了神经网络的各个层。

一个标准的神经元包括以下要素。

（1）**输入**：每个神经元接收来自其他神经元的输入。这些输入可以是前一层神经元的输出，每个输入都有一个对应的权重。

（2）**权重：** 每个输入都与一个权重相关联，表示该输入对神经元的影响程度。权重越大，输入对神经元的影响越大。

（3）**加权求和：** 输入与相应权重进行相乘后再加权求和，形成一个加权和。这反映了所有输入对神经元的综合影响。

（4）**激活函数：** 加权和通过激活函数（如 Sigmoid、ReLU 或 Tanh）生成神经元的输出。激活函数能够模拟生物神经元特性，为神经网络引入非线性特性，使得神经网络能够学习更复杂的模式。

数学上，神经元的输出可以表示为：

$$\text{output} = \text{activation}(\sum_{i=1}^{n} \text{input}_i \times \text{weight}_i + \text{bias})$$

其中，$n$ 是输入的数量，$\text{input}_i$ 和 $\text{weight}_i$ 分别是第 $i$ 个输入和相应的权重，bias 是神经元的偏置（一个额外的参数）。

神经元的功能是通过学习调整权重和偏置，使神经网络能够适应输入数据并执行特定的任务，如分类或回归。神经元的组合形成神经网络，而多个神经元层之间的连接构成神经网络的结构。

### 13.1.2 神经元的激活函数

下面我们来了解一些常见的激活函数。

**1. Sigmoid 激活函数**

Sigmoid 激活函数是一种将输入映射到（0,1）范围内的函数，因其函数曲线形如 "S" 而得名。它常用于神经网络中，特别是在输出层，用于产生概率值。

Sigmoid 激活函数的数学表达式：

$$\text{sigmoid}(x) = \frac{1}{1+e^{-x}}$$

现在，我们来看看如何理解这个函数以及它在实际中的应用。

通俗地说，就是你有一个神奇的箱子，它可以接收任何实数作为输入，然后输出一个范围在 0~1 的值。这个神奇的箱子就像一个按钮，当你按下按钮时，它会告诉你某个事情发生的概率。

如果按钮输出接近 1，那么这个事情极有可能发生。

如果按钮输出接近 0，那么这个事情几乎不太可能发生。

假设你有一天感觉很糟糕，你想知道今天是不是生病的概率，你可以把今天的各种感觉作为输入放入这个神奇的箱子（Sigmoid 激活函数），然后按下按钮。

如果输出值接近 1，那么神奇的箱子会告诉你："你可能真的生病了。"

如果输出值接近 0，那么它会说："你可能只是有点累。"

这就是 Sigmoid 激活函数的作用：将输入映射到一个概率范围，帮助我们在神经网络中做出类似概率的预测。

为了方便大家理解，我们可以用 Python 将 Sigmoid 函数进行可视化，使用的代码如下。

```python
# Python 代码
# 定义一个 Sigmoid 函数
def sigmoid(x):
    return 1 / (1 + np.exp(-x))

# 生成一些虚拟数据
x_values = np.linspace(-7, 7, 200)
y_values = sigmoid(x_values)

# 绘制 Sigmoid 函数的图形
plt.figure(dpi=300)
plt.plot(x_values, y_values, label='Sigmoid函数')
plt.title('Sigmoid函数')
plt.xlabel('Input')
plt.ylabel('Output')
plt.legend()
plt.savefig('图13-2.jpg', dpi=300)
plt.show()
```

运行这段代码，会得到如图 13-2 所示的结果。

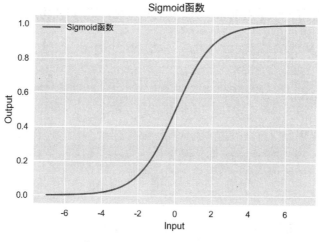

图 13-2　Sigmoid 函数的可视化

【结果说明】在上面的代码中，我们首先使用 NumPy 生成了一组在 –7~7 之间的输入值 x_values，然后使用 Sigmoid 函数 sigmoid(x) 计算了相应的输出值 y_values，最后使用 matplotlib.pyplot 库绘制 Sigmoid 函数的图形。

从图形中可以看到输出值在 0~1 的范围内变化，并且在输入为 0 附近有一个明显的"S"形状。这是 Sigmoid 函数的特征，用于将输入映射到概率范围。

### 2. ReLU 激活函数

ReLU 激活函数是一种在神经网络中常用的激活函数，它的作用是引入非线性特性，帮助神经网络更好地学习复杂的模式。

通俗地说，就是你有一个神奇的开关，这个开关只有在输入的电流强度超过一定阈值时才打开，否则保持关闭。这个开关就是 ReLU 激活函数，它只允许正数通过，负数则被直接设为零。

ReLU 激活函数的数学表达式：

$$\text{ReLU}(x) = \max(0, x)$$

举个简单的例子，假设你是一个小饭店的老板，你想要决定是否雇用一名新厨师。你觉得只有当这个厨师的厨艺水平超过一定水平时，才会雇用他。

如果这名厨师的厨艺非常出色（相当于正数输入），你会立刻雇佣他，ReLU 激活函数输出的结果是正数。

如果这名厨师的厨艺水平一般（相当于输入接近零），你可能会考虑一下，但至少不会直接拒绝雇用，ReLU 激活函数输出的结果仍然是正数。

如果这名厨师的厨艺水平很差（相当于负数输入），你会立即拒绝雇用，ReLU 激活函数输出的结果是零。

ReLU 激活函数的优势在于它的简单性和计算效率，同时它有助于解决梯度消失的问题。在深度学习中，ReLU 是最常用的激活函数，特别是在卷积神经网络中。

同样，我们可以使用 Python 对 ReLU 函数进行可视化，使用的代码如下。

```python
# Python 代码
# 定义 ReLU 函数
def relu(x):
    return np.maximum(0, x)


# 生成一些虚拟数据
x_values = np.linspace(-5, 5, 200)
y_values = relu(x_values)

# 绘制 ReLU 函数的图形
plt.figure(dpi=300)
plt.plot(x_values, y_values, label='ReLU Function')
plt.title('ReLU Function')
plt.xlabel('Input')
plt.ylabel('Output')
plt.axhline(0, color='black',linewidth=0.5)
plt.axvline(0, color='black',linewidth=0.5)
plt.legend()
plt.savefig('图13-3.jpg', dpi=300)
```

```
plt.show()
```

运行上面这段代码，会得到如图 13-3 所示的结果。

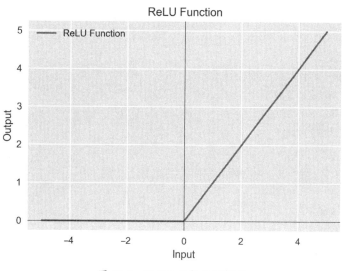

图 13-3　ReLU 函数的可视化

【结果说明】这段代码先使用 NumPy 生成了一组在 -5~5 的输入值 x_values，然后使用 ReLU 函数 relu(x) 计算了相应的输出值 y_values，最后使用 matplotlib.pyplot 绘制 ReLU 函数的图形。

运行这段代码将生成一个 ReLU 函数的图形。ReLU 函数在输入为正数时输出与输入相同，而在输入为负数时输出为零，因此图形在 $x>0$ 时为一条直线，而在 $x \leq 0$ 时为一条水平线。

### 3. Tanh 激活函数

Tanh 激活函数也是一种常用的神经网络激活函数，它的作用是将输入映射到（-1，1）区间。这个函数类似于 Sigmoid 激活函数，但输出的范围更广，可以对数据进行标准化，使得数据更容易在神经网络中传递和学习。

Tanh 激活函数的数学表达式：

$$\text{Tanh}(x) = \frac{e^x - e^{-x}}{e^x + e^{-x}}$$

举个例子，假设你是一位运动员，你想要评估自己的身体状况。你可能会测量自己的体重，然后使用 Tanh 变换来将这个数值映射到（-1，1）区间。在这个区间内，你可以更容易地比较体重的相对差异，而不受具体数值的影响。

如果变换后的值接近 1，表示你的身体状况非常好。

如果变换后的值接近 -1，表示你可能需要注意身体状况。

如果变换后的值在 0 附近，表示你的身体状况可能是正常的。

以下是使用 Python 可视化 Tanh 函数的示例代码。

```python
# Python 代码
# 使用 NumPy 中的 Tanh 函数
def tanh(x):
    return np.tanh(x)

# 生成一些虚拟数据
x_values = np.linspace(-5, 5, 200)
y_values = tanh(x_values)

# 绘制 Tanh 函数的图形
plt.figure(dpi=300)
plt.plot(x_values, y_values, label='Tanh Function')
plt.title('Tanh Function')
plt.xlabel('Input')
plt.ylabel('Output')
plt.axhline(0, color='black',linewidth=0.5)
plt.axvline(0, color='black',linewidth=0.5)
plt.legend()
plt.savefig('图13-4.jpg', dpi=300)
plt.show()
```

运行这段代码，会得到如图 13-4 所示的结果。

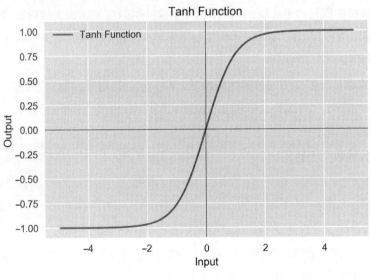

图 13-4　Tanh 函数的可视化

【结果说明】从图 13-4 可以看到，运行这段代码生成了一个 Tanh 函数的图形。Tanh 函数的图形在 x 值趋近正无穷和负无穷时逐渐饱和，输出值在 −1~1 波动。这种特性使得 Tanh 函数在神经网络中很有用，尤其是在需要对数据进行标准化的情况下。

## 4. Softmax 激活函数

Softmax 激活函数通常用于多类别分类问题，它的作用是将一组数值转换成表示概率分布的形式，使得这些数值之和等于 1。这样，神经网络的输出可以被解释为各个类别的概率。

通俗地说，就是你有一堆数字，每个数字代表了一个不同类别的得分。Softmax 就像是一个魔法器，可以把这些得分变成表示概率的百分比。它告诉你每个类别的相对可能性，使得这些概率之和为 1。

Softmax 激活函数的数学表达式：

$$\text{Softmax}(x_i) = \frac{e^{x_i}}{\sum_{j=1}^{n} e^{x_j}}$$

其中，$x_i$ 是某个类别的得分，$\sum_{j=1}^{n} e^{x_j}$ 是所有类别得分的指数和。

举个例子，假设你正在做一个图像分类任务，需要区分三个类别：猫、狗和鸟。你的神经网络给出了以下得分。

猫的得分：2.0。

狗的得分：1.0。

鸟的得分：0.1。

现在你想知道每个类别的相对可能性是多少，这时就可以使用 Softmax，具体计算方式如下。

猫的概率：$\frac{e^{2.0}}{e^{2.0} + e^{1.0} + e^{0.1}}$。

狗的概率：$\frac{e^{1.0}}{e^{2.0} + e^{1.0} + e^{0.1}}$。

鸟的概率：$\frac{e^{0.1}}{e^{2.0} + e^{1.0} + e^{0.1}}$。

以下是使用 Python 可视化 Softmax 函数的示例代码。

```
# Python 代码
# 定义 Softmax 函数
def softmax(x):
    exp_x = np.exp(x)
    return exp_x / np.sum(exp_x, axis=0)

# 生成一些虚拟数据
scores = np.array([2.0, 1.0, 0.1])
softmax_probs = softmax(scores)
```

```python
# 绘制 Softmax 函数的图形
labels = ['猫', '狗', '鸟']
plt.figure(dpi=300)
plt.bar(labels, softmax_probs)
plt.title('Softmax 函数输出')
plt.xlabel('类别')
plt.ylabel('概率')
plt.ylim([0, 1])
plt.savefig('图 13-5.jpg', dpi=300)
plt.show()
```

运行这段代码,会得到如图 13-5 所示的结果。

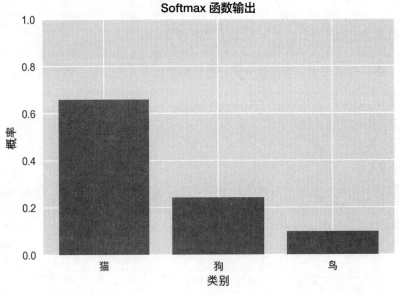

图 13-5　Softmax 函数可视化

【结果说明】这段代码使用 NumPy 生成了一个包含三个类别得分的虚拟数据得分。然后使用 Softmax 函数 softmax(x) 计算了这些得分的概率分布 softmax_probs,最后使用 matplotlib.pyplot 绘制了 Softmax 函数的输出。

运行这段代码生成了一个柱状图,图中显示了三个类别的概率分布。概率值表示每个类别的相对可能性,它们的和为 1。这样,我们可以清晰地看到每个类别在整体概率分布中的贡献。

## 13.2　神经网络的训练

神经网络通过反向传播算法来调整权重,这是一种基于梯度下降优化算法的变体。在神经网络中,输入信号通过各层的权重进行传播,直至产生最终输出的过程被称为前向传播。通过将前向传播的输出值与实际目标进行比较，我们可以得到一个损失值，该值表示网络的性能差距大小。而反向传播是计算梯度的过程，它从损失函数开始，沿着网络的反方向计算每个权重对损失的贡献。这涉及使用链式法则计算梯度，逐层向后传递。得到了梯度之后，可以使用梯度下降算法来更新网络中的权重。梯度表示损失函数在参数空间中的方向，而梯度下降算法沿着梯度的反方向更新参数，从而最小化损失函数。这个过程一直重复进行，直到达到训练的停止条件，如达到指定的训练周期数或将损失降到某个预定阈值。整个过程使得神经网络能够通过学习数据中的模式和关联性来逐渐提高性能。在这一节，我们将了解与神经网络训练相关的关键概念。

### 13.2.1 神经网络的损失函数

损失函数是在机器学习中用于衡量模型预测与实际目标之间差异的一种衡量标准。它表示模型的性能有多好或多差，是优化算法（如梯度下降）的指导依据。通俗地说，损失函数就是衡量模型预测的"糟糕程度"的工具。

举例来说，就是你是一名弓箭手，你的目标是射中靶心。每次你射出一箭，箭的位置与靶心的距离就是你的"损失"。如果箭的位置离靶心很远，损失就大；如果离得很近，损失就小。你的目标是通过调整射击姿势，使得射箭的损失变得尽可能小。

在机器学习中，模型的预测就像箭，实际目标就像靶心。损失函数就是衡量模型预测与实际目标之间的距离，距离越小表示模型预测越准确。

举个例子，假设你正在训练一个简单的回归模型，用于预测房屋价格。你有一些已知的训练数据，其中包括房屋的大小和实际的售价。你的目标是通过模型预测的价格来拟合实际的价格。

损失函数可以是平方损失，即预测价格与实际价格的差异的平方。如果模型的预测价格接近实际价格，平方损失就很小；如果差异很大，平方损失就很大。

数学上，平方损失可以表示为：

$$\text{损失} = (\text{预测价格} - \text{实际价格})^2$$

在训练过程中，算法会尝试调整模型的参数，使得损失最小化，即使模型的预测值与实际值的差异最小。这样，模型就能更好地预测新的数据。

在神经网络中，不同的任务和问题类型可能需要使用不同的损失函数。以下是一些常见的损失函数，它们各自适用于特定的场景。

**1. 均方误差**

该函数适用于回归问题，其中模型的输出是连续值。它计算模型预测值与实际值之间的平方差。

数学表达式：

$$\text{MSE} = \frac{1}{n}\sum_{i=1}^{n}(y_i - \hat{y}_i)^2$$

## 2. 交叉熵损失

该函数适用于分类问题，特别是多类别分类，分为二元交叉熵（Binary Cross Entropy）和多元交叉熵（Categorical Cross Entropy）。

二元交叉熵数学表达式：

$$\text{Binary Cross Entropy} = -\frac{1}{n}\sum_{i=1}^{n}[y_i \log(\hat{y}_i) + (1-y_i)\log(1-\hat{y}_i)]$$

多元交叉熵数学表达式：

$$\text{Categorical Cross Entropy} = -\frac{1}{n}\sum_{i=1}^{n}\sum_{j=1}^{m} y_{i,j} \log(\hat{y}_{i,j})$$

每个损失函数都有其特定的应用场景和优劣势，具体选择哪个损失函数取决于任务的性质和数据的特征。

下面是一个使用虚拟数据和 Python 代码演示均方误差（MSE）和二元交叉熵损失的例子。

```
# Python 代码
# 虚拟的实际标签和模型预测值
actual_labels = np.array([1, 0, 1, 1, 0])
predicted_probs = np.array([0.8, 0.2, 0.6, 0.9, 0.3])

# MSE 损失函数计算
def mse_loss(actual, predicted):
    return np.mean((actual - predicted)2)

# Binary Cross Entropy 损失函数计算
def binary_cross_entropy_loss(actual, predicted):
    epsilon = 1e-15  # 避免取对数时出现无穷大
    predicted = np.clip(predicted, epsilon, 1 - epsilon)
    # 将预测概率限制在 (epsilon, 1-epsilon) 之间
    return -np.mean(actual * np.log(predicted) +
                    (1 - actual) * np.log(1 - predicted))

# 计算损失
mse = mse_loss(actual_labels, predicted_probs)
bce = binary_cross_entropy_loss(actual_labels, predicted_probs)

# 打印结果
print("均方误差 (MSE):", mse)
print("二元交叉熵损失 (Binary Cross Entropy):", bce)
```

运行这段代码，会得到如下所示的结果。

【代码运行结果】

均方误差（MSE）：0.06799999999999999

二元交叉熵损失（Binary Cross Entropy）：0.283829637198l9376

【结果说明】在这个例子中，actual_labels 是实际的标签（0 或 1），predicted_probs 是模型的预测概率。mse_loss 函数计算均方误差，binary_cross_entropy_loss 函数计算二元交叉熵损失。均方误差的值约为 0.068，二元交叉熵损失的值约为 0.284。这两个数值越小，表示模型的预测值与实际值之间的差异越小，即模型的性能越好，越接近 0 表示模型越接近理想状态。

### 13.2.2 反向传播与梯度下降

神经网络模型根据损失函数调整权重的过程通常通过反向传播算法完成。这是一个优化算法，它通过计算损失函数对模型参数（权重）的梯度，然后利用梯度信息来更新模型参数，使得损失函数最小化。以下是该过程的简要步骤。

（1）**进行前向传播**：使用当前的权重进行前向传播，得到模型的预测输出。

（2）**计算损失**：将模型的预测输出与实际标签进行比较，计算损失函数的值。

（3）**进行反向传播**：从损失函数开始，计算损失函数对每个权重的偏导数（梯度）。这个过程使用链式法则逐层向后传递，计算每一层的梯度。

（4）**进行梯度下降**：使用计算出的梯度信息，按照梯度的反方向更新每个权重，以减小损失函数的值。更新规则通常使用学习率来控制每次参数更新的步长。

（5）**进行重复训练**：循环进行上述步骤，每次迭代都是一个训练周期。整个数据集可能被多次用于更新权重，直到满足停止条件（如达到指定的训练周期数或将损失降到某个预定阈值）。

这个过程通过梯度下降的方式不断优化模型的参数，从而使损失函数尽量减小。这样，模型就能够学习数据中的模式和关联性，进而增强其在新数据上的泛化能力。需要注意的是，不同的优化算法和损失函数可能有一些变体，但基本的思想都是通过梯度信息不断调整模型的参数，使得模型在训练数据上的预测与实际标签更为一致。

反向传播通过使用链式法则来计算梯度。链式法则是微积分中的一个基本规则，它允许我们计算复合函数的导数。在神经网络中，每个层都可以看作一个函数，由输入权重、激活函数等参数定义。下面是反向传播计算梯度的一般步骤。

假设我们有一个简单的神经网络，包含输入层、隐藏层和输出层。我们以一个单一的权重为例，说明计算梯度的过程。

（1）**计算损失对输出层输出的梯度。**

计算方法为 $\frac{\partial 损失}{\partial 输出}$。

这个梯度可以通过损失函数的定义和输出层的激活函数来计算。

**（2）计算输出层输出对权重的梯度。**

计算方法为 $\frac{\partial 输出}{\partial 权重}$。

**（3）应用链式法则。**

使用链式法则，将上述两个梯度相乘，得到损失对权重的梯度：

$$\frac{\partial 损失}{\partial 权重} = \frac{\partial 损失}{\partial 输出} \times \frac{\partial 输出}{\partial 权重}$$

**（4）反向传播至隐藏层。**

将损失对权重的梯度反向传播至隐藏层，同样需要计算隐藏层输出对权重的梯度，以及损失对隐藏层输出的梯度。

**（5）重复过程。**

重复上述过程，直到将梯度传播到输入层。这样，我们就计算出了损失对网络中所有权重的梯度。

这个过程的关键在于应用链式法则，将整个梯度的计算分解成多个小步骤。通过这样的方式，我们能够高效地计算出损失对所有权重的梯度，然后使用梯度下降等优化算法来更新权重，降低损失。这使得神经网络能够学习数据中的模式和关联性。

在完成梯度的计算之后，需要使用梯度下降最小化损失函数，以便调整模型参数，使其能够更好地拟合训练数据。具体来说，梯度下降的目标是找到函数的局部最小值（或全局最小值），通过不断沿着函数梯度的反方向更新参数，逐渐接近最小值。

梯度下降的基本步骤如下。

（1）随机或根据经验选择一组初始模型参数。

（2）计算损失函数对模型参数的梯度，即计算损失函数对每个参数的偏导数。这反映了损失函数在当前参数值处的变化率。

（3）沿着梯度的反方向，按照一定的学习率调整模型参数。学习率决定了每次更新的步长，过大的学习率可能导致参数在最小值附近振荡，而过小的学习率可能导致收敛速度缓慢。

$$新参数 = 旧参数 - 学习率 \times 梯度$$

重复步骤2和步骤3：迭代进行，直到满足停止条件。停止条件可以是达到指定的迭代次数，将损失降到某个预定阈值，或者满足其他停止准则。

下面是一个简单的示例，演示了如何使用梯度下降更新权重。

```
# Python 代码
# 初始化权重
weights = [0.5, -0.5, 0.2]

# 学习率
```

```
learning_rate = 0.01

# 假设计算得到的梯度为 [-0.1, 0.2, -0.3]
gradients = [-0.1, 0.2, -0.3]

# 更新权重
for i in range(len(weights)):
    weights[i] = weights[i] - learning_rate * gradients[i]

# 打印更新后的权重
print("更新后的权重: ", weights)
```
运行这段代码，会得到如下所示的结果。

【代码运行结果】
更新后的权重: [0.501, -0.502, 0.203]

【结果说明】在这个例子中，我们假设有一个包含三个权重的模型，计算得到的梯度为 [−0.1, 0.2, −0.3]，学习率为 0.01。通过梯度下降，更新权重使得模型逐渐优化，减小损失。实际应用中，这样的更新过程会在整个数据集上进行多次，直到模型达到理想的性能。

梯度下降有几个变种，其中最常见的是批量梯度下降（Batch Gradient Descent）、随机梯度下降（Stochastic Gradient Descent）和小批量梯度下降（Mini-Batch Gradient Descent）。

梯度下降的思想是基于函数梯度指示最陡峭上升的方向，因此沿着梯度的反方向，我们就可以找到函数下降最快的方向，从而迭代地逼近最优解。这使得梯度下降成为许多优化问题的核心算法。

### 13.2.3 用 TensorFlow 训练最简单的神经网络

要想训练最简单的神经网络，可以考虑使用 Python 中的 TensorFlow 深度学习框架。TensorFlow 是一个由 Google 开发的开源框架，广泛用于深度学习和其他机器学习领域。以下是 TensorFlow 的一些主要特点和组成部分。

**灵活的架构：** TensorFlow 提供了一个灵活的计算图模型，使得用户可以定义和组装复杂的计算图，包括神经网络模型的构建和训练。

**多平台支持：** TensorFlow 可以在多种平台上运行，包括 CPU、GPU 和 TPU（Tensor Processing Unit）。这使得它适用于不同规模和类型的硬件。

**高效的数值计算：** TensorFlow 的底层实现是用 C++ 编写的，使用了高效的数值计算库（如 Eigen 和 cuDNN）来提高计算性能。

**可视化工具：** TensorFlow 提供了 TensorBoard，这是一个用于可视化模型训练过程和性能的工具。它能够展示计算图、损失曲线、模型参数的分布等信息，帮助用户更好地理解和调试模型。

**丰富的高层 API：** TensorFlow 提供了多个高层 API，其中最知名的是 Keras。Keras 是一个简单易用的深度学习 API，它被集成到 TensorFlow 中，使得用户能够以更直观的方式构建和训练神经网络模型。

**Eager Execution：** TensorFlow 2.0 引入了 Eager Execution 模式，这使得用户可以像写普通 Python 代码一样动态地运行 TensorFlow 操作，而不需要构建整个计算图，从而提高了代码的可读性和易用性。

**大型社区支持：** TensorFlow 拥有一个庞大的开发者社区，提供了丰富的文档、教程和示例，以及对各种机器学习应用的支持。

**生态系统：** TensorFlow 不仅是一个深度学习框架，还构建了一个庞大的机器学习生态系统，包括 TensorFlow Lite（用于移动和嵌入式设备）、TensorFlow.js（用于浏览器中的机器学习）、TensorFlow Extended（用于生产环境中的端到端机器学习平台）等。

接下来我们使用虚拟数据和 Tensorflow 中的 Keras 演示训练最简单的神经网络，并将损失函数的变化进行可视化，代码如下。

```python
# Python 代码
# 导入 TensorFlow
import tensorflow as tf

# 创建虚拟数据
np.random.seed(42)
X_train = np.linspace(-1, 1, 100).reshape(-1, 1)
y_train = 0.5 * X_train + 2 + 0.1 * np.random.randn(100, 1)

# 定义简单的神经网络模型
model = tf.keras.Sequential([
    tf.keras.layers.Dense(1, input_shape=(1,), activation='linear')
])

# 编译模型
model.compile(optimizer='sgd', loss='mean_squared_error')

# 训练模型
history = model.fit(X_train, y_train, epochs=10, verbose=1)

# 获取损失历史
loss_history = history.history['loss']
```

运行这段代码，可以看到程序返回模型训练的过程如下所示。

【代码运行结果】
```
Epoch 1/10
4/4 [==============================] - 1s 3ms/step - loss: 3.8214
```

```
Epoch 2/10
4/4 [==============================] - 0s 2ms/step - loss: 3.2565
Epoch 3/10
4/4 [==============================] - 0s 2ms/step - loss: 2.7744
Epoch 4/10
4/4 [==============================] - 0s 2ms/step - loss: 2.3583
Epoch 5/10
4/4 [==============================] - 0s 2ms/step - loss: 2.0074
Epoch 6/10
4/4 [==============================] - 0s 3ms/step - loss: 1.7167
Epoch 7/10
4/4 [==============================] - 0s 2ms/step - loss: 1.4715
Epoch 8/10
4/4 [==============================] - 0s 2ms/step - loss: 1.2491
Epoch 9/10
4/4 [==============================] - 0s 2ms/step - loss: 1.0678
Epoch 10/10
4/4 [==============================] - 0s 2ms/step - loss: 0.9140
```

【结果说明】在这个例子中，我们创建了一个具有线性激活函数的小型神经网络，使用均方误差作为损失函数，随机梯度下降作为优化器。具体来说，我们使用了 tf.keras.Sequential，这是一个顺序模型容器，用于按顺序堆叠神经网络层。Sequential 模型是 Keras 中最简单的模型类型，适用于层的线性堆叠。

tf.keras.layers.Dense 是一个全连接层（Fully Connected Layer），也是神经网络中基本的层之一。该层包含一个线性变换（仿射变换）和一个激活函数。该层的输出单元数为 1，表示这一层只有 1 个神经元。参数 input_shape=(1,) 指定了输入数据的形状。在这里，输入数据是一维的，每个样本有一个特征。参数 activation='linear' 指的是线性激活函数。在这个例子中，由于是一个简单的回归问题，所以我们使用线性激活函数。

下面我们使用 matplotlib 将损失函数的变化进行可视化，代码如下。

```
# Python 代码
# 可视化损失函数的变化
plt.figure(dpi=300)
plt.plot(loss_history)
plt.title('Training Loss')
plt.xlabel('Epoch')
plt.ylabel('Mean Squared Error')
plt.savefig('图13-6.jpg', dpi=300)
plt.show()
```

运行这段代码，会得到如图 13-6 所示的结果。

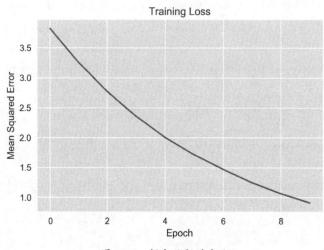

图 13-6　损失函数的变化

【结果说明】在图 13-6 中，横轴（x 轴）表示训练的轮数或迭代次数（Epochs）。每个迭代次数表示模型对整个训练数据集进行一次完整的前向传播和反向传播。纵轴（y 轴）表示训练过程中使用的损失函数的值，这里使用的损失函数是均方误差。在训练的初始阶段，损失函数的值较大。这是因为模型刚开始学习，权重和偏置的初始值是随机的，与实际数据之间存在较大的误差。随着训练的进行，损失函数的值逐渐减小。模型在学习过程中通过梯度下降调整权重和偏置，以最小化损失函数。损失函数的下降表明模型正在逐渐提高对训练数据的拟合程度。最后，损失函数的值趋于稳定，不再显著减小，这时模型可能已经收敛。在这个阶段，模型对训练数据的拟合已经相对较好。

通过观察损失函数的变化，我们可以了解模型在训练数据上的拟合情况。如果损失函数在训练过程中没有明显的下降，可能需要调整模型架构、学习率或其他超参数，以提高模型的性能。

## 13.3　一些特殊的神经网络

上一节中，我们演示了一个最简单的全连接层神经网络，而在实际应用中，特别是处理序列数据和图像数据时，常常使用到一些特殊的神经网络结构，其中主要包括循环神经网络和卷积神经网络。在这一节中，我们主要了解一下这些特殊的神经网络。

### 13.3.1　循环神经网络

RNN 主要用于处理序列数据，如时间序列、自然语言文本等。它具有记忆单元（Memory Cell），可以在处理序列数据时保留之前的信息。RNN 的结构允许信息在神经网络中传递，这对于处理具有时间或顺序关系的数据非常有用。

RNN 的基本结构包括一个隐藏状态或记忆单元，它在每个时间步都接收输入和前一个时间步的隐藏状态，产生一个新的隐藏状态。这个隐藏状态可以捕捉到目前为止模型在序列中所看到的所有信息。因此，RNN 的信息传递机制可以被看作是在序列中保留并更新其内部状态。

RNN 的隐藏状态更新公式可以表示为：

$$\hbar_t = \text{Activation}(W_{hh} \cdot \hbar_{t-1} + W_{xh} \cdot x_t + b_h)$$

其中，$\hbar_t$ 是时间步 $t$ 的隐藏状态，$x_t$ 是时间步 $t$ 的输入，$W_{hh}$ 和 $W_{xh}$ 是权重矩阵，$b_h$ 是偏置项，Activation 是激活函数，常常使用 Tanh 或者 ReLU。

这个公式说明了当前时间步的隐藏状态 $\hbar_t$ 是前一个时间步的隐藏状态 $\hbar_{t-1}$、当前时间步的输入 $x_t$ 以及权重和偏置的线性组合经过激活函数的结果。因此，信息从 $t$-1 传递到 $t$。这种结构允许 RNN 在处理序列数据时保留先前信息，并利用这些信息来影响当前时间步的输出。

RNN 的特点使它在处理金融时间序列数据方面具有一些优势。金融时间序列数据通常具有时间上的依赖性，即过去的信息对未来的走势有影响。RNN 的设计结构使其能够捕捉和利用这种时间序列的依赖性，因此它在金融数据的建模中表现出色。

接下来，我们可以生成一些虚拟数据。使用的代码如下。

```
# Python 代码
# 创建虚拟的时间序列数据
time = np.arange(0, 100, 0.1)
sin_wave = np.sin(time) + 0.1 * np.random.randn(len(time))

# 数据可视化
plt.figure(dpi=300)
plt.plot(time,sin_wave)
plt.savefig('图 13-7.jpg', dpi=300)
plt.show()
```

运行这段代码，会得到如图 13-7 所示的结果。

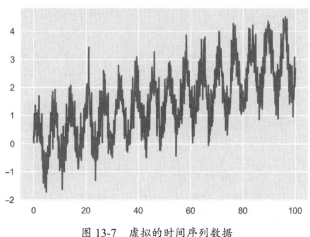

图 13-7　虚拟的时间序列数据

【结果说明】这里我们用 NumPy 生成了一个正弦波的形状，同时加入了一些随机噪声的虚拟数据，使其更接近真实世界的金融时间序列数据，因为真实数据通常包含趋势和一些随机波动。

然后我们使用这个虚拟的时间序列数据来训练一个简单的 RNN 模型，并查看它的损失函数在训练轮次增加过程中的变化情况，使用的代码如下。

```python
# Python 代码
# 准备数据
X, y = [], []
sequence_length = 10

for i in range(len(sequence) - sequence_length):
    X.append(sequence[i:i + sequence_length])
    y.append(sequence[i + sequence_length])

X = np.array(X).reshape(-1, sequence_length, 1)
y = np.array(y)

# 定义 RNN 模型
model = Sequential([
    SimpleRNN(10, activation='relu', input_shape=(sequence_length, 1)),
    Dense(1)
])

model.compile(optimizer='adam', loss='mse')

# 训练模型
history = model.fit(X, y, epochs=50, verbose=0)

# 使用模型进行预测
predicted_values = model.predict(X)

# 可视化损失
plt.figure(dpi=300)
plt.plot(history.history['loss'], label='Training Loss')
plt.title('RNN Training Loss')
plt.xlabel('Epoch')
plt.ylabel('Mean Squared Error')
plt.legend()
plt.savefig('图13-8.jpg', dpi=300)
plt.show()
```

运行这段代码，会得到如图 13-8 所示的结果。

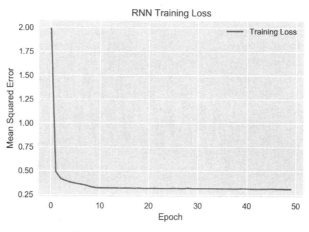

图 13-8　RNN 的训练过程可视化

【结果说明】在上面的代码中,我们先将虚拟时间序列数据转化为适合 RNN 模型训练的输入(x)和输出(y)的形式,并定义了每个训练样本的时间窗口长度。在这个例子中,对于每个时间点,模型将使用前面的时间点的数据来预测下一个时间点的值。然后将输入数据 x 转换为三维数组的形状,其中第一个维度表示样本的数量,第二个维度表示时间窗口长度,第三个维度表示每个时间点的特征数。在这个例子中,每个时间点只有一个特征(即单变量时间序列),因此第三个维度是 1。

我们创建的 RNN 模型能够接收形状为 (sequence_length, 1) 的时间序列数据,通过 SimpleRNN 层学习时间序列的模式,并最终通过 Dense 层输出一个单一的预测值。在训练过程中,模型会通过最小化均方误差来调整其权重,以提高对未来值的预测能力。从图 13-8 中可以看到,随着训练轮次的增加,模型的均方误差快速下降,并在第 10 轮左右达到了稳定状态。

下面的代码可以让我们对真实值和模型的预测值进行可视化对比。

```python
# Python 代码
# 可视化真实值和预测值
plt.figure(dpi=300)
plt.plot(time[sequence_length:], y, label='真实值', alpha=0.7)
plt.plot(time[sequence_length:], predicted_values,
         label='预测值', ls='--', c='r')
plt.title('RNN 预测值对比真实值')
plt.xlabel('Time')
plt.ylabel('Value')
plt.legend()
plt.savefig('图 13-9.jpg', dpi=300)
plt.show()
```

运行这段代码,可以得到如图 13-9 所示的结果。

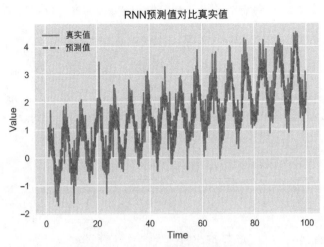

图 13-9　RNN 预测值与真实值的对比

【结果说明】在图 13-9 中，虚线部分是 RNN 模型预测值，实线部分是真实值。从图中可以看到，经过 50 轮训练，RNN 较好地捕捉到了数据中的趋势和波动。

### 13.3.2　长短期记忆网络

长短期记忆（Long Short-Term Memory，LSTM）网络是一种特殊类型的循环神经网络，用于解决传统 RNN 中遇到的梯度消失问题。梯度消失问题是指在深度神经网络中，随着反向传播算法的进行，网络较靠前层的梯度变得非常小，甚至趋近于零，导致这些层的权重几乎不会更新。这会导致这些层无法学习到有用的特征，因为它们的权重没有得到有效的更新，而网络的整体性能受到限制。

LSTM 可以解决梯度消失问题的主要原因是，它引入了记忆单元和门机制。以下是 LSTM 解决梯度消失问题的关键要点。

（1）**记忆单元**：记忆单元是一个能够存储和检索信息的结构。相较传统的循环神经网络，这个记忆单元能使 LSTM 网络更好地保留长期依赖关系。

（2）**门机制**：LSTM 网络主要包括三个门，分别为遗忘门（Forget Gate）、输入门（Input Gate）和输出门（Output Gate）。

遗忘门：决定是否从记忆单元中删除先前的信息。

输入门：决定是否将新的信息添加到记忆单元中。

输出门：决定从记忆单元中输出什么信息。

这些门的设计允许 LSTM 网络有选择性地遗忘和存储信息，从而有效地防止梯度在反向传播过程中消失或爆炸。

（3）**梯度流的路径**：在 LSTM 网络中，门的参数是通过训练数据动态学习得到的。这意味着即使在很长的时间序列中，梯度仍然能够有效地传播。遗忘门的存在允许网络选择性地遗忘过去的信息，而输入门允许网络选择性地接收新的信息，从而更灵活地处理不同时间步的输入。

因此，LSTM 网络通过引入记忆单元和门机制，能够有效地学习和捕捉长序列中的依赖关系，从而成功地解决梯度消失问题。这使得 LSTM 网络在处理时间序列数据、自然语言处理等方面表现出色。

图 13-10 是一个简化的用 Markdown 文本表示 LSTM 网络结构的示意图。

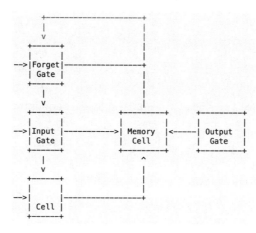

图 13-10　LSTM 网络结构的示意图

图 13-10 展示了一个 LSTM 网络的核心结构，其中包括遗忘门、输入门、记忆单元和输出门。这些元素通过门控机制相互连接，允许 LSTM 网络有选择地存储和访问信息，从而更好地处理长期依赖关系。

接下来我们将使用虚拟的时间序列数据，借助 TensorFlow 中的 Keras API 训练 LSTM 模型，并可视化损失函数变化。示例代码如下。

```
# Python 代码
# 导入 LSTM 网络
from tensorflow.keras.layers import LSTM

# 生成虚拟时间序列数据
np.random.seed(42)
time = np.arange(0, 100, 0.1)
trend = 0.03 * time
noise = 0.5 * np.random.randn(len(time))
sin_wave = np.sin(time)

# 合成虚拟时间序列
sequence = trend + sin_wave + noise

# 准备数据
X, y = [], []
sequence_length = 10
```

```python
for i in range(len(sequence) - sequence_length):
    X.append(sequence[i:i + sequence_length])
    y.append(sequence[i + sequence_length])

X = np.array(X).reshape(-1, sequence_length, 1)
y = np.array(y)

# 定义LSTM网络模型
model = Sequential([
    LSTM(50, activation='relu', input_shape=(sequence_length, 1)),
    Dense(1)
])

model.compile(optimizer='adam', loss='mse')

# 训练模型
history = model.fit(X, y, epochs=50, verbose=0)

# 可视化损失
plt.figure(dpi=300)
plt.plot(history.history['loss'])
plt.title('LSTM Training Loss')
plt.xlabel('Epoch')
plt.ylabel('Mean Squared Error')
plt.savefig('图13-11.jpg', dpi=300)
plt.show()
```

运行这段代码，会得到如图13-11所示的结果。

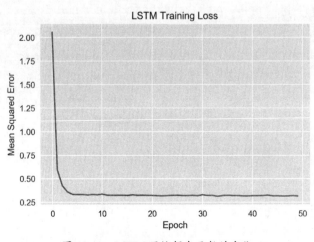

图13-11　LSTM网络损失函数的变化

【结果说明】这个示例代码首先生成包含趋势、周期性波动和噪声的虚拟时间序列数据。然后，它准备数据并定义了一个包含一个 LSTM 层和一个全连接层的简单模型。模型使用均方误差作为损失函数进行训练。最后，对训练过程进行了可视化处理。

除了循环神经网络和 LSTM 网络，卷积神经网络有时也被应用于金融时间序列数据分析。下面我们将初步了解一些与 CNN 相关的知识。

### 13.3.3 卷积神经网络

卷积神经网络是一类专门用于处理具有网格结构数据的深度学习模型。它们最初被设计用于识别图像，但后来在许多其他领域也取得了成功，包括自然语言处理、语音识别和时间序列分析。

CNN 的主要特点是通过卷积层来提取输入数据的局部特征，这使得它在处理网格结构数据（如图像、文本序列等）时非常有效。以下是 CNN 的一些关键概念。

**卷积层（Convolutional Layer）**：卷积层是 CNN 的核心。它通过使用卷积核（或过滤器）在输入数据上滑动，从而提取局部特征。这有助于模型捕捉输入数据中的空间结构和模式。

**池化层（Pooling Layer）**：池化层用于减小卷积层输出的维度，同时保留重要的信息。最常见的池化操作是最大池化，它选择每个区域中的最大值作为池化结果。

**激活函数**：在卷积神经网络中，通常使用激活函数（如 ReLU）来引入非线性。这有助于模型学习更复杂的特征和模式。

**全连接层**：在卷积层和全连接层之间，通常还包括一个或多个全连接层，用于整合卷积层提取的特征。

**权重共享**：卷积神经网络的卷积层使用参数共享的机制，这意味着同一组权重被用于检测不同位置的相似特征。这有助于减少模型的参数数量，提高模型的计算效率。

CNN 的设计灵感来源于生物学对动物视觉系统的理解，其中神经元对于视觉场景中的局部模式有较强的响应。在深度学习中，CNN 已经成为处理视觉和其他网格结构数据的重要工具。

以下是一个使用虚拟时间序列数据，借助 TensorFlow 中的 Keras API 训练简单 CNN 模型，并可视化损失函数变化的示例代码。

```
# Python 代码
# 导入维卷积层、最大池化层、展平层
from tensorflow.keras.layers import Conv1D, MaxPooling1D, Flatten

# 生成虚拟时间序列数据
np.random.seed(42)
time = np.arange(0, 100, 0.1)
trend = 0.03 * time
noise = 0.5 * np.random.randn(len(time))
sin_wave = np.sin(time)
```

```python
# 合成虚拟时间序列
sequence = trend + sin_wave + noise

# 准备数据
X, y = [], []
sequence_length = 10

for i in range(len(sequence) - sequence_length):
    X.append(sequence[i:i + sequence_length])
    y.append(sequence[i + sequence_length])

X = np.array(X).reshape(-1, sequence_length, 1)
y = np.array(y)

# 定义CNN模型
model = Sequential([
    Conv1D(32, kernel_size=3,
           activation='relu',
           input_shape=(sequence_length, 1)),
    MaxPooling1D(pool_size=2),
    Flatten(),
    Dense(1)
])

model.compile(optimizer='adam', loss='mse')

# 训练模型
history = model.fit(X, y, epochs=50, verbose=0)

# 可视化损失
plt.figure(dpi=300)
plt.plot(history.history['loss'])
plt.title('CNN Training Loss')
plt.xlabel('Epoch')
plt.ylabel('Mean Squared Error')
plt.savefig('图13-12.jpg', dpi=300)
plt.show()
```

运行这段代码，会得到如图13-12所示的结果。

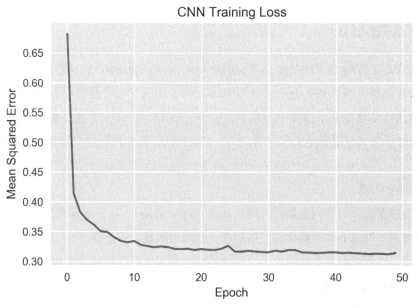

图 13-12　CNN 模型损失函数的变化

【结果说明】这个示例代码定义了一个包含卷积层、最大池化层、展平层和全连接层的简单 CNN 模型。模型使用均方误差作为损失函数进行训练。通过训练过程的可视化，我们可以观察损失函数的变化。

最大池化层是卷积神经网络中的一种池化操作，用于减小卷积层输出的空间维度，同时保留关键的特征信息。池化操作有助于降低计算负担，减少模型的参数数量，同时提高模型的鲁棒性。最大池化的工作原理是在输入数据的每个局部区域上应用一个池化窗口，然后选择该区域中的最大值作为输出。

展平层也是神经网络中的一种层类型，用于将输入数据的多维向量转换为一维向量。这个层通常出现在卷积神经网络的卷积层和全连接层之间，用于将卷积层的输出展平为适合全连接层输入的形状。卷积层通常输出一个三维或四维的向量，其中包含了空间维度（如图像的高度、宽度）和通道维度。而全连接层的输入期望是一个一维的向量。展平层的作用就是将卷积层输出的多维向量压缩成一个一维向量，以便连接到全连接层进行最终的分类或回归任务。

💡 注意

在金融领域处理时间序列数据时，LSTM 网络有着普遍的应用，尤其是在涉及建模时间序列数据的长期依赖性和复杂模式时。这是因为 LSTM 网络在处理时间序列数据时，能够更好地捕捉长期的时间依赖关系，适应不同时间尺度的模式。但在有些情况下也会用 CNN，特别是涉及图像数据或需要从多个时间序列中提取局部模式时。

## 13.4 小结与习题

本章首先介绍了深度学习的基本概念，包括神经网络、激活函数、损失函数、反向传播等。然后介绍了神经网络训练的相关概念，并用 TensorFlow 训练了一个最简单的神经网络。此外，本章还提供了使用虚拟数据演示深度学习模型（RNN、LSTM 和 CNN）训练和可视化的示例代码，以帮助大家理解深度学习模型的实际应用。从下一章开始，我们将探讨深度学习技术在金融领域的应用。

以下是本章的习题：

（1）在处理金融时间序列数据时，应该选择 LSTM 还是 CNN？请说明原因。

（2）解释神经网络的基本概念，包括神经元、激活函数、权重等。

（3）使用一些简单的数据或例子，说明神经网络是如何进行信息传递和权重调整的。

（4）使用虚拟数据，演示如何使用 TensorFlow 和 Keras 训练一个简单的 LSTM 模型，并可视化训练过程中的损失变化。

（5）请解释何种类型的金融数据更适合使用 CNN 模型。

第 14 章

深度学习在金融领域的应用探索

在上一章中，我们谈到深度学习技术在金融领域快速发展，而其应用方向的研究也大有进展。例如，在股票价格预测和其他时间序列数据的预测方面，深度学习模型，特别是循环神经网络和长短期记忆网络，被用于捕捉时间关联性和复杂的模式。同时，神经网络可以通过学习大量的数据来捕捉复杂的风险关系，用于评估市场风险、信用风险等。此外在信用评估方面，深度学习可以通过分析大量的个人和企业数据来提高模型的准确性，帮助金融机构更好地评估借款人的信用风险。在本章中，我们将一起探讨深度学习技术在金融领域的一些具体应用。

本章的主要内容：
- 使用神经网络预测金融市场；
- 使用神经网络预测市场方向；
- 基于模型设计交易策略并回测。

## 14.1 用神经网络预测金融市场

深度学习模型，如循环神经网络和长短期记忆网络等，被广泛用于时间序列数据的分析。这些模型能够捕捉市场数据中的长期依赖关系，有助于更准确地预测股价、汇率等。在这一节中，我们将尝试使用期货历史行情数据进行实验，来探讨如何将神经网络用于金融市场的预测。

### 14.1.1 使用 LSTM 预测期货价格

为了方便实验，读者可以继续使用本书附赠的"玉米十年行情数据.xlsx"，并使用下面的代码读取并处理数据。

```python
# Python 代码
# 读取并处理数据
df = pd.read_excel('玉米十年行情数据.xlsx', index_col='日期')
df = df[['收盘价']]
# 用可视化方法检查
plt.figure(dpi=300)
plt.plot(df)
plt.title('玉米期货历史行情')
plt.savefig('图14-1.jpg', dpi=300)
plt.show()
```

运行这段代码，会得到如图 14-1 所示的结果。

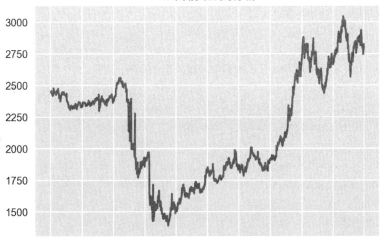

图 14-1　玉米期货历史行情数据可视化

现在数据准备完成，我们可以让 ChatGPT 协助使用这个数据来训练 LSTM 模型，使用的提示词可以是："现在有一个 DataFrame，以日期为 index，存储了 2013 年 1 月 1 日至 2022 年 12 月 31 日的期货收盘价。需要用 2013 年 1 月 1 日至 2021 年 12 月 31 日的数据作为训练集，2022 年 1 月 1 日至 2022 年 12 月 31 日的数据作为验证集，训练一个 LSTM 模型，训练轮次为 50 次，最后将训练集和验证集每轮的损失函数进行可视化。请给出示例代码。"发送提示词后，会得到 ChatGPT 生成的代码，经修改后的代码如下。

```python
# Python 代码
# 导入需要用到的库
from tensorflow.keras.models import Sequential
from tensorflow.keras.layers import LSTM, Dense
from tensorflow.keras.callbacks import EarlyStopping

# 创建训练集和验证集
train_data = df.loc['2013-01-01':'2021-12-31', '收盘价'].values
test_data = df.loc['2022-01-01':'2022-12-31', '收盘价'].values

# 准备数据
def prepare_data(data, n_steps):
    X, y = [], []
    for i in range(len(data)):
        end_ix = i + n_steps
        if end_ix > len(data)-1:
            break
        seq_x, seq_y = data[i:end_ix], data[end_ix]
```

```python
            X.append(seq_x)
            y.append(seq_y)
    return np.array(X), np.array(y)

n_steps = 30  # 设置时间步长,根据你的数据进行调整

X_train, y_train = prepare_data(train_data, n_steps)
X_test, y_test = prepare_data(test_data, n_steps)

X_train = X_train.reshape((X_train.shape[0], X_train.shape[1], 1))
X_test = X_test.reshape((X_test.shape[0], X_test.shape[1], 1))

# 构建 LSTM 模型
model = Sequential()
model.add(LSTM(50, activation='relu', input_shape=(n_steps, 1)))
model.add(Dense(1))
model.compile(optimizer='adam', loss='mse')

# 设置早停策略
early_stop = EarlyStopping(monitor='val_loss', patience=5, verbose=1)

# 训练模型
history = model.fit(X_train, y_train, epochs=50,
                    validation_data=(X_test, y_test),
                    callbacks=[early_stop])
# 可视化训练和验证损失
plt.figure(dpi=300)
plt.plot(history.history['loss'], label='Train Loss')
plt.plot(history.history['val_loss'], label='Validation Loss')
plt.title('Model Training and Validation Loss')
plt.xlabel('Epoch')
plt.ylabel('Loss')
plt.legend()
plt.savefig('图14-2.jpg', dpi=300)
plt.show()
```

运行这段代码,会得到如图 14-2 所示的结果。

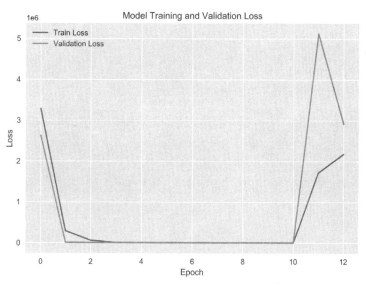

图 14-2 LSTM 训练过程损失函数变化

【结果说明】这段代码中的大部分内容我们在第 13 章中已经使用过。不同的是，这次我们在模型训练过程中加入了"早停（Early Stopping）策略"。使用早停策略的目的是防止模型在验证集上过拟合，即训练过度，导致模型在新的数据上表现较差。参数的具体含义如下。

Monitor：要监视的性能指标，这里设置为 val_loss，表示监视验证集上的损失函数。

Patience：模型训练过程中用于控制早停策略的参数。在这个例子中，设置为 5，表示如果验证集上的损失函数连续 5 轮没有降低，则提前停止训练。

从图 14-2 中，我们可以看到，虽然模型训练轮次被设定为 50 轮，但自第 8 轮之后，损失函数就不再下降。因此在达到第 12 轮时，模型就停止了训练。

现在我们可以观察一下模型预测值与真实值的差异，使用的代码如下。

```python
# Python 代码
# 从模型中获取预测值
y_pred = model.predict(X_test)

# 提取预测日期范围的实际数据
actual_data = df.loc['2022-12-01':'2022-12-31', '收盘价'].values

# 可视化预测结果
plt.figure(dpi=300)
plt.plot(actual_data, label='实际收盘价', color='blue')
plt.plot(y_pred[-len(actual_data):],
         label='预测收盘价', color='red', linestyle='dashed')
plt.title('模型预测值对比真实值')
plt.ylabel('收盘价')
```

```
plt.legend()
plt.savefig('图 14-3.jpg', dpi=300)
plt.show()
```

运行代码，会得到如图 14-3 所示的结果。

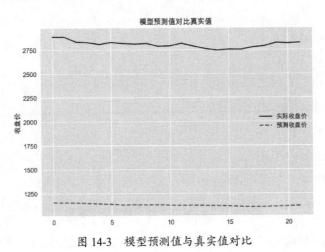

图 14-3　模型预测值与真实值对比

【结果说明】从图 14-3 中可以看到，LSTM 模型所作出的预测，与真实收盘价相去甚远。这是因为我们没有对原始收盘价进行归一化处理。归一化是深度学习中常用的预处理步骤之一，它有助于提高模型的训练速度和稳定性。这主要因为归一化可以确保输入特征在相近的数值范围内，从而避免梯度下降算法因为不同特征尺度差异大而导致收敛缓慢。另外，当输入特征的数值范围很大时，激活函数的输出也可能变得极大或极小，从而引发数值不稳定性的问题。通过归一化，可以将特征的数值范围限制在一个较小的区间内，从而减小数值不稳定性的风险。

接下来我们将对数据进行归一化处理后再次训练模型，然后观察结果。

### 14.1.2　使用归一化处理数据并训练模型

在时间序列数据中，尤其是金融领域的时间序列数据，归一化也是常见的操作。由于不同时间点的收盘价可能存在较大的差异，归一化可以将这些差异平滑，从而帮助模型更好地学习数据的趋势和模式。现在我们尝试使用 MinMaxScaler 对收盘价数据进行归一化，这是一种将数据线性映射到指定范围（通常在 0~1）的归一化方法。代码如下。

```
# Python 代码
# 导入 MinMaxScaler
from sklearn.preprocessing import MinMaxScaler

# 数据预处理
scaler = MinMaxScaler(feature_range=(0, 1))
df['Close_scaled'] = scaler.fit_transform(df[['收盘价']])
```

```python
# 创建训练集和验证集
train_data = df.loc['2013-01-01':'2021-12-31', 'Close_scaled'].values
test_data = df.loc['2022-01-01':'2022-12-31', 'Close_scaled'].values

# 准备数据
def prepare_data(data, n_steps):
    X, y = [], []
    for i in range(len(data)):
        end_ix = i + n_steps
        if end_ix > len(data)-1:
            break
        seq_x, seq_y = data[i:end_ix], data[end_ix]
        X.append(seq_x)
        y.append(seq_y)
    return np.array(X), np.array(y)

n_steps = 30  # 设置时间步长,根据你的数据进行调整

X_train, y_train = prepare_data(train_data, n_steps)
X_test, y_test = prepare_data(test_data, n_steps)

X_train = X_train.reshape((X_train.shape[0], X_train.shape[1], 1))
X_test = X_test.reshape((X_test.shape[0], X_test.shape[1], 1))

# 构建 LSTM 模型
model = Sequential()
model.add(LSTM(50, activation='relu', input_shape=(n_steps, 1)))
model.add(Dense(1))
model.compile(optimizer='adam', loss='mse')

# 设置早停策略
early_stop = EarlyStopping(monitor='val_loss', patience=5, verbose=1)

# 训练模型
history = model.fit(X_train, y_train, epochs=50,
                    validation_data=(X_test, y_test), callbacks=[early_stop])

# 可视化训练和验证损失
plt.figure(dpi=300)
```

```
plt.plot(history.history['loss'], label='Train Loss')
plt.plot(history.history['val_loss'],
         label='Validation Loss',
         ls='--')
plt.title('Model Training and Validation Loss')
plt.xlabel('Epoch')
plt.ylabel('Loss')
plt.legend()
plt.savefig('图14-4.jpg', dpi=300)
plt.show()
```

运行这段代码，会得到如图 14-4 所示的结果。

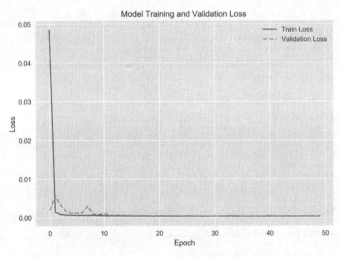

图 14-4　使用经过归一化后的数据训练模型的损失函数

【结果说明】从图 14-4 中可以看到，经过归一化后，模型训练跑满了 50 个轮次，且损失函数的下降更加稳定。

接下来我们可以观察新模型的预测值与真实值的差异，使用的代码如下。

```
# Python 代码
# 从模型中获取预测值
y_pred = model.predict(X_test)

# 反归一化，将预测值还原到原始范围
y_pred_original = scaler.inverse_transform(y_pred)
y_test_original = scaler.inverse_transform(y_test.reshape(-1, 1))

# 提取预测日期范围的实际数据
actual_data = df.loc['2022-12-01':'2022-12-31', '收盘价'].values
```

```python
# 可视化预测结果
plt.figure(dpi=300)
plt.plot(actual_data, label='真实收盘价', color='blue')
plt.plot(y_pred_original[-len(actual_data):],
         label='预测收盘价',
         color='red', linestyle='dashed')
plt.title('模型预测值对比真实值')
plt.ylabel('收盘价')
plt.legend()
plt.savefig('图14-5.jpg', dpi=300)
plt.show()
```

运行这段代码,会得到如图 14-5 所示的结果。

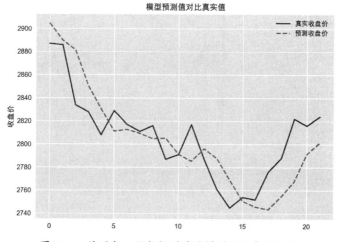

图 14-5  使用归一化数据训练的模型所做出的预测

【结果说明】在上面的代码中,我们将经过归一化的预测值(y_pred)和测试集真实值(y_test)还原至原始的数据范围,以确保模型的预测值和测试集的真实值都在原始的数据范围内呈现,以便后续进行可视化和分析。从图 14-5 中可以看到,使用归一化数据训练的 LSTM 模型的预测能力显著提高了。

### 14.1.3  使用 LSTM 预测收益

LSTM 和其他循环神经网络在金融领域中也被广泛用于收益预测。与价格预测不同,收益预测通常关注的是投资组合的收益率,即资产价格的变化百分比。LSTM 模型有助于提取普遍性的特征,关注价格趋势和相对价格变化,而不是绝对价格水平。

现在我们继续使用玉米期货的历史行情数据进行实验,这次我们先计算出每日对数收益,使用的代码如下。

```
# Python 代码
```

```
# 计算对数收益
df['log_return'] = np.log(df['收盘价']/df['收盘价'].shift(1))

# 可视化检查
df.dropna(inplace=True)
plt.figure(dpi=300)
plt.plot(df['log_return'])
plt.savefig('图14-6.jpg', dpi=300)
plt.show()
```

运行代码，会得到如图14-6所示的结果。

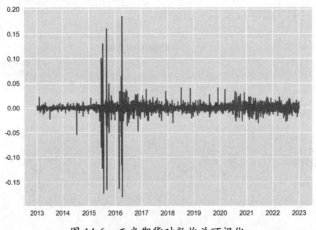

图14-6　玉米期货对数收益可视化

在计算好对数收益之后，我们就可以继续让ChatGPT协助我们训练一个新的LSTM模型了。使用的提示词可以是："现在df['log_return']中是期货的每日对数收益，仍然以2013-01-01至2021-12-31的数据作为训练集，2022-01-01至2022-12-31的数据作为验证集，训练一个用于预测收益的LSTM模型，训练轮次为50次，最后将训练集和验证集每轮的损失函数进行可视化。请给出示例代码。"发送提示词后，得到ChatGPT生成的代码，经修改后的代码如下。

```
# Python 代码
# 数据预处理
scaler = MinMaxScaler(feature_range=(0, 1))
df['log_return_scaled'] = scaler.fit_transform(df[['log_return']])

# 创建训练集和验证集
train_data = df.loc['2013-01-01':'2021-12-31',
                    'log_return_scaled'].values
test_data = df.loc['2022-01-01':'2022-12-31',
                   'log_return_scaled'].values
```

```python
# 准备数据
def prepare_data(data, n_steps):
    X, y = [], []
    for i in range(len(data)):
        end_ix = i + n_steps
        if end_ix > len(data)-1:
            break
        seq_x, seq_y = data[i:end_ix], data[end_ix]
        X.append(seq_x)
        y.append(seq_y)
    return np.array(X), np.array(y)


n_steps = 30  # 设置时间步长，根据你的数据进行调整

X_train, y_train = prepare_data(train_data, n_steps)
X_test, y_test = prepare_data(test_data, n_steps)

X_train = X_train.reshape((X_train.shape[0], X_train.shape[1], 1))
X_test = X_test.reshape((X_test.shape[0], X_test.shape[1], 1))

# 构建 LSTM 模型
model = Sequential()
model.add(LSTM(50, activation='relu', input_shape=(n_steps, 1)))
model.add(Dense(1))
model.compile(optimizer='adam', loss='mse')

# 设置早停策略
early_stop = EarlyStopping(monitor='val_loss', patience=5, verbose=1)

# 训练模型
history = model.fit(X_train, y_train, epochs=50,
                    validation_data=(X_test, y_test), callbacks=[early_stop])

# 可视化训练和验证损失
plt.figure(dpi=300)
plt.plot(history.history['loss'], label='Train Loss')
plt.plot(history.history['val_loss'],
         label='Validation Loss',
         ls='--')
plt.title('Model Training and Validation Loss')
plt.xlabel('Epoch')
```

```
plt.ylabel('Loss')
plt.legend()
plt.savefig('图14-7.jpg', dpi=300)
plt.show()
```

运行这段代码,会得到如图 14-7 所示的结果。

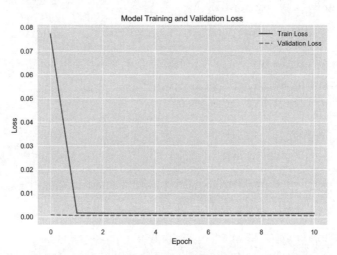

图 14-7　使用对数收益训练 LSTM 模型的损失函数变化

【结果说明】这段代码与之前预测收盘价的例子类似,不同之处在于输入数据是每日对数收益率。从图中可以看到,在早停策略的作用下,模型在第 10 轮左右就停止了训练。

接下来我们让模型对测试集做出预测,并观察预测值与真实值的差异。使用的代码如下。

```
# Python 代码
# 从模型中获取预测值
y_pred = model.predict(X_test)


# 反归一化,将预测值还原到原始范围
y_pred_original = scaler.inverse_transform(y_pred)
y_test_original = scaler.inverse_transform(y_test.reshape(-1, 1))


# 提取预测日期范围的实际数据
actual_data = df.loc['2022-12-01':'2022-12-31', 'log_return'].values


# 可视化预测结果
plt.figure(dpi=300)
plt.plot(actual_data, label='真实收盘价', color='blue')
plt.plot(y_pred_original[-len(actual_data):],
         label='预测收盘价',
         color='red', linestyle='dashed')
plt.title('模型预测值对比真实值')
```

```
plt.ylabel('收盘价')
plt.legend()
plt.savefig('图14-8.jpg', dpi=300)
plt.show()
```

运行代码，会得到如图 14-8 所示的结果。

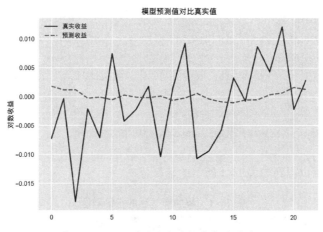

图 14-8　LSTM 预测收益与真实收益对比

【结果说明】从图 14-8 中可以看到，模型所做出的预测，与真实值存在较大差异。这是否说明我们不能使用 LSTM 或其他的深度学习模型进行金融市场预测呢？这里我们不要急于下结论，看看是否可以进一步完善思路，从而让模型在实际应用中发挥作用。

## 14.2　用神经网络预测市场方向

在 14.1 节中，我们使用 LSTM 模型预测了期货的价格和收益。但在实际应用中，我们更倾向于预测金融产品的涨或者跌，即市场的方向。在本节中，我们来尝试使用不同的神经网络对市场方向进行预测，并观察它们的性能表现。

### 14.2.1　将任务转化为二分类问题

预测市场方向是一个二分类问题，通常可以通过调整模型的输出层和损失函数来实现。具体的实施思路如下。

模型结构：使用适合二分类问题的神经网络结构。例如，在输出层使用 sigmoid 激活函数，将输出限制在 [0, 1] 范围内。你可以选择使用全连接层或者其他适合数据特点的神经网络层。

损失函数：对于二分类问题，通常使用二元交叉熵作为损失函数。该损失函数可以衡量模型预测的概率分布与实际标签的差异，是一个常用于二分类任务的指标。

输出层：在输出层使用 sigmoid 激活函数，将模型的输出限制在 [0, 1] 范围内。通常，输出大于或等于 0.5 的可以判定预测为正类（涨），小于 0.5 的可以判定为负类（跌）。

这里我们需要给原始数据添加标签，方法是先读取数据，然后计算出每日的收益。收益大于或等于 0 时，标签为 1；反之为 0。使用的代码如下。

```
# Python 代码
# 继续使用玉米行情数据
df = pd.read_excel('玉米十年行情数据.xlsx', index_col='日期')
df = df[['收盘价']]
df['log_return'] = np.log(df['收盘价']/df['收盘价'].shift(1))

# 对数收益大于或等于 0, 标签为 1, 否则为 0
df['label'] = np.where(df['log_return']>=0, 1, 0)
df.tail()
```

运行这段代码，可以得到如表 14-1 所示的结果。

表 14-1  添加标签后的行情数据

| 日期 | 收盘价 | log_return | 标签 |
| --- | --- | --- | --- |
| 2022-12-26 | 2776 | 0.008683 | 1 |
| 2022-12-27 | 2788 | 0.004313 | 1 |
| 2022-12-28 | 2822 | 0.012121 | 1 |
| 2022-12-29 | 2816 | −0.002128 | 0 |
| 2022-12-30 | 2824 | 0.002837 | 1 |

【结果说明】从表 14-1 中可以看到，我们使用了 NumPy 的 np.where 函数，它是一个条件表达式，根据条件返回相应的值。在这个例子中，它的作用是根据 log_return 列的值设置一个二元标签，也就是根据每日对数收益的正负来为每一天的数据设置一个二元标签。如果 log_return 大于或等于 0，标签被设置为 1，表示涨；同理，标签被设置为 0，表示跌。这样就创建了一个简单的涨跌标签，方便在二分类问题中使用。

现在我们可以使用可视化方法观察标签的分布情况，使用的代码如下。

```
# Python 代码
# 对标签分布进行可视化
label_counts = df['label'].value_counts()
plt.figure(dpi=300)
plt.pie(label_counts, labels=label_counts.index,
        autopct='%1.1f%%', startangle=90,
        colors=['lightcoral', 'lightblue'])
plt.title('标签分布')
```

```
plt.savefig('图14-9.jpg', dpi=300)
plt.show()
```
运行这段代码，会得到如图 14-9 所示的图形。

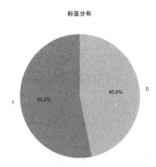

图 14-9　标签分布饼图

【结果说明】对于二分类的标签数据，我们可以使用柱状图或饼图来进行可视化，以展示各类别的分布情况。这样的图能够清晰地呈现类别的数量差异。图 14-9 中的饼图展示了类别的相对比例，让我们可以清晰地了解标签的分布情况。从图中可以看到，标签为 1（也就是价格上涨的天数）的占比为 53.2%，而标签为 0（也就是价格下跌的天数）的占比为 46.8%，二者的分布还是比较均衡的。

### 14.2.2　创建 CNN 模型并训练

准备好数据的分类标签之后，我们可以着手训练一个用于二分类的卷积神经网络模型。为了提高效率，还是让 ChatGPT 来协助编写代码。使用提示词是："在名为 df 的 DataFrame 中，索引为日期，范围为 2013 年 1 月 1 日至 2022 年 12 月 31 日，包含一列'收盘价'，和一列'label'，'label'中是二分类标签 1、0，即价格上涨为 1，反之为 0。需要用 2013 年 1 月 1 日至 2021 年 12 月 31 日的数据作为训练集，2022 年全年数据作为测试集，以 20 天的收盘价为特征，训练一个用于二分类的 CNN 模型，并在测试集中评估模型的性能，请给出示例代码。"发送提示词后，得到 ChatGPT 生成的代码，经修改后的代码如下。

```python
# Python 代码
# 导入需要用到的库
from sklearn.model_selection import train_test_split
from sklearn.preprocessing import MinMaxScaler
from tensorflow.keras.models import Sequential
from tensorflow.keras.layers import Conv1D, MaxPooling1D, Flatten, Dense
from tensorflow.keras.optimizers import Adam
from tensorflow.keras.callbacks import EarlyStopping
from sklearn.metrics import accuracy_score, classification_report, confusion_matrix
```

```python
# 数据预处理
scaler = MinMaxScaler(feature_range=(0, 1))
df['scaled_close'] = scaler.fit_transform(df[['收盘价']])

# 创建特征矩阵和标签
X, y = [], []
lookback_days = 20

for i in range(len(df) - lookback_days):
    X.append(df['scaled_close'].values[i:i+lookback_days])
    y.append(df['label'].values[i+lookback_days])

X = np.array(X)
y = np.array(y)

# 划分训练集和测试集
X_train, X_test, y_train, y_test = train_test_split(X, y, test_size=242, shuffle=False)

# Reshape 输入数据以符合 Conv1D 模型的输入
X_train = X_train.reshape((X_train.shape[0], X_train.shape[1], 1))
X_test = X_test.reshape((X_test.shape[0], X_test.shape[1], 1))

# 构建 CNN 模型
model = Sequential()
model.add(Conv1D(filters=64,
                 kernel_size=3,
                 activation='relu',
                 input_shape=(lookback_days, 1)))
model.add(MaxPooling1D(pool_size=2))
model.add(Flatten())
model.add(Dense(50, activation='relu'))
model.add(Dense(1, activation='sigmoid'))

# 编译模型
model.compile(optimizer=Adam(learning_rate=0.001),
              loss='binary_crossentropy',
              metrics=['accuracy'])
```

```
# 设置早停策略
early_stop = EarlyStopping(monitor='val_loss', patience=5, verbose=1)

# 训练模型
history = model.fit(X_train, y_train,
                    epochs=50, validation_split=0.2,
                    callbacks=[early_stop])

# 在测试集上评估模型
y_pred = model.predict(X_test)
y_pred_binary = (y_pred >= 0.5).astype(int)

# 计算准确度等指标
accuracy = accuracy_score(y_test, y_pred_binary)
conf_matrix = confusion_matrix(y_test, y_pred_binary)
class_report = classification_report(y_test, y_pred_binary)
print(f'模型准确率: {accuracy}')
print('Confusion Matrix:')
print(conf_matrix)
print('Classification Report:')
print(class_report)
```

运行这段代码，会得到如下所示的结果。

【代码运行结果】
模型准确率: 0.5206611570247934
Confusion Matrix:
[[  0 116]
 [  0 126]]
Classification Report:
              precision    recall  f1-score   support

           0       0.00      0.00      0.00       116
           1       0.52      1.00      0.68       126

    accuracy                           0.52       242
   macro avg       0.26      0.50      0.34       242
weighted avg       0.27      0.52      0.36       242

【结果说明】在上面的代码运行结果中，我们可以看到模型的准确率约为52%。虽然这比50%要高一些，但仍然是一个比较糟糕的结果。通过查看混淆矩阵（Confusion Matrix），我们发现模型既没有成功地预测任何负例（真负例为0），也没有产生任何错误的负例预测（假负例为0）。然而，模型产生了一些错误的正例预测（假正例为116），同时也成功地预测了一些正例（真正例为126)。这意味着为了将损失函数最小化,模型将2022年全年的所有交易日都预测为"上涨",这显然是无法应用于实际交易中的。

### 14.2.3 添加一些技术指标作为特征

既然使用20个交易日收盘价作为特征训练的模型表现不佳,我们不妨尝试添加一些技术指标(因子)来增强模型对市场走势的理解。这些指标包括相对强弱指数、随机指标、动量指标、MACD指标和成交量指标,它们可以捕捉价格走势、波动性、成交量等方面的信息。

要添加这些技术指标,我们需要准备OHLCV行情数据。OHLCV代表开盘价、最高价、最低价、收盘价和成交量。现在我们重新读取玉米期货行情数据,并添加上述技术指标,代码如下。

```
# Python 代码
# 重新读取玉米期货行情数据
df = pd.read_excel('玉米十年行情数据.xlsx', index_col='日期')
df = df[['开盘价', '最高价', '最低价', '收盘价', '成交量']]

# 使用talib添加技术指标
import talib

# 计算相对强弱指数(RSI)
df['RSI'] = talib.RSI(df['收盘价'])

# 计算随机指标(Stochastic Oscillator)
df['%K'], df['%D'] = talib.STOCH(df['最高价'],
                                  df['最低价'],
                                  df['收盘价'])

# 计算动量指标(Momentum)
df['Momentum'] = talib.MOM(df['收盘价'])

# 计算MACD指标(Moving Average Convergence Divergence)
df['MACD'], df['Signal'], _ = talib.MACD(df['收盘价'])

# 计算成交量指标(Volume indicators)使用5日成交量均线
df['MA5_volume'] = talib.MA(df['成交量'], timeperiod=5)

# 显示计算后的 DataFrame
df.tail()
```

运行这段代码,会得到如表14-2所示的结果。

表 14-2 用 TA-Lib 添加的技术指标

| 日期 | RSI | %K | %D | Momentum | MACD | Signal | MA5_volume |
|---|---|---|---|---|---|---|---|
| 2022-12-26 | 41.467241 | 43.002489 | 28.360904 | −35.0 | −26.666376 | −20.929243 | 310144.2 |
| 2022-12-27 | 44.562088 | 64.888011 | 44.378568 | −28.0 | −24.442145 | −21.631823 | 301164.4 |
| 2022-12-28 | 52.263542 | 88.417912 | 65.436137 | 35.0 | −19.708720 | −21.247203 | 282352.8 |
| 2022-12-29 | 50.919216 | 91.145043 | 81.483655 | 25.0 | −16.254228 | −20.248608 | 296034.2 |
| 2022-12-30 | 52.667409 | 88.505747 | 89.356234 | 7.0 | −12.724307 | −18.743748 | 320933.6 |

【结果说明】从表 14-2 中可以看到，我们使用 TA-Lib 在行情数据中添加了若干技术指标。在"MACD"字段之后，有一个"Signal"字段，这是因为 talib.MACD 函数返回的第二个值是信号线（Signal Line）。信号线是 MACD 线的 9 日（通常为 9 个交易日）的指数平均。

在代码中，df ['MACD'] 存储了 MACD 指标的数值，而 df['Signal'] 存储了对应的信号线数值。这两个数值的交叉点和相对关系通常用于判断趋势的强度和可能的转折点。

一般来说，MACD 线上穿信号线往往被视为一个买入信号，而 MACD 线下穿信号线则被视为一个卖出信号。这是基于 MACD 线和信号线的交叉常常与价格趋势的变化有关。在实际应用中，投资者可能会根据这些信号制定买卖决策。

接下来，我们再添加标签，用来表示该产品在下一个交易日中的涨跌，使用的代码如下。

```python
# Python 代码
# 创建涨跌标签
df['label'] = np.where(df['收盘价'].shift(-1) > df['收盘价'], 1, 0)

# 移除最后一行，因为最后一行的下一个交易日数据为空
df = df[:-1]
df[['RSI', '%K', '%D', 'Momentum', 'MACD', 'Signal', 'label']].tail()
```

运行这段代码，会得到如表 14-3 所示的结果。

表 14-3 添加二元分类标签

| 日期 | RSI | %K | %D | Momentum | MACD | Signal | label |
|---|---|---|---|---|---|---|---|
| 2022-12-23 | 34.696886 | 25.245206 | 17.829210 | −65.0 | −27.895611 | −19.494960 | 1 |
| 2022-12-26 | 41.467241 | 43.002489 | 28.360904 | −35.0 | −26.666376 | −20.929243 | 1 |
| 2022-12-27 | 44.562088 | 64.888011 | 44.378568 | −28.0 | −24.442145 | −21.631823 | 1 |
| 2022-12-28 | 52.263542 | 88.417912 | 65.436137 | 35.0 | −19.708720 | −21.247203 | 0 |
| 2022-12-29 | 50.919216 | 91.145043 | 81.483655 | 25.0 | −16.254228 | −20.248608 | 1 |

【结果说明】这段代码中，df ['收盘价'].shift(-1) 将收盘价向上偏移一个位置，相当于取得了下一个交易日的收盘价。然后，通过比较这两列，可以创建一个新的二元标签列 df['label']，其中 1

表示上涨，0 表示下跌。最后，由于最后一行的下一个交易日数据为空，我们将其移除，以保证标签与特征的维度对齐。

接下来，我们可以尝试让 ChatGPT 生成代码，使用技术指标作为特征，训练一个二元分类神经网络模型。使用的提示词可以是："在 index 为日期的 df 中，包含技术指标 'RSI', '%K', '%D', 'Momentum','MACD', 'Signal', 'MA5_volume'。标签列为 label，需要以 2013~2021 年的数据作为训练集，2022 年的数据作为测试集，使用 30 个交易日的上述技术指标作为特征，训练一个二元分类卷积神经网络模型，并在测试集评估其性能，请给出示例代码。"发送提示词后，会得到 ChatGPT 生成的代码，经修改后的代码如下。

```python
# Python 代码
# 首先去掉原始数据中的空值
df = df.dropna()
# 数据预处理
scaler = MinMaxScaler(feature_range=(0, 1))
df_scaled = pd.DataFrame(scaler.fit_transform(df[['RSI', '%K', '%D',
                                                   'Momentum', 'MACD',
                                                   'Signal', 'MA5_volume']]),
                         columns=['RSI', '%K', '%D', 'Momentum',
                                  'MACD', 'Signal', 'MA5_volume'])
df_scaled['label'] = df['label'].values

# 创建特征矩阵和标签
X, y = [], []
lookback_days = 30

for i in range(len(df_scaled) - lookback_days):
    X.append(df_scaled[['RSI', '%K',
                        '%D', 'Momentum',
                        'MACD', 'Signal',
                        'MA5_volume']].values[i:i+lookback_days])
    y.append(df_scaled['label'].values[i+lookback_days])

X = np.array(X)
y = np.array(y)

# 划分训练集和测试集
X_train, X_test, y_train, y_test = train_test_split(X, y, test_size=241, shuffle=False)

# Reshape 输入数据以符合 Conv1D 模型的输入
```

```python
X_train = X_train.reshape((X_train.shape[0],
                           X_train.shape[1],
                           X_train.shape[2]))
X_test = X_test.reshape((X_test.shape[0],
                         X_test.shape[1],
                         X_test.shape[2]))

# 构建 CNN 模型
model = Sequential()
model.add(Conv1D(filters=64, kernel_size=7,
                 activation='relu', input_shape=(lookback_days, 7)))
model.add(Flatten())
model.add(Dense(50, activation='relu'))
model.add(Dense(1, activation='sigmoid'))

# 编译模型
model.compile(optimizer=Adam(learning_rate=0.001),
              loss='binary_crossentropy', metrics=['accuracy'])

# 设置早停策略
early_stop = EarlyStopping(monitor='val_loss',
                           patience=3, verbose=1)

# 训练模型
history = model.fit(X_train, y_train, epochs=50,
                    validation_split=0.2, callbacks=[early_stop])

# 在测试集上评估模型
y_pred = model.predict(X_test)
y_pred_binary = (y_pred >= 0.5).astype(int)

# 计算准确度等指标
accuracy = accuracy_score(y_test, y_pred_binary)
conf_matrix = confusion_matrix(y_test, y_pred_binary)
class_report = classification_report(y_test, y_pred_binary)

print(f'模型准确率: {accuracy}')
print('Confusion Matrix:')
print(conf_matrix)
print('Classification Report:')
print(class_report)
```

运行这段代码，会得到如下所示的结果。

【代码运行结果】
```
模型准确率：0.5186721991701245
Confusion Matrix:
[[38 81]
 [35 87]]
Classification Report:
              precision    recall  f1-score   support

           0       0.52      0.32      0.40       119
           1       0.52      0.71      0.60       122

    accuracy                           0.52       241
   macro avg       0.52      0.52      0.50       241
weighted avg       0.52      0.52      0.50       241
```

【结果说明】通过使用各项技术指标重新训练模型，我们看到模型的准确率仍然在52%左右，但这一次模型没有"偷懒"，它并没有把测试集中的每一个交易日都预测为上涨，而是有涨有跌。通过观察混淆矩阵，我们可以发现模型对于负例（标签0）的预测相对较为混淆（38个真负例，81个假正例），但对于正例（标签1）的预测较为准确（87个真正例，35个假负例）。这表明模型在上涨的分类上表现相对较好，但在下跌的分类上还有改进的空间。基于模型的表现，我们可以考虑设计一个交易策略，并对策略带来的收益进行回测。

## 14.3 设计交易策略并回测

既然我们已经有了一个在正例预测上表现较好的模型，现在可以基于这个模型设计一个做多的策略，即当模型预测价格上涨时则买入，否则空仓。编写代码的工作同样可以让ChatGPT来协助完成，使用的提示词是："现在我们有了一个对于正例分类较好的模型，接下来我想用它预测2022年全年的数据，并执行交易策略——预测为1时买入持仓，预测为0时空仓，并使用Pandas进行向量化回测，最后将被动持有收益和策略收益进行可视化对比，请给出示例代码。"发送提示词后，会得到ChatGPT生成的代码，经修改后的代码如下。

```python
# Python 代码
# 将模型预测的标签添加到数据表中
backtest = df.loc['2022']
pred_label.index = backtest.index
pred_label = y_pred_binary.reshape(1,-1)
pred_label = pd.DataFrame(pred_label).T
```

```
pred_label.columns = ['预测标签']
backtest['position'] = pred_label['预测标签']

# 计算收益
backtest['被动持有收益'] = backtest['收盘价'] \
 / backtest['收盘价'].shift(1) - 1    # 被动持有策略,每天都持有
backtest['策略收益'] = backtest['position'].shift(1)\
 * backtest['被动持有收益']

# 累计收益
backtest['被动持有累计收益'] =\
(1 + backtest['被动持有收益']).cumprod() - 1
backtest['策略累计收益'] =\
((1 + backtest['策略收益']).cumprod() - 1)

# 可视化对比
plt.figure(dpi=300)
plt.plot(backtest['被动持有累计收益'], label='被动持有策略')
plt.plot(backtest['策略累计收益'], label='策略')
plt.legend()
plt.title('被动持有 vs. 策略')
plt.xlabel('日期')
plt.ylabel('累计收益')
plt.savefig('图14-10.jpg', dpi=300)
plt.show()
```

运行上面的代码,会得到如图14-10所示的结果。

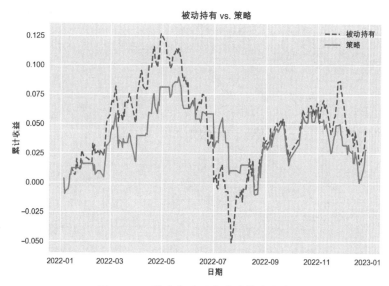

图 14-10　策略收益对比被动持有收益

> **注意**
> 由于我们更关心的是模型是否可以预测出正确的买卖信号,因此代码中没有考虑期货交易中的杠杆。读者可以尝试修改代码添加杠杆,并观察回测的结果。

【结果说明】从图 14-10 可以看到,策略收益没有被动持有收益高,但是其波动要小一些,也就是最大回撤更小。如果我们更注重稳定性和风险控制,当前策略可能是一个合适的选择。

## 14.4 小结与习题

在本章中,我们重点讨论了深度学习技术在金融市场预测方面的应用。我们介绍了使用长短期记忆网络等模型,来预测期价价格和收益,以及使用归一化处理数据并训练模型。此外,我们还介绍了使用 CNN 预测市场方向的方法,并展示了如何基于模型的预测信号设计交易策略,最后使用 Pandas 进行向量化回测。这些技术可以帮助大家更好地理解市场走势和做出投资决策。但需要注意,金融市场的复杂性和不确定性使得任何预测模型都需要谨慎使用。

以下是本章的习题:

(1)解释为什么在训练金融时间序列数据前需要进行归一化操作。

(2)为什么要将数据划分为训练集和验证集?

(3)LSTM 中的时间步是什么意思?为什么它在金融数据中很重要?

(4)早停策略的作用是什么?为什么在训练中要使用它?

(5)对比被动持有策略和你的策略,如果策略收益更高但波动性更大,你会如何权衡选择?

(6)解释混淆矩阵中的真正例、假正例、真负例、假负例分别代表什么。

(7)如果一个模型在正例的分类上表现较好,但在负例上表现较差,你会如何对其进行改进?

第 15 章

利用生成式 AI 进行选股和分配权重

近年来，随着深度学习技术的不断进步，深度学习模型生成式AI，特别是生成对抗网络（GAN）和变分自编码器（Variational Auto Encoders，VAE）模型，能够使计算机更好地理解和生成复杂的数据，包括图像、文本和音频等。同时，随着互联网的发展，大规模的数据集变得更容易获得。生成式AI在训练阶段需要大量的数据来学习模型的参数和特征表示。可用性更强大的数据集有助于生成更准确和有趣的结果。而且，生成式AI不仅局限于一种应用领域，而且在图像生成、自然语言处理、药物设计、艺术创作等领域得到了越来越广泛的应用。当然，在金融领域，也有众多的研究人员在探索如何将生成式AI应用在不同的方向。本章将结合比较前沿的研究成果，和大家一起探讨如何将生成式AI应用于投资组合选择中。

本章的主要内容：
- 生成式AI用于选股的研究；
- 生成式AI的"幻觉"；
- 生成式AI与大语言模型；
- 使用大语言模型进行选股；
- 使用大语言模型对投资组合进行权重分配；
- 使用AI大模型创建的投资组合与传统优化方法的对比。

## 15.1 生成式AI用于投资组合选择的研究

2023年8月，奥列克桑德尔·罗曼科（Oleksandr Romanko）等发表题为《基于ChatGPT的投资组合选择》的论文。论文探讨了生成式AI模型（如ChatGPT）在投资组合选择中的应用潜力，感兴趣的读者朋友可以自行搜索下载这篇论文进行研读。在这一节中，我们先来了解一些基本概念。

### 15.1.1 生成式AI与其"幻觉"

生成式人工智能是一种能够自主生成内容的AI技术，能够生成新的数据，如图像、文本、音频等，而不仅仅是对已有数据进行分类或识别。

生成式AI的核心思想是通过学习大量数据的特征和关系，生成与这些数据相似但又并非完全相同的新数据。生成式AI的主要类型包括生成对抗网络、变分自编码器和Transformer模型。

（1）**生成对抗网络**：GAN由两个神经网络组成，一个是生成器（Generator），另一个是判别器（Discriminator）。生成器试图生成看起来像真实数据的新样本，而判别器则试图区分生成的样本和真实的样本。两者通过反复的训练相互竞争，最终生成器学到生成更逼真数据的能力。

（2）**变分自编码器**：VAE是一种生成模型，它通过学习数据的潜在分布来生成新的样本。

VAE 不同于 GAN，它强调对生成数据的概率建模。

（3）**Transformer 模型**：Transformer 模型不仅在自然语言处理领域取得了显著的成功，而且在生成式 AI 任务中有着出色表现。

生成式 AI 模型在投资组合选择中有一些潜在的应用，尽管在实际应用中需要谨慎考虑风险和模型的局限性。以下是一些可能的应用场景。

（1）**市场趋势预测**：生成式 AI 可以通过分析大量的金融数据，包括历史价格、交易量、新闻情感等，来预测市场趋势。这有助于投资者更好地理解市场动态，从而调整投资组合以适应即将发生的变化。

（2）**风险管理**：生成式 AI 模型可以用于识别和评估潜在的风险因素，从而帮助投资者更好地了解其投资组合在不同情况下的表现，并采取相应的风险管理策略。

（3）**资产分配优化**：投资者可以基于生成式 AI 对市场走势和资产表现的预测，使用优化算法来调整投资组合中不同资产的权重，以实现更好的资产分配。

（4）**事件驱动投资**：生成式 AI 可以分析社交媒体内容和图片等非结构化数据，识别与公司或行业相关的事件，从而帮助投资者在事件发生时迅速做出反应，调整投资组合以最大限度地降低风险。

（5）**个性化投资建议**：生成式 AI 可以基于个体投资者的风险偏好、投资目标和财务状况生成个性化的投资建议，从而帮助投资者更好地构建适合其需求和目标的投资组合。

在生成式 AI 的训练过程中，模型试图学习输入数据的分布和模式，并生成与输入数据相似的新样本。然而，有时候模型可能过度拟合训练数据，导致生成的样本过于逼真，以至于包含了在训练数据中不存在的特征或结构。这就是生成式 AI 的幻觉，因为生成的数据在某种程度上是模型"想象"或"幻想"的产物。

生成式 AI 的幻觉表现为以下几种形式。

（1）**虚构的细节**：模型生成的样本可能包含训练数据中没有出现过的细节或特征，这使得样本看起来更加逼真但实际上是虚构的。

（2）**合成的结构**：生成的图像或其他数据可能展示出在现实中不可能存在的结构或组合，这是模型在学习过程中对训练数据过度拟合的结果。

（3）**语境不一致**：在文本生成领域，生成式 AI 有时可能产生语法正确但在语境上不一致或荒谬的句子。

解决生成式 AI 的幻觉是一个复杂的问题，它要求我们在模型的训练上精益求精，采用更丰富的数据集，选择合适的模型架构，并对生成结果进行甄别和过滤，从而提升生成式 AI 的准确性和可靠性。正因为生成式 AI 存在这样的局限性，研究人员通常将 AI 生成的股票选择与先进的定量优化技术相结合，以观察到更稳健和有潜力的投资成果。

### 15.1.2 生成式 AI 与大语言模型

大语言模型和生成式 AI 之间存在密切的关系，因为大语言模型通常是生成式 AI 的一个重要组成部分。可以说，大语言模型是生成式 AI 的一种实现方式。生成式 AI 的目标是生成新的数据，如图像、文本、音频等。大语言模型通过学习大量的文本数据，能够生成具有上下文和逻辑结构的自然语言文本。但需要说明的是，并不是所有的大语言模型都是生成式 AI，还有一些用于文本分类等其他任务的大语言模型（如 Bert 等）。

OpenAI 的 GPT（Generative Pre-trained Transformer）系列是大语言模型的代表。这些模型通过预训练阶段学习大规模的文本数据集，然后在特定任务上进行微调以适应不同的应用场景。GPT 模型主要用于生成自然语言文本并处理各种自然语言处理任务。

大语言模型和生成式 AI 不局限于文本生成，它们还在图像生成、音频生成、药物设计等多个领域取得了成功。在这些应用中，模型通过学习数据的分布和特征，能够生成符合特定要求的新数据。

值得一提的是，近年来，国产大模型迎来迅速发展，其中具有代表性的是百度的文心大模型和讯飞星火认知大模型。

文心大模型是百度自主研发的产业级知识增强大模型，既包含基础通用的大模型，也包含面向重点任务领域和行业的大模型，以及丰富的工具与平台，支撑企业与开发者进行高效便捷的应用开发。

文心大模型从大规模知识和海量数据中融合学习，效率更高、更好，被广泛地应用于自然语言处理、计算机视觉、跨模态语义理解等领域。此外，百度还提供了丰富的预训练模型，包括 ERNIE 系列模型、飞桨文心大模型等，这些模型在自然语言处理、图像识别、语音识别等领域都取得了很好的效果。

百度文心系列大模型基于飞桨深度学习平台和文心知识增强大模型，持续从海量数据和大规模知识中融合学习，具备知识增强、检索增强和对话增强的技术特色。此外，百度还发布了多个大模型工具与平台，包括飞桨文心大模型官网、预训练模型应用工具 PaddleHub 等。

百度文心大模型在多个领域都取得了很好的应用效果。例如，在自然语言处理领域，ERNIE 系列模型被广泛应用于搜索、推荐、翻译等领域；在计算机视觉领域，ERNIE-ViLG 模型实现了图像文本一体化，能够同时理解图像和文本；在语音识别领域，ERNIE-Speech 系列模型实现了语音转写、语音合成和语音评估等功能。

讯飞星火认知大模型是由科大讯飞推出的新一代认知智能大模型，拥有跨领域的知识和语言理解能力，能够基于自然对话方式理解与执行任务。

星火大模型也采用 Transformer 神经网络结构，这种结构在自然语言处理领域有着广泛的使用。该结构的优点是可以更好地处理长文本序列，避免了传统 RNN 和 CNN 模型在处理长序列时出现的梯度消失和梯度爆炸等问题。

星火大模型的 Transformer 结构主要由两个部分组成：编码器和解码器。编码器负责将输入的文本序列编码为一系列的高维向量表示，这些向量表示包含了输入文本的语义信息。解码器则可以根据这些向量表示生成输出序列，同时利用注意力机制（Attention Mechanism）来聚焦于输入序列中重要部分，从而提高生成的输出序列的质量。

## 15.2 使用大语言模型荐股

在奥列克桑德尔·罗曼科等人的论文中，为了让 ChatGPT 推荐股票，使用了提示词："根据领先基金的投资原则，创建一个理论基金，包含至少 X 只来自标普 500 的股票，并注明它们的股票代码，旨在超越标普 500 指数。"为了让我们的实验更加便利国内投资者，这里把提示词中的推荐标普 500 的股票改为推荐 A 股股票。现在，使用 ChatGPT、文心一言和讯飞星火认知大模型进行实验。

### 15.2.1 领先基金的投资原则

这里我们首先要了解什么是领先基金的投资原则，可以使用提示词："在中国，有哪些领先的基金？它们的投资原则是什么？"使用该提示词向 ChatGPT 提问后，会得到如下答复。

> **ChatGPT 的答复**
> 在中国，有许多领先的基金管理公司，每个公司旗下可能有多个基金，投资原则会因基金类型和公司策略而有所不同。以下是一些领先的基金管理公司的代表性基金，以及它们的一般投资原则。
> 1. 南方基金管理公司
>    - 基金代表：南方中证 500 指数增强、南方消费升级混合等。
>    - 投资原则：以跟踪指数、布局消费升级等为主要投资策略。
> 2. 嘉实基金管理公司
>    - 基金代表：嘉实沪深 300ETF、嘉实中证 500ETF 等。
>    - 投资原则：注重指数基金，以追踪大盘指数为主要目标。
> 3. 华夏基金管理公司
>    - 基金代表：华夏大盘精选混合、华夏医药 ETF 等。
>    - 投资原则：注重医药、科技等新兴产业，追求长期投资价值。
> 4. 招商基金管理公司
>    - 基金代表：招商中证白酒指数分级、招商中证煤炭等。
>    - 投资原则：根据市场走势，布局白酒、煤炭等板块。
> 5. 易方达基金管理公司

- 基金代表：易方达蓝筹精选混合、易方达黄金 ETF 等。
- 投资原则：以蓝筹股为主，同时关注黄金等避险资产。

6. 博时基金管理公司

- 基金代表：博时主题行业混合、博时中证 800ETF 等。
- 投资原则：以主题投资为特色，布局有潜力的行业。

这只是一些例子，不同的基金管理公司有着不同的投资理念和策略。投资者在选择基金时应根据自身的风险承受能力、投资目标和市场预期来进行综合考虑。请注意，投资涉及风险，建议在做出投资决策之前进行充分的研究和咨询。

可以看到，ChatGPT 列举了一些国内比较知名的基金公司以及它们发行的基金产品，并且简要介绍了它们各自的投资原则和方向。现在我们再使用同样的提示词向文心一言提问，会得到如下答复。

### 文心一言的答复

在中国，领先的基金公司有易方达基金、华夏基金、南方基金、博时基金、嘉实基金等。这些基金公司的投资原则是根据市场情况和投资策略来选择不同的投资组合，以实现不同的投资目标。

其中，易方达基金的投资原则包括长期投资、价值投资和风险管理。易方达基金注重长期投资，通过长期持有股票来获得稳定的收益。同时，易方达基金也注重价值投资，通过分析公司的基本面来评估其内在价值，并选择具有低估价值的股票进行投资。此外，易方达基金还注重风险管理，通过分散投资和风险管理措施来控制投资风险。

华夏基金的投资原则包括稳健投资、分散风险和长期收益。华夏基金注重稳健投资，通过严格的风险管理和资产配置来确保投资组合的稳健性。同时，华夏基金也注重分散风险，通过选择多个行业和股票来进行投资，以降低单一资产的风险。此外，华夏基金还注重长期收益，通过选择具有长期增长潜力的股票来获得长期收益。

总之，这些领先的基金公司都有不同的投资原则和策略，但都注重稳健投资和风险管理，以实现长期收益。

可以看到，文心一言也列举了一些知名的基金公司，并重点介绍了易方达基金和华夏基金这两个公司的投资原则。接下来我们再使用相同的提示词向讯飞星火认知大模型提问，会得到如下答复。

### 讯飞星火认知大模型的答复

在中国有以下几个领先的基金公司。

1. 华夏基金：投资原则是挖掘优质大盘股票，追求长期资本增值。

2. 易方达基金：投资原则是侧重消费行业，寻找具有竞争优势和成长潜力的消费品公司股票。
3. 嘉实基金：投资原则是重点投资新兴产业，包括龙头企业和高增长性企业。
4. 广发基金：投资原则是稳健增长。
5. 南方基金：投资原则是追求高增长机会，尤其关注科技、新兴产业等高增长领域。
6. 富国基金：投资原则是低碳环保，致力于低碳环保产业的投资。
7. 招商基金：投资原则是跟踪白酒行业指数，主要投资白酒行业的上市公司。
8. 华宝基金：投资原则是跟踪上证50红利机会指数，主要投资有较高分红能力的上市公司。
9. 易方达 ETF 联接基金：通过投资上证50交易型开放式指数证券投资基金来实现对上证50指数的跟踪。
10. 汇添富中证主要消费 ETF 联接基金：专注于主要消费领域的投资，旨在跟踪中证主要消费 ETF 的表现。

这些基金公司都有一定的历史业绩和资产规模，被认为是国内较为领先的基金公司。它们的投资原则各不相同，有的侧重某一特定行业或主题，有的注重稳健增长，还有的追求高成长性或低碳环保等投资理念。投资者可以根据自己的风险偏好和投资目标选择合适的基金产品。

可以看到，星火大模型也列举了一些知名的基金公司以及它们的投资风格。从3个大语言模型的答复来看，它们的答复各有特色。当然，这些基金公司的投资原则只能作为参考，在实践中我们还需要考虑一段时期内的宏观经济形势。

### 15.2.2 宏观经济形势分析

宏观经济形势的研判工作同样可以让大语言模型来协助完成。

使用的提示词是："在你知识截止的时刻，中国的经济形势是怎样的？"将该提示词发送给 ChatGPT 后，会得到如下答复。

> **ChatGPT 的答复**
>
> 截至我知识截止日期（2022年1月），中国的经济形势一般被描述为复苏和增长。在2020年初爆发的新型冠状病毒感染疫情对中国经济产生了短期冲击，但中国采取了一系列的政策措施来刺激经济，包括财政支持、货币宽松和基建投资。在这些举措的推动下中国经济逐渐走出低谷。
>
> 中国的制造业和出口在这个时期表现强劲，而内需也逐渐恢复。此外，数字经济和高科技行业在推动中国经济增长方面发挥了积极作用。然而，一些挑战仍然存在，包括金融风险、发展不平衡和全球不确定性。

请注意，经济形势是动态变化的，截至 2022 年 1 月的情况可能已经发生了变化。如果你关心当前的经济状况，建议查阅最新的官方经济数据和分析报告。

在 ChatGPT 的答复中，提到制造业、出口、数字经济和高科技行业发展得比较好。接下来我们把同样的提示词发送给文心一言。以下是它的答复。

### 文心一言的答复

在我知识截止的 2021 年 9 月，中国的经济形势呈现以下特点。

首先，中国经济持续复苏，增长动力强劲。在全球疫情的影响下，中国经济率先实现复苏，并持续保持增长势头。政府采取了一系列措施来支持经济发展，包括财政刺激、货币政策调整和扩大内需等。这些措施推动了基础设施建设、制造业和服务业的增长，提高了国内市场的活力。

其次，创新成为中国经济的重要驱动力。中国在科技领域取得了重要进展，特别是在 AI、5G 技术、电子商务和新能源等领域。这些新兴产业的发展为经济增长提供了新的动力，并促进了传统产业的升级和转型。

然而，中国经济也面临一些挑战。全球贸易环境的不确定性和保护主义政策的抬头对中国的出口造成了一定的压力。同时，国内经济结构调整和转型升级的过程中也存在一些困难，如产能过剩、环境污染和金融风险等问题。

总体而言，中国经济在 2021 年 9 月时仍然表现出强劲的增长势头和创新能力，但也需要应对一些内外部挑战，以实现可持续和平衡的发展。

从文心一言的答复中，可以看到 AI、5G 技术、电子商务和新能源领域为经济增长提供了新的动力，同时也指出了经济发展仍面临着一些压力与问题。接下来我们再看看讯飞星火认知大模型的答复。

### 讯飞星火认知大模型的答复

截至我知识截止的时刻，中国的经济形势呈现总体向上修复的态势，但修复斜率逐步趋缓。2023 年上半年中国经济表现出恢复向好的势头，并且在世界经济复苏乏力的背景下，中国经济仍然保持稳健前行，国际竞争地位显著增强。

中国经济 2023 年全年 GDP 增速可能达到 5.2% 左右。在产业结构方面，农业生产形势总体良好，工业生产恢复加快，特别是装备制造业增长较快；服务业持续较快恢复，尤其是接触型聚集型服务业和现代服务业带动作用增强。值得一提的是，中国制造业竞争优势持续提升，增加值占全球比重约为 30%。

然而，尽管经济形势整体上扬，但仍需关注稳定和扩大内需、降低负债端成本以及提高收入和利润等问题。中国人民银行和国家统计局两大权威经济部门认为中国经济不存在通缩情况，未来也不会出现通缩现象。人民币对一篮子货币稳中有升，同时降低存量房贷利率的政策已得到有效推进。

可以看到，星火大模型给出了 GDP 的预测，同时它也提到了制造业增加值在全球的占比。3个大语言模型的答复各有侧重，但都对经济形势做出了分析。下面我们就可以让它们结合对行业的分析和判断推荐股票并分配权重。

### 15.2.3 根据经济形势研判进行股票选择

前面提到，大语言模型可能会有"幻觉"，为了避免这种情况发生，这里也使用奥列克桑德尔·罗曼科等人的论文中的方法——让 3 个大语言模型多次推荐不同数量的股票，然后将出现频度最高的标的加入我们的股票池中，使用的提示词可以是："结合上面你对经济形势的分析，创建一个理论基金，要求至少包含 15 只潜力股，注明它们的股票代码，旨在超越沪深 300 指数，并将结果以逗号分隔的 CSV 进行反馈。"首先我们让 ChatGPT 生成 10 次答复，并将每次返回的 CSV 保存下来（读者也可以直接下载本书附赠的"ChatGPT 荐股.csv"来进行实验）。然后使用下面的代码来查看每只股票在推荐列表中出现的频率。

```
# Python 代码
# 读取 ChatGPT 推荐股票的 CSV
gpt_reco = pd.read_csv('ChatGPT 荐股.csv',
                       dtype='str',
                       engine = 'python')

# 用可视化查看每只股票的频率
plt.figure(dpi=300)
sns.countplot(gpt_reco['股票名称'])
plt.yticks(fontsize=8)
plt.savefig('图 15-1.jpg', dpi=300)
plt.show()
```

运行这段代码，会得到如图 15-1 所示的结果。

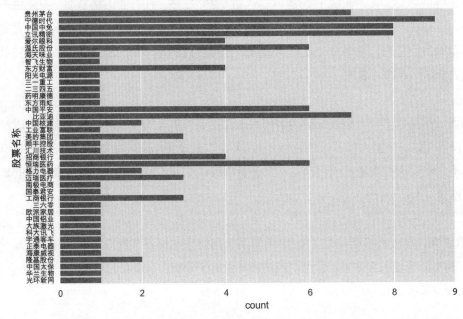

图 15-1  在 ChatGPT 的推荐中不同股票出现的频率

【结果说明】从图 15-1 可以看到，在 ChatGPT 的多轮推荐中，有一些股票出现的频率较高。例如，"宁德时代"出现了 9 次，"中国中免"和"立讯精密"都出现了 8 次。接下来我们可以将出现频率最高的一些股票放入虚拟的投资组合中。

假设我们想要将出现次数大于 5 次的股票放入虚拟投资组合，可以使用如下代码。

```python
# Python 代码

# 使用groupby方法按照'股票代码'列进行分组，并计算每个分组中的频率
gpt_pf = gpt_reco.groupby(by='股票代码').count()

# 对结果进行按照'股票名称'列的值进行降序排序
gpt_pf.sort_values(by='股票名称', ascending=False, inplace=True)

# 将列名'股票名称'修改为'频率'
gpt_pf.columns = ['频率']

# 筛选出频率大于5的行，即出现次数超过5次的股票代码
gpt_pf = gpt_pf[gpt_pf['频率'] > 5]

# 检查数据
gpt_pf
```

运行这段代码，会得到如表 15-1 所示的结果。

表 15-1 出现频率大于 5 次的股票

| 股票代码 | 频率 |
| --- | --- |
| 300750 | 9 |
| 601888 | 8 |
| 002475 | 8 |
| 002594 | 8 |
| 600519 | 7 |
| 300498 | 6 |
| 601318 | 6 |
| 600276 | 6 |

【结果说明】代码从 DataFrame "gpt_reco" 中按照股票代码分组，计算每只股票代码出现的频率，筛选出出现频率大于 5 次的股票代码及其对应的频率，并将最终的结果保存在 gpt_pf 中。

接下来，我们用同样的提示词，要求文心一言和讯飞星火认知大模型也做出股票的推荐。处理的方法和 ChatGPT 一致，这里就不重复演示代码了。图 15-2 是文心一言推荐的股票出现频率统计。

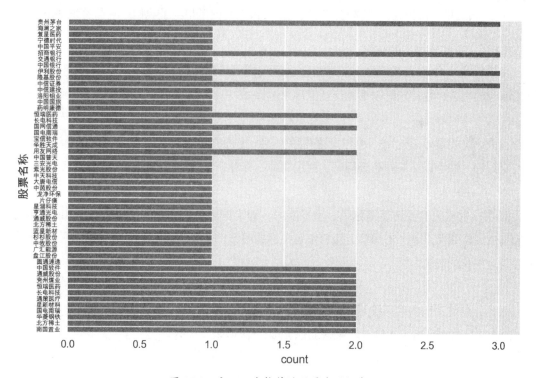

图 15-2 文心一言推荐的股票出现频率

相较 ChatGPT，文心一言的推荐似乎更加均衡。接下来我们可以将其中出现次数大于 2 的股票代码也提取出来，作为新的虚拟投资组合，如表 15-2 所示。

表 15-2　出现频率大于 2 次的股票

| 股票代码 | 频率 |
| --- | --- |
| 600276 | 4 |
| 600519 | 3 |
| 600887 | 3 |
| 600395 | 3 |
| 600299 | 3 |
| 600763 | 3 |
| 600030 | 3 |
| 600406 | 3 |
| 600584 | 3 |
| 600111 | 3 |
| 600036 | 3 |

通过上述步骤，我们就创建了一个基于文心一言所推荐股票的虚拟投资组合。我们再使用同样的提示词向讯飞星火认知大模型提问，但讯飞星火认知大模型拒绝了我们。它的答复如下。

> **讯飞星火认知大模型的答复**
>
> 由于我是一个 AI 语言模型，无法直接创建和提供股票代码和名称。但是，我可以为您介绍理论基金的构建过程，您可以根据这些信息来选择 15 只适合您的潜力股。
>
> 首先，您需要收集这 15 只潜力股的相关信息，包括股票代码、名称、行业地位、盈利能力、成长潜力等。您可以从股票市场网站、财经媒体、专业研究机构等渠道获取这些信息。
>
> 其次，根据您的投资策略和风险承受能力，对这些股票进行筛选和排序。例如，您可以选择那些具有较高市盈率、市净率、股息率等指标的股票，或者选择那些在行业中具有竞争优势、业绩稳定增长的股票。
>
> 最后，将筛选后的股票按照一定的权重分配到您的理论基金中。您可以使用一些投资工具，如 Excel 表格或专业的投资软件，来帮助您完成这个过程。
>
> 当您的理论基金构建完成后，您可以将其与沪深 300 指数进行比较，以评估您的投资策略是否能够超越沪深 300 指数。如果结果满意，您可以将这些数据导出为 CSV 格式，以便进一步进行分析和研究。

下一步，我们就使用由 ChatGPT 和文心一言创建的虚拟投资组合来进行实验。

## 15.3 为投资组合分配权重

在第 11 章中，我们学习了资产配置的相关知识，并学习了如何通过不同的方法寻找资产配置的有效前沿。在本章提及的论文中，奥列克桑德尔·罗曼科等人别出心裁地让 ChatGPT 给出了虚拟投资组合中每只股票的权重。他们使用的提示词是："假设你正在设计一个理论的模型投资组合，其中包含一些标普 500 股票及其代码。请提供一个假设的权重分配例子，确保这些权重是归一化的（即权重相加为 1.00），以便潜在地超越标普 500 指数。同时介绍你使用的权重分配策略或逻辑。"接下来，我们就将提示词中的标普 500 股票换成 A 股股票，并分别让 ChatGPT 和文心一言提供出权重分配。

### 15.3.1 ChatGPT 提供的权重分配

在向 ChatGPT 发送修改后的提示词后，我们会得到如下所示的答复。

> **ChatGPT 的答复**
>
> 理论投资组合的权重分配通常取决于投资者的风险偏好、预期回报和市场分析。以下是一个简化的假设权重分配例子，以确保归一化并潜在地超越沪深 300 指数。
>
> - 300750（宁德时代）：0.15
> - 601888（中国中免）：0.12
> - 002475（立讯精密）：0.10
> - 002594（比亚迪）：0.12
> - 600519（贵州茅台）：0.18
> - 300498（温氏股份）：0.10
> - 601318（中国平安）：0.13
> - 600276（恒瑞医药）：0.10
>
> 基本策略或逻辑可能基于以下考虑。
>
> 1. 行业分散：分散投资于不同行业，以降低特定行业的风险。在这里，我们包括了新能源、零售、半导体、新能源汽车、酒类、农业等不同行业的股票。

2. 市值考量：在权重分配中考虑各股票的市值，以确保大市值股票对整个投资组合的影响。

3. 风险与回报平衡：对高风险高回报的股票（如新能源汽车或科技股）和低风险低回报的股票（如消费品牌）进行平衡。

请注意，这仅仅是一个简单的例子，实际的权重分配应该基于更深入的市场研究、风险管理和对个体投资者目标的理解。在实际投资中，建议咨询专业的金融顾问。

从 ChatGPT 的答复中可以看到，它给的示例权重分配为：0.15、0.12、0.10、0.12、0.18、0.10、0.13、0.10。接下来，我们来计算在这个权重分配下，投资组合在 2022 年的收益情况，并将其与沪深 300 指数进行对比，看是否获得了超额收益。使用的代码如下。

```python
# Python 代码
# 定义投资组合中的股票代码和权重
stock_codes = list(gpt_pf.index)
weights = [0.15, 0.12, 0.10, 0.12, 0.18, 0.10, 0.13, 0.10]

# 获取收盘价数据（以日为频率）
start_date = '20220101'
end_date = '20221231'

# 初始化一个空的 DataFrame 用于存储收盘价数据
close_prices = pd.DataFrame()

# 通过 AKShare 获取每只股票的收盘价数据
for stock_code in stock_codes:
    stock_data = ak.stock_zh_a_hist(symbol=stock_code,
                                    start_date=start_date,
                                    end_date=end_date, adjust="hfq")
    close_prices[stock_code] = stock_data['收盘']

# 计算每只股票的收益率
returns = close_prices.pct_change().dropna()

# 计算投资组合的收益率
portfolio_returns = returns.dot(weights)

# 计算投资组合的累计收益
portfolio_cumulative_returns = (1 + portfolio_returns).cumprod()
```

```python
# 获取沪深 300 指数收盘价数据
hs300_data = ak.stock_zh_index_daily(symbol="sh000300")
hs300_data['date'] = pd.to_datetime(hs300_data['date'])
hs300_data.set_index('date', inplace=True)
hs300_data = hs300_data.loc['2022']
hs300_returns = hs300_data['close'].pct_change().dropna()

# 计算沪深 300 指数的累计收益
hs300_cumulative_returns = (1 + hs300_returns).cumprod()

# 可视化对比
plt.figure(dpi=300)
plt.plot(hs300_cumulative_returns.index,
         portfolio_cumulative_returns, label='投资组合')
plt.plot(hs300_cumulative_returns, label='沪深 300 指数',
         ls='--')
plt.title('2022 年投资组合与沪深 300 指数累计收益对比')
plt.xlabel('日期')
plt.ylabel('累计收益')
plt.legend()
plt.savefig('图 15-3.jpg', dpi=300)
plt.show()
```

运行上述代码，会得到如图 15-3 所示的结果。

图 15-3 ChatGPT 的投资组合与沪深 300 指数收益对比

【结果说明】从图 15-3 中可以看到，2022 年沪深 300 指数的表现（虚线部分）可以说是惨不忍睹，最终的亏损超过了20%。而ChatGPT协助创建的投资组合收益（实线部分）要稍微好一些，虽然也有亏损，但控制在10%左右，也就是跑赢了沪深300指数十几个百分点。

不过，细心的读者可能会发现，ChatGPT给各只股票分配的权重差别其实并不是很大，也就是说，它似乎尽量还是在投资组合中给各只股票分配相对均衡的资金。但这是不是一个最优的结果呢？接下来我们还是看看使用传统的资产配置方法，是否可以获得更优的权重分配。

### 15.3.2 使用传统优化方法计算权重分配

在前文提及的论文《基于ChatGPT的投资组合选择》中，研究人员使用了一种叫作"Mean-Variance Cardinality-Constrained Portfolio Optimization Model"的投资组合优化方法，中文可以翻译为"均值-方差基数约束组合优化模型"，也是一种投资组合优化方法。它在投资组合中引入了两个主要的考虑因素：期望收益（均值）和收益的波动性（方差），同时还考虑了投资组合中包含资产的数量（基数）的约束。

以下是这个模型的主要组成部分。

均值：用来描述投资者对投资组合的期望收益。通过对各资产收益的加权平均来计算整个投资组合的期望收益。

方差：用来描述投资组合的收益波动性。方差衡量了投资组合中各资产之间的协方差和各资产的波动性对整个投资组合波动性的贡献。

基数：用来描述投资组合中包含的不同资产的数量。基数约束可以限制投资者选择的资产数量，使投资者能够更加集中或分散其投资。

均值-方差基数约束组合优化模型的目标是找到一个投资组合，使得期望收益最大化、收益波动性最小化，并且同时满足关于资产数量的基数约束。

下面我们尝试使用这种方法来寻找最优的投资组合权重分配，使用的代码如下。

```
# Python 代码
# 使用 cvxpy 实现模型
import cvxpy as cp

# 定义投资组合中的股票代码和权重
stock_codes = list(gpt_pf.index)
n_assets = len(stock_codes)

# 获取历史行情数据（以日为频率）
start_date = '20170101'
end_date = '20211231'

# 初始化一个空的 DataFrame 用于存储收盘价数据
close_prices = pd.DataFrame()
```

```python
# 通过 AKShare 获取每只股票的收盘价数据
for stock_code in stock_codes:
    stock_data = ak.stock_zh_a_hist(symbol=stock_code,
                                    start_date=start_date,
                                    end_date=end_date,
                                    adjust="hfq")
    close_prices[stock_code] = stock_data['收盘']

# 计算每只股票的日收益率
returns = close_prices.pct_change().dropna()

# 计算均值和协方差矩阵
mean_returns = returns.mean().values
cov_matrix = returns.cov().values

# 定义变量
weights = cp.Variable(n_assets)

# 定义目标函数（最大化投资组合的年化收益）
objective = cp.Maximize(cp.sum(mean_returns * weights) * 252)

# 定义约束条件
constraints = [
    cp.sum(weights) == 1,  # 权重之和为1
    weights >= 0,  # 权重非负
    weights <= 0.3  # 单个资产权重上限为0.3
]

# 定义问题
problem = cp.Problem(objective, constraints)

# 求解问题
problem.solve()

# 输出最优权重
optimal_weights = weights.value
print("最优权重: ", optimal_weights)
```

运行这段代码，会得到如下所示的结果。

【代码运行结果】
最优权重: [3.00000000e-01 3.00000000e-01 3.00000000e-01 3.60327144e-10

```
9.99981328e-02 2.45445606e-10 5.24429435e-10 1.86732395e-06]
```

【结果说明】在上面的代码中，我们使用了2017~2021年的历史行情数据来训练模型。目标函数是最大化投资组合的年化收益，约束条件包括权重之和为1、权重非负以及单个资产权重上限为0.3。最后得到的权重值即为最优的投资组合权重。

现在我们使用2022年的行情数据来进行评估，由于代码和前面重复得比较多，就不重复展示了。评估结果如图15-4所示。

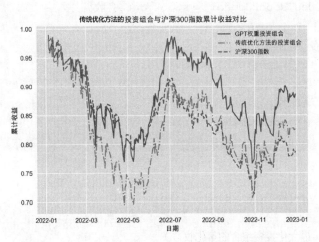

图15-4 传统优化方法的投资组合与沪深300指数收益对比

【结果说明】图15-4展示的结果让人大跌眼镜——使用传统优化方法得到的投资组合在2022年的收益居然还不如ChatGPT提供权重的投资组合。

接下来我们再看看文心一言对它推荐的股票会给出怎样的权重分配，并与传统优化算法进行对比。

### 15.3.3 文心一言提供的权重分配

接下来，我们把同样的提示词发送给文心一言，但是把股票代码替换成文心一言推荐的。文心一言给出的如下答复。

> **文心一言的答复**
>
> 为了设计一个理论模型投资组合，我为每只股票分配了以下权重：
>
> 600276：12%
> 600519：10%
> 600887：8%
> 600395：7%
> 600299：6%
> 600763：5%
> 600030：4%

```
600406: 3%
600584: 2%
600111: 1%
600036: 1%
```

这个权重分配是基于以下策略：

首先，这些 A 股股票代表了不同的行业和领域，具有多样化的风险和收益特征。这样可以降低投资组合的整体风险。

然后，我根据每只股票的历史表现和未来预期盈利能力对它们进行了评估。历史表现包括公司的财务状况、市场份额、竞争优势等。未来预期盈利能力则基于公司的业务前景、行业趋势、宏观经济环境等因素。

在评估的基础上，我给每只股票分配了一个权重。我倾向于给那些历史表现良好、未来预期盈利能力强的公司分配更大的权重。这样可以提高投资组合的收益潜力。

最后，我对所有的权重进行了归一化处理，确保它们的总和为 1.00。这样可以使投资组合的风险和收益特征保持平衡，并且与沪深 300 指数形成对比，以评估其超越市场的潜力。

请注意，这只是一个假设的权重分配例子，并不构成投资建议。实际投资决策应该基于更详细的市场分析、公司研究和风险评估。在进行投资前，请务必咨询专业的投资顾问并充分了解相关风险。

接下来，我们将文心一言提供的权重与优化方法与沪深 300 指数的收益进行对比，使用的代码如下。

```
# Python 代码
# 定义投资组合中的股票代码和权重
stock_codes = list(ern_pf.index)
n_assets = len(stock_codes)

# 获取历史行情数据（以日为频率）
start_date = '20170101'
end_date = '20221231'

# 初始化一个空的 DataFrame 用于存储收盘价数据
close_prices = pd.DataFrame()

# 通过 AKShare 获取每只股票的收盘价数据
for stock_code in stock_codes:
    stock_data = ak.stock_zh_a_hist(symbol=stock_code,
                                    start_date=start_date,
                                    end_date=end_date,
                                    adjust="hfq")
    stock_data.set_index('日期', inplace = True)
    close_prices[stock_code] = stock_data['收盘']

train = close_prices.loc['2017':'2021']
```

```python
test = close_prices.loc['2022']

# 计算每只股票的日收益率
train_returns = train.pct_change().dropna()

# 计算均值和协方差矩阵
mean_returns = train_returns.mean().values
cov_matrix = train_returns.cov().values

# 假设无风险利率为 0（实际应用中应该使用真实的无风险利率）
risk_free_rate = 0

# 定义目标函数（最大化夏普比率）
def objective(weights):
    portfolio_return = np.sum(mean_returns * weights)
    portfolio_volatility = np.sqrt(np.dot(weights.T,
                                    np.dot(cov_matrix, weights)))
    sharpe_ratio = (portfolio_return - risk_free_rate) / portfolio_volatility
    return -sharpe_ratio   # 注意这里是负的，因为 minimize 寻找最小值

# 定义约束条件
constraints = ({'type': 'eq', 'fun': lambda weights: np.sum(weights) - 1},
# 权重之和为 1
               {'type': 'ineq', 'fun': lambda weights: weights})   # 权重非负

# 权重上下限，这里设为 0.2 是一个示例值，你可以根据实际情况调整
bounds = tuple((0, 0.2) for asset in range(len(stock_codes)))

# 初始权重，这里设为等权重，你可以根据实际情况调整
initial_weights = np.ones(len(stock_codes)) / len(stock_codes)

# 使用 minimize 函数进行优化
result = minimize(objective,
                  initial_weights,
                  method='SLSQP',
                  bounds=bounds,
                  constraints=constraints)

optimal_weights = list(result.x)
weights = [0.12, 0.10, 0.08, 0.07, 0.06, 0.05, 0.04, 0.03, 0.02, 0.01, 0.01]
```

```python
# 计算每只股票的收益率
test_returns = test.pct_change().dropna()
# 计算投资组合的收益率
portfolio_returns = test_returns.dot(weights)
optimal_returns = test_returns.dot(optimal_weights)

# 计算投资组合的累计收益
portfolio_cumulative_returns = (1 + portfolio_returns).cumprod()
optimal_cum_returns = (1 + optimal_returns).cumprod()

# 可视化对比
plt.figure(dpi=300)
plt.plot(hs300_cumulative_returns.index,
         portfolio_cumulative_returns, label='文心一言权重投资组合')
plt.plot(hs300_cumulative_returns.index,
         optimal_cum_returns, label='传统优化方法的投资组合',
         ls='-.')
plt.plot(hs300_cumulative_returns, label='沪深300指数',
         ls='--')
plt.title('不同权重投资组合与沪深300指数累计收益对比')
plt.xlabel('日期')
plt.ylabel('累计收益')
plt.legend()
plt.savefig('图15-5.jpg', dpi=300)
plt.show()
```

运行这段代码，会得到如图15-5所示的结果。

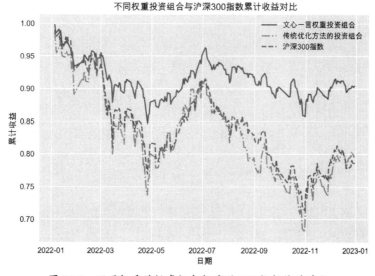

图15-5 不同权重的投资组合与沪深300指数收益对比

【结果说明】这次得到的结果也有些出乎意料——采用文心一言推荐的权重分配的投资组合，收益明显优于沪深 300 指数和以最大化夏普比率为目标函数的传统优化方法。值得一提的是，使用文心一言推荐的股票及权重分配的投资组合，收益比 ChatGPT 协助创建的投资组合也稍微好一点（虽然都是负收益，但是文心一言的投资组合亏损少一些）。不知道是否可以得出文心一言更加适合中国 A 股市场的结论。

## 15.4 小结与习题

在本章中，我们讨论了生成式 AI 在金融领域的应用，结合国内 A 股数据，尝试复现《基于 ChatGDP 的投资组合》中所使用的研究方法，让 ChatGPT、文心一言及讯飞星火认知大模型协助创建投资组合，并给出相应的权重分配。除了讯飞星火认知大模型没有给出推荐股票之外，ChatGPT 和文心一言都完成了该项工作。有趣的是，它们创建的投资组合的业绩，都超过了传统优化方法设计的权重分配，也跑赢了沪深 300 指数。而这一点与原论文中的结论是不吻合的。其原因可能是传统的优化方法并不适合国内 A 股市场，导致这种方法并未带来理想的收益。

以下是本章的习题：

（1）分析传统优化方法在国内 A 股市场中可能面临的挑战。

（2）分析 ChatGPT 和文心一言在投资组合选择中的优势。解释生成式 AI 在处理非线性关系、非传统特征以及适应复杂市场环境方面的潜在优势。

（3）解释为何生成式 AI 创建的投资组合业绩超过了传统优化方法。

（4）分析生成式 AI 在选股和权重分配中的优势，以及在模型训练和适应市场方面的特性。

# 结束语

未来,金融数据的重要性将越发凸显,技术手段也将不断演进。作为金融领域的专家、从业者或学习者,我们需要始终保持学习的姿态。以下是对大家未来工作的一些建议。

**1. 深耕专业领域**

金融领域的广度令人叹为观止,而对其深度的把握则是帮助我们洞察市场的关键。因此在做好数据分析的同时,我们可以选择一个或多个专业领域进行深耕,努力成为该领域的专家。

**2. 持续学习新技术**

技术在不断发展,新工具层出不穷。持续学习新的编程语言、数据分析工具和机器学习框架,将有助于保持竞争力。

**3. 跨界合作**

金融数据分析需要多学科的知识融合,建议与统计学家、计算机科学家、经济学家等不同领域的专业人士合作,共同探讨和解决复杂的金融问题。

**4. 着眼未来趋势**

未来,金融科技、区块链、AI 等领域的发展将对金融数据分析产生深远的影响。我们必须不断拓宽视野,抓住变革的机会。

**5. 持续实践**

理论学习的目的在于应用。建议大家将所学知识运用到实际项目中,通过不断实践提升技能,培养解决实际问题的能力。

在金融数据分析的世界里,每一位学者和从业者都有着独特的角度和经验。未来的发展将更加令人期待,希望大家能够凭借所学,为金融领域的创新和发展贡献自己的一份力量。

最后，感谢您选择了本书！由于笔者水平有限，本书难免存在不足和疏漏之处，敬请广大读者批评指正，以便再版时修改完善。愿这本书成为您分析金融数据的"得力助手"，陪伴您不断前行。祝您在未来的探索中取得卓越的成就！